처음 이 책을 읽었을 때 '헉' 숨이 막혔다. 오랜 영성 훈련 과정에서 어렵사리 깨달은 내용을 이렇게 글로 정리할 수 있다는 사실에 놀라울 따름이다. 마치 나 혼자 숨겨 두고 살펴보는 '비급'(祕笈)을 온 세상에 공개하는 듯한 느낌이었다. 영성 훈련 방법을 소개하는 책들은 많다. 하지만 영성 훈련과 영성 지도를 뇌과학과 제3세대 인지 행동 치료에 연결하면서 이토록 자세하게 안내하는 책은 만나지 못했다. 이 책이 다루는 핵심 주제는 '트라우마'이지만, 자신의 내면을 깊이 들여다보게 함으로써 크고 작은 심리적 상처와 고통을 지닌 사람들에게 큰 도움을 줄 수 있을 것이다. 영성 훈련에 관심 있다면, 이 책을 읽고 훈련해 보기를 권한다.

김오성 목사, 한국살렘영성훈련원 프로그램 디렉터

"세계적인 인물이 되게 해 주세요." 어릴 적 교회에서 가르쳐 준 대로 나는 이렇게 기도하며 컸다. 하지만 어느 순간 나는 '세계적인 인물'이 도대체 무엇인지, 그런 사람이 되면 행복할지 답할 수 없었고, 결국 이것은 기도가 아니라 주문에 불과함을 깨달았다. 그때부터 나는 내가 어떤 사람인지에 집중했다. 그러니까 나의 내면에 어떤 상처가 있는지, 나는 어떨 때 행복을 느끼고 불행을 느끼는지를 묻고 답하기 시작한 것이다. 그리고 이 책을 읽으며 나는 나라는 존재를 오롯이 바라보는 것이 스스로를 향한 너그러움이라는 것을, 그리고 이 너그러움이야말로 내가 나와 타인에게 줄 수 있는 가장 소중한 선물임을 깨닫는다. 이 책은 하나님이 만드신 나의 몸과 마음 구석구석을 살피는 것이 피조물인 우리의 첫째가는 의무임을 알려 준다. 이 책이 말하듯 나라는 사람 그리고 내 삶의 궤적을 너그럽게 바라볼 때에야 비로소 우리는 거칠고 험한 인생길을 헤쳐 온 사랑스러운 자신을 발견할 수 있을 것이다. "오늘 내가 할 수 있는 가장 부드러운 일은 무엇일까." 책에서 만난 저자의 이 질문을 오늘 나에게 던져 본다. 그리고 나에게, 이웃에게, 공동체에 베풀 수 있는 가장 너그러운 일을 찾는 것으로 내 일상을 채우려 한다. 이 책을 읽는 당신의 인생과 일상에도 너그러움이 반드시 스며들기를 기도한다.

김혜민 YTN 라디오 PD, 『지금보다 괜찮은 어른』 저자

헌신적인 치료사와 목회자의 건강이 걱정될 때가 있다. 이들의 진정성은 종종 자기를 돌보지 않고 오로지 남에게 '헌신'하는 것으로 나타난다. 그러다 결국 몸과 마음이 상하고 무너져 버리는 것이다. 나는 이들이 오랜 시간 사람들 곁에서 치료하고 목회하기를 바란다. 단, 건강한 몸과 마음을 지니고서 말이다. 『나를 위한 처방, 너그러움』의 저자 아운디 콜버도 그런 진정성을 지닌 사람이다. 자신의 상처를 치유 인자로 바꾸었고, 예수님을 닮아 자비의 성품을 타고났다. 저자는 소진되고 무너진 경험을 통해 자신에게 한 가지 부족했던 것이 자기 자비(self-compassion)임을 깨달았고, 이 책을 통해 그것을 우리에게도 나누어 준다. '자기' 자비라는 말에 긴장할 필요는 없다. 자기 몰입과 자의식 과잉으로서의 자기 연민이 아니라, 이미 우리 안에 있는 우리 아버지의 자비하심을 일깨우자는 초대다. 그러니 이 책은 영성에 관한 책이다. 이 책은 또한 단순한 초대에서 끝나지 않고, 자신을 너그럽게 대함으로써 마침내 흘러넘치는 자비를 만날 구체적 방법까지 안내하는 영성 수련 실용서다.

정신실 정신실마음성장연구소 소장, 『슬픔을 쓰는 일』 저자

이웃을 자신과 같이 사랑하고 그리스도께서 우리를 환대하신 것처럼 서로 환대하는 삶, 그리스도인들이 꿈꾸는 삶이다. 하지만 자본주의와 무한 경쟁 시대를 살아가는 우리는 타인을 포용하기는커녕 자신도 돌보지 못한다. 사랑하라는 새로운 율법은 자신을 감시하고 판단하는 새로운 멍에가 되기도 한다. 이 지점에서 현대 심리학과 뇌과학의 정수를 친절하게 집약한 아운디 콜버의 『나를 위한 처방, 너그러움』은 자신을 사랑하는 기술을 가르쳐 주는 길잡이가 되어 우리를 안내한다. 이 책은 어린 시절의 생존 전략에 여전히 사로잡혀 있는 우리의 느긋하지 못한 마음을 헤아리기 위한 심리적 개념들을 제시하고, 나를 지배하는 옛 이야기를 재구성해 안정감 있는 새로운 이야기를 만들어 갈 방안들도 소개한다. 콜버의 안내를 따라 더 너그러워지기를 노력하다 보면, 나 자신과 타인뿐 아니라 하나님과도 사뭇 여유로운 태도로 연결되어 있는 자신을 발견할 것이다.

최현만 정신건강의학과 전문의, 번역가

『나를 위한 처방, 너그러움』은 혼자 고통받고 있다고 느끼는 영혼들이 연결되고 온전해졌다는 느낌을 받는 데까지 나아가도록 안내한다. 아운디 콜버가 걸어온 영적 여정이 보여 주듯 고통을 변화시키는 길은 연민으로 나타나는 치유의 힘에 항복하는 것이다. 우리의 어둠에서 빛이 창조될 수 있다는 믿음과 소망을 주는 책이다.

바브 메이버거 임상 심리 치료사, 메이버거 협회 창설자, 『트라우마, 기억으로부터의 자유』 저자, 『EMDR 치료와 소매틱 심리학의 통합』 공저자

책을 펼친 순간부터 나는 이 책을 결코 내려놓을 수 없었다. 아운디 콜버의 말은 연결과 기쁨을 좀처럼 찾아보기 힘든 곳에서 그것들을 향해 빛을 비추며, 바로 이 순간 당신이 있는 그곳에 가닿을 것이다. 이 책은 매 단계 실제적이고도 은혜로 충만한 지혜의 말들을 건네며 우리를 깊은 곳으로 이끌어 준다. 우리 경험을 언어로 표현하는 그녀의 아름다운 방식 덕분에, 당신은 이 책을 읽는 내내 거울을 보는 느낌이 들 것이다. 당신은 자신이 선 황량한 곳에서 이 책을 만나 앞으로 남은 여정을 지속하는 데 필요한 도구들을 얻을 것이다.

모건 하퍼 니컬스 예술가, 시인

그리스도인의 풍성한 삶을 위해 제시되는 처방을 보면, 더 공고한 신앙을 갖고 하나님을 위해 더 많은 것을 하고 더 열심히 노력해서 삶을 성공적으로 이끌라는 것이 대부분이다. 하지만 『나를 위한 처방, 너그러움』의 저자 아운디 콜버는 그런 접근이 왜 효과가 없는지를 설명하고, 근본적으로 새로운 삶의 방식으로 우리를 초대한다. 그것은 바로 자신과 하나님 그리고 타인과 자비롭게 연결되는 삶이다. 자신의 취약함, 성경적 식견, 신경과학적 이해가 비범하게 조화를 이루어 우리가 갈망하는 풍성한 삶이란 분투가 아닌 항복에서 오는 것임을 잘 보여 준다.

마이클 존 큐식 영혼의 회복 Restoring the Soul 최고경영자, 『하나님을 탐닉하라』 저자

『나를 위한 처방, 너그러움』은 내가 서점 서가에서 늘 찾던 종류의 책이다. 어린 시절부터 극도로 예민하고 '더 열심히 노력하는' 사람이었던 나는 항상 궁금했다. 왜? 왜 내 몸은 심지어 마음이 고요한 상태에서도 늘 고도의 경계 태세를 유지하는 걸까? 감사하게도 콜버의 명석하고 지적인 접근과 친절한 목소리 덕분에 우리 모두 머리와 가슴, 그리고 몸 사이에 어떤 복잡한 일이 일어나는지를 이해할 수 있게 되었다.

헤일리 모건 Preach to Yourself 저자, Wild and Free 공저자

불안감과 '충분하지 않다'는 느낌으로 가득한 문화에서, 아운디는 바로 이 순간 우리에게 필요한 친구이자 안내자다. 공감대를 형성하는 이야기와 실제적 방법론이 완벽하게 조화를 이루는 이 책으로 나는 계속해서 돌아올 것이며, 다른 이들에게 이 책을 전달해 줄 것이다. 연수를 받듯이 평생 끊임없이 읽어야 할 몇 안 되는 책 가운데 한 권이다.

해나 브렌처 Come Matter Here, If You Find This Letter 저자

『나를 위한 처방, 너그러움』을 읽으며 치료사 아운디 콜버와 함께 걷다 보면, 상처가 우리의 온전성에 관한 실마리를 품고 있다는 이해에 부드럽게 도달한다. 삶은 어렵다. 고통이 우리를 엄습한다. 하지만 끈질기게 비판의 돌무더기를 파헤쳐 연민을 찾아내며 충만한 자기(our full selves)에 주의를 기울이는 법을 배우면서, 우리는 마침내 치유에 이를 것이다. 참으로 적절한 때에 출간된 친절하고 용감한 책이다.

섀넌 마틴 The Ministry of Ordinary Places, Falling Free 저자

아운디 콜버는 무거운 몸을 끌고 다니며 고통을 이 악물고 참느라 지쳐 버린 사람들에게 지혜로운 조언을 건넨다. 부드럽게 해 보라. 몸과 싸우기보다 몸에 귀 기울이는 법을 배움으로써 당신은 더 큰 회복 탄력성을 얻고 자신에게 더 너그러운 사람이 될 것이다. 『나를 위한 처방, 너그러움』은 스트레스로 녹초가 된 이 세상이 반드시 들어야 할 메시지다.

스티브 윈즈 Beginnings and Whole 저자

트라우마 생존자인 나에게 『몸은 기억한다』 이후로 이토록 깊은 영향을 준 책은 없었다. 『나를 위한 처방, 너그러움』은 정확한 임상적 이해와 다정한 목회적 돌봄이 이음새 없이 조화를 이룬 걸작이다. 트라우마 치료사이자 트라우마 생존자로서 가질 수 있는 독특한 이중의 시각 덕분에, 그녀의 작품은 공감과 지혜와 다정함의 깊이가 독보적 수준에 이르렀다. 그녀가 창조적으로 만들어 낸 이 강력한 치료 도구는 개인적으로 트라우마를 겪은 사람들뿐 아니라 치료사, 목회자, 교육자, 양육자들에게도 필독서다.

스테퍼니 테이트 The View from Rock Bottom 저자

『나를 위한 처방, 너그러움』을 읽으면 꼭 날숨을 내쉬는 느낌이다. 우리를 끊임없이 재촉하는 동시에 고통은 숨길 것을 요구하는 세상에서, 아운디 콜버는 우리가 나아갈 새로운 길을 현명하고 부드럽고 능숙하게 제시해 준다. 명백히 반문화적인 이 책의 메시지는 성경적이면서도 시의적절하다. 이 책은 예수님이 우리에게 아낌없이 베풀어 주신 은혜와 치유 안에서 충만하게 살아가는 삶으로 초대하는 강력한 복음의 선언이라 할 수 있다.

애슐리 에이브럼슨 작가

성공하려면 모든 것을 완벽하게 해내야 한다고 말하는 세상에서 아운디 콜버는 혁신적인 접근법을 제시한다. 부드럽게 해 보라 품위와 지혜와 솔직함을 갖춘 이 책은 우리에게 다른 길이 있다는 소망을 보여 준다. 그 길은 경쟁과 산만함 대신 연결과 주의를 선택하는 삶이다. 만약 당신이 집요한 노력으로 지쳐 있다면(그렇지 않은 사람이 있을까?) 부드럽게 해 보라. 당신의 선택을 흡족하게 여기게 될 것이다.

니콜 유니스 목사, 상담가, The Struggle Is Real 저자

나를 위한 처방, 너그러움

IVP(InterVarsity Press)는
캠퍼스와 세상 속의 하나님 나라 운동을 지향하는
IVF(InterVarsity Christian Fellowship)의 출판부로
생각하는 그리스도인을 위한 문서 운동을 실천합니다.

Originally published in the U.S.A. under the title
Try Softer by Aundi Kolber

Copyright © 2020 by Andrea M. Kolber
Korean edition © 2024 by Korea InterVarsity Press
156-10 Donggyo-ro, Mapo-gu, Seoul 04031, Republic of Korea
with permission of Tyndale House Publishers.
All rights reserved.

이 책의 한국어판 저작권은
Tyndale House Publishers와 독점 계약한 IVP에 있습니다.
신 저작권법에 의하여 한국 내에서 보호받는 저작물이므로
무단 전재와 무단 복제를 금합니다.

나를 위한 처방, 너그러움

불안, 스트레스, 생존 모드를 벗어나 소통과 기쁨의 삶으로

아운디 콜버 · 정효진 옮김

IVP

경이와 기쁨으로 내 인생을 밝혀 준

마티아와 주드에게,

너희가 얼마나 깊이 사랑받는 존재인지를 깨닫기를.

그리고 다시 집으로 가는 길을 찾게 해 준

브렌던에게.

차례

들어가는 글   13

1부 과정

1장 "얼마나 오래 걸릴까요?"   25

2장 뇌를 생각하다   39

3장 애착: 초기 관계가 중요한 이유   59

4장 딱 알맞은 상태: 인내의 창 발견하기   89

5장 우리를 살리는 경계   111

2부 훈련

6장 주의를 기울이며 부드럽게 해 보기   137

7장 몸에 대해 부드럽게 해 보기   167

8장 감정에 대해 부드럽게 해 보기   191

9장 내면의 비평가에 대해 부드럽게 해 보기   219

10장 회복 탄력성을 가지고 부드럽게 해 보기   241

축복의 글   261

감사의 글   263

주   266

부드럽게 해 보기를 배우는 것은

일회적 사건이 아니다.

그것은 자신과 함께하는 법을 알아 가는 것이다.

들어가는 글

움츠린 어깨와 꽉 쥔 주먹, 무거운 한숨. 자신이 충분한 존재가 아니라는, 혹은 충분히 잘 해내지 못한다는 사실에 유감을 나타내는 신호. 나는 사람들에게서 이런 신호를 수없이 보았다. 어쨌거나 나는 치료사이기 때문이다.

하지만 그날 치료가 필요한 사람은 바로 나였다. 슈퍼바이저의 방에 앉은 나는 숨 막히고 탈진된 느낌, 불안과 흥분에 시달리고 있었다. 뭐든 하나라도 더 시도했다가는, 혹은 그에 관해 생각이라도 했다가는, 내 영혼을 지탱하는 모든 조직이 다 사라져 버릴 것 같았다.

정말 힘든 한 주였다.

더 정확하게 말하면, 정말 힘든 한 해였다. 나를 찾아온 내담자 대부분은 사춘기 소녀와 성인 여자였고, 모두 끓어오르는 슬픔의 맹렬한 공격을 받고 있었다. 나는 매일 학대와 고통에 관한 그들의 이야기를 들으며 그 개인적 사연들의 엉킨 실마리를 풀어내려고 애썼다. 어떤 때는 화가 난 부모들의 마음을 달래 주고, 자살 충동에 사로잡힌 내담자를 진정시킬 때도 있었다. 치료사가 지켜야 할 기본 규칙은 절대 내담자보다 더 열심히 움직이면 안 된다는 것이었다. 하지만 나는 그 규칙을 열 번도 넘게 어겼고, 곧장 탈진했다.

나는 내 일을 진심으로 사랑했다. 깊은 치유의 길을 걸어가는 내담자들을 안내하며 곁에서 동행할 수 있는 이 일을 사랑했다. 하지만 나는 늘 압도되어 있었다. 지독하게 역기능적이고 무질서한 가정에서 성장한 나는 다른 이의 고통을 내면화하지 않고 수용하는 법을 결코 제대로 배울 수 없었다. 나의 경험은 나에게는 그런 태도가 허용되지 않는다고 가르쳤다. 나는 나만의 욕구와 내 몸의 리듬에 귀 기울이는 법을 알지 못했다. 이렇게 힘들고 압박이 심한 몇 주가 닥치면, 나는 어김없이 내가 아는 유일한 방식으로 일을 처리했다. 바로 끊임없이 수치심을 불러일으켜 스스로를 재촉하고 밀어붙이는 방식이었다.

나는 슈퍼바이저에게 이렇게 털어놓았다. "존, 저는 너무 탈진되고 지쳐 버렸어요. 어떤 느낌이냐면, 무엇을 하든 저는 결코 충분히 잘 해낼 수 없을 것 같다고나 할까요. 제가 내담자들에게 끝내 도움이 안 될 것 같은 느낌, 이 일을 할 만한 사람이 아니라는 느낌이 들어요."

내가 마음 깊이 존경하는 존은 숙련된 치료사다. 그는 지혜와 침착함을 보이면서, 완벽하지 않아도 된다는 사실을 계속 상기시켜 주었다. 눈물이 하염없이 내 뺨을 타고 흘러내렸고, 존은 잠시 몸을 앞으로 기울이고 숨을 들이쉬었다. 그러고 나서 천천히 팔꿈치를 무릎 위에 놓고, 양 손가락 끝을 붙여 산 모양을 만들었다. 나도 내담자를 만날 때 종종 취하는 자세였다.

그가 너그러운 목소리로 말했다. "아운디, 왜 그렇게 자신에게 엄격한 거죠? 당신은 내담자들에게 필요한 자원을 제공하고 있고, 게다가 무척이나 잘 공감하잖아요. 당신은 정말 탁월하게 일을 해내고 있어요." 그가 고개를 기울이며 말했다. "만약에 말이에요, 이 상황을 꽉 쥐고 있는 손에서 힘을 살짝 뺀다면 어떤 일이 벌어질 것 같아요?"

존의 목소리에서 느껴진 공감이 나를 진정시켜 주는 것 같았다. 그리고 내 마음속 한구석은 그의 말을 전적으로 받아들이고 싶어 했다. 그러나 또 다른 구석에서는 그 말에 방어 자세를 취하고 있었다. 사실 그의 말에 대해 생각해 보는 것만으로도 심장이 엄청난 속도로 뛰기 시작했다. **하지만 내가 끝없이 신경 써 주지 않으면 도대체 그 누가 버틸 수 있을까?** 내 내면의 비평가는 거의 고함을 치고 있었다. **내가 구원해 주지 않으면 그 누가 살아남겠어?**

내 양가감정을 눈치챈 존은 다시 의자에 몸을 기댔다. "아운디, 아예 신경을 쓰지 **말라**는 얘기가 아니라…**방식**을 바꾸라는 뜻이에요. 그러니까 내 말은…계속 열심히 노력하기보다는…**좀 더 부드럽게** 해 보는 방식이 어떻겠냐는 거예요."

···|···

솔직히 말하면, 처음 존의 제안을 들었을 때 그것은 결코 근사한 선택지가 아니었다. 그 말이 도대체 무슨 뜻인지조차 이해할 수 없었으니까 말이다. 그때까지 내가 배운 것은 오직 끊임없이 노력을 투여하는 방식이었다. 내가 밀어붙이지 않으면 모든 것이 엉망이 되고 허물어지게 되어 있었다. 다른 방식에 대한 제안을 듣는 순간, 내 몸이 분노로 긴장되는 걸 느꼈다. 내 안의 열두 살짜리 자기self, 끊임없이 와

해되는 가정에서 모든 것을 봉합하고자 노력하며 아주 치명적인 스트레스를 감내해야 했던 한 소녀는 이런 생각을 했다. **물론이죠, 존. '부드럽게 해 보라'는 말은 참 좋네요. 하지만 생존을 위해서는 끝없이 밀어붙여야 하는 법이죠.**

그와 동시에, 나는 사실을 직면해야 했다. 더 열심히 노력하는 방식이 더는 효력이 없다는 사실을 말이다. 내가 평생 사용해 온 전략, 그러니까 재촉하고, 지나치게 일하고, 지나치게 생각하고, 나를 둘러싼 역기능적 상황에 적응하려고 끊임없이 움직이는 전략은 나를 계속 살아 있게 했다. 이는 부인할 수 없는 사실이다. 하지만 그 전략들은 이제 나에게 해를 끼치고 있었다. 나는 점점 통제력을 상실하고 있었다. 좋아지기는커녕 더 나빠지고 있었고, 현명해지기보다 지쳐 갔다. 어릴 적에 나를 위협했던 위험 요소는 사라지고 없는데, 그 행동 패턴은 여전히 남아 있었다. 그리고 이 패턴은 정말로 현재에 머물러 가장 중요한 것에 집중하지 못하게 했다.

그날 존의 상담실에서 보낸 시간은 내 인생의 궤적을 완전히 바꿔 놓았다. 왜냐하면 그의 말이 옳았기 때문이다. 밀어붙이기가 항상 정답은 아니다.

친애하는 나의 독자들에게 하고 싶은 이야기는 이것이다. **더 열심히 노력하기**try harder**보다 더 부드럽게 해 보기**try softer**가 가장 건강하고 생산적이며 최선의 행동인 순간이 정말로 존재한다.** 이는 자신의 필요에 자비롭게compassionately 귀 기울임으로써 너그러운 마음과 회복 탄력성(역경을 겪은 뒤 본래의 건강한 상태로 돌아오는 마음의 근력—편집자)을 갖고 고통을 (그리고 궁극적으로는 삶을) 헤쳐 나가는 태도다.

당신도 과로하고, 과도한 부담에 쫓기고, 지나치게 긴장한 상태일지도 모른다. 충분히 밀어붙이고 조금만 더 열심히 노력하면 통제력을 회복하고 불안을 잠재워 일정한 성취 기준에 도달할 수 있으리라는 믿음에 필사적으로 매달리고 있는 상태가 무엇인지 알고 있을지도 모른다. 만약 당신이 나와 같은 상태라면, 당신도 다소 불안할 것이다. **꽤 괜찮은 생각이군요, 아운디. 하지만 난 지금 너무나 바빠요. 내가 그렇게 '부드럽게 한다면' 도대체 누가 이 어려운 일들을 감당하죠? 나도 어떻게 하면 한 치의 기쁨도 끼어들지 못하게 해서 삶을 망가뜨릴 수 있을지 고민하며 매일 아침 눈을 뜨는 건 아니에요. 그냥, 삶이란 원래 그런 거죠.**

당신의 목소리가 들리는 듯하다. 하지만 당신이 이것만은 알아두었으면 좋겠다. 각고의 노력은 가치 있고 반드시 필요하지만, 건강한 방식으로 매진하는 것과 해로운 패턴을 반복하며 스스로를 상처 입히는 것은 전혀 다른 문제다.

솔직히 우리는 모두 이런 경향을 가지게 되었다. 아픔과 힘겨움으로부터 자신을 지키기 위해 이 악물고 버티는 법을 잘 터득해 온 것이다. 우리는 상처를 최소화해서 눈에 띄지 않게 하는 것이 사랑받는 유일한 방법이라고 믿는다. 우리는 성공적이고 생산적인 사람으로 보이려고 노력하고, 내면은 괜찮은 상태가 아니면서도 어쨌든 겉보기에 괜찮아 보이려고 한다. 생산성과 타인의 의견을 과대평가하는 세상에서 사는 우리는, 감정과 육체적 감각을 통해 몸이 우리에게 전달하는 메시지를 무시하는 법을 배운다. 그리고 고통을 밀어내면서 모든 게 괜찮은 척한다. 더 열심히 노력하다 보면 과거에 통제할 수 없어서 우리를 압도했던 삶의 영역 가운데서도 안전감을 느낄 수 있기 때문이다.

더욱이 우리는 과기능overfunction하도록 지나치게 사회화되었고, 훈육받고 배선되어wired(자극에 일정한 패턴으로 반응하도록 뇌 신경 회로가 형성되는 것을 일컫는다―편집자) 있기에, 끔찍한 결과가 나타나기 전까지 우리 몸이 스트레스나 트라우마를 입고 고갈되는 것을 인식하지 못한다. 그러다가 불안과 아드레날린이 우리를 완전히 갉아먹고 나면 자신이 침체되고 고갈되어 있으며, 단절되었음을 깨닫는다.

이때 당신은 자신이 겪은 고통을 무시하지 않아도 된다. 고통을 축소하거나, 쉬이 그 고통을 헤쳐 나온 듯이 행동하지 않아도 된다. 머릿속에서 더는 수치심을 자극하는 말들이 돌아다니지 않는다는 듯이, 더는 자기 비난에 시달리지 않는다는 듯이, 혹은 욕구를 무시함으로써 매일 상처받는 일이 더는 일어나지 않는다는 듯이 행동할 필요가 없다. 내가 하고 싶은 말은 당신의 '곤경'에서 긍정적 측면을 발견하라는 것이 아니다. 우리는 하나님이 이 모든 어려움 속에서도 우리와 함께하심을 알지만, 그렇다고 해서 삶이 당신에게 전혀 상처 입히지 않았다는 말은 아니다. 당신은 너무나 많은 눈물을 흘렸고, 다른 사람에게는 절대로 하지 않았을 말을 스스로에게 쏟아 냈다.

당신이 경험한 그 상처에는 의미가 있다. 아마 지금까지 누구도 당신에게 이런 말을 해 주지 않았을 테지만, 지금 당신이 내 말을 받아들여 주었으면 좋겠다. 당신의 삶에서 일어난 일들은 소중하다.

나는 하나님이 우리를 향해 극도로 너그러운 마음을 갖고 계심을 믿는다. 그리고 동시에 우리를 더 이상적인 삶으로 부르신다고 믿는다. 우리 가운데 그 누구도 고통을 면제받을 수 없지만, 생존 모드를 버리고 실제로 살아가는 방식을 배울 수 있다. 삶을 놓치지 않는 것, 사실 그것이 우리 모두가 원하는 바가 아닐까? 선goodness을 끌어안고자 필요한 도구와 자원과 지지를 얻는 것, 우리 바로 앞에 있는 사람들을 바라보는 것, 우리 자신을 사랑하는 **것처럼** 이웃을 사랑하라는 예수님의 계명(막 12:31을 보라)을 살아 내는 것, 이런 것들이 우리가 원하는 바가 아닐까? 이제, 실제로 자신에게 상냥하게 대하는 모습을 상상해 보라. 당신의 삶과 가족, 관계, 몸, 경력 등을 단순히 견디고 참아 내는 것이 아니라, 진정으로 그것들을 사랑하고 존중하는 모습을 말이다.

하나님은 우리가 바로 이런 삶을 살도록 창조하셨고, 이 세상에서 이 새로운 존재 방식은 충분히 가능하다. 부드럽게 해 보는 태도는 진정으로 연결되어 기쁨을 누리는 삶으로 이끌어 주는 통로가 될 것이다. 그리고 그 시작은 내면의 목소리에 주의 깊게 귀 기울이고 그 목소리가 외면의 모습과 행동에 영향을 미치도록 하는 것이다. 이것은 자신만의 경험과 필요에 자비롭게 주의를 기울이는 삶으로의 의도적 전환이다. 부드럽게 해 보기를 배우는 일은 일회적 사건이 아니다. 그것은 자신과 함께하는 법을 알아 가는 것이다.

모든 일이 다 그렇듯, 부드럽게 해 보는 방식도 프리사이즈 옷처럼 모든 사람에게 들어맞지는 않을 것이다. 그래서 나는 모든 사람에게 똑같은 방식으로 접근하지 않을 것이고, 그래서도 안 된다고 믿는다. 따라서 내가 이 책을 쓰는 목적은 어떤 규범을 제시하는 것이 아니라, 더 큰 자기 자비self-compassion를 지니고 삶을 대하도록 돕는 도구와 자원들을 제공하는 데 있다. 그리고 정신 건강 상태를 진단하거나 새로운 치료법을 제안하기 위해 이 책을 쓴 것도 아니다. 만약 이 책을 읽다가 해결되지 않는 트라우마나 불안, 우울증, 고통이 다른 형태로 일어난다면 전문가의 도움을 받아 볼 것을 권한다.[1] 나의 최종 목적은 당신의 창조주가 당신을 바라보는 시선으로, 사랑받기 위해 창조되어 무한한 가치를 지닌 존재로 스스로를 보는 법을 배우는 것이다. 그리고 이 아름다운 진리를 가지고 삶을 살아가는 것이다.

　우리는 먼저 당신이 왜 지금과 같은 태도로 삶을 대하게 되었는지를 알기 위해 과거를 돌아볼 것이다. 1부에서는 어떤 상황 때문에 이를 악물고 버티는 습관이 내면에 배선되었는지를 살펴본다. 대니얼 시겔Daniel Siegel, 스티븐 포지스Stephen Porges 같은 유명한 과학자들의 이론을 통해 부드럽게 해 보기의 생리학적 차원, 즉 몸이 현재와 같은 방식으로 스트레스에 반응하는 이유와 몸에 귀를 기울임으로써 스트레스를 견딜 능력을 확장하는 과정 등을 배울 것이다. 2부에서는 삶의 여러 영역에서 부드럽게 해 보도록 도와주는 새로운 훈련과 리듬을 소개한다.

만일 나의 친애하는 독자가 나 같은 상황에 있고 해결책이 절실히 필요하다면, 처음부터 2부로 건너뛰려는 유혹을 받을지도 모르겠다. 2부가 실용적인 자료들을 제공할 테니 말이다. 그 부분은 정말로 중요하다.

하지만 내가 보낼 수 있는 가장 큰 사랑을 담아, 부디 그렇게 하지 말기를 부탁한다. 왜냐하면 당신이 현재 모습으로 살고 행동하게 된 이유를 이해하는 것이 장기적 변화를 이루는 데 꼭 필요하기 때문이다. 만약 2부를 일종의 규범이 된, 유행하는 치료법으로 이해한다면 당신은 그 내용을 적용하는 데 꽤 애를 먹을 것이다. 그리고 다루어야 할 깊은 문제를 이해할 맥락을 결국 파악하지 못할 것이다. 부드럽게 해 보기라는 이 작업은 복잡한 문제를 해결하는 손쉬운 해결책이 아니다. 오래된 격언처럼 "그를 하루 동안만 먹이려거든 물고기 한 마리를 주면 되지만, 평생을 먹이려거든 그에게 물고기 잡는 법을 가르쳐야 한다."

나의 친구, 당신에게 나는 물고기 잡는 법을 알려 주고 싶다. 당신이 자신의 이야기와 상처를 의식하는 새로운 방식을 개발해서, 하나님이 우리에게 가지신 것과 동일한 애정으로 자신의 고통에 귀 기울이기 시작하면 좋겠다. 만약 당신에게 그럴 의지가 있다면, 부드럽게 해 보기는 하나님이 만드신 가장 진실한 자기와 연결되는 통로가 될 것이다.

내가 소망하는 바는 앞으로 읽어 나갈 장들을 통해 당신이 인간, 곧 예수님의 지혜와 선하심에 뿌리내린 사람이 된다는 것이 무엇인지에 관한 가장 건실한 생각을 받아들이는 것이다.

이 작업이 당신을 취약하게 만들까? 그렇다.

이 작업을 하면서 당신이 어떤 대가를 치르게 될까? 물론이다.

하지만 나는 이 신성한 작업이 그럴 만한 가치가 있다고 약속한다. 왜냐하면 **당신이** 그러한 가치가 있는 존재이기 때문이다. 모든 사람 한 명 한 명이 그러한 가치가 있는 존재다. 나는 당신이 충만하게 살아 있는 게 어떤 것인지 맛보기를 바란다. 충만하게 살아 있다는 것은 당신이 완벽하기 때문도 그 삶을 살기가 쉽기 때문도 아니다. 충만하게 살아 있다는 것은 우리가 창조된 목적대로 살고 숨 쉬고 움직이며 느끼고 연결되고 몸으로 살아가는 삶이다. 우리는 이 모든 것에 대한 권리를 가지고 태어났다.

이것이 바로 '부드럽게 해 보기'의 삶이다.

1부

과정

꽃을 피우는 과정은

피어난 꽃만큼이나

가치가 있다.

1장

"얼마나 오래 걸릴까요?"

당신은 자신의 이야기 안으로 들어가 진실을 소유할 수도 있고,
자기 가치를 높이려 애쓰며 이야기 바깥에서 살아갈 수도 있다.

브레네 브라운, 『라이징 스트롱』 Rising Strong

상담실을 찾아온 올리비아는 맞은편에 앉아 이렇게 물었다. "그런데 기분이 좀 나아지려면 얼마나 오래 걸릴까요?" 그녀는 사귀던 사람에게 배신당한 고통을 이야기하면서, 어깨를 들썩이고 흐느끼던 중이었나. 그리고 호흡이 안정되자 한 번 더 질문을 던졌다. "혹시 좀 더 빨리 나아질 방법이 있을까요?"

올리비아와 나는 두 달째 만남을 이어 오고 있었다. 대체로 희망찬 감정이 올라왔고 몇몇 작은 목표는 달성했지만, 자신이 심각하게 여기는 문제는 여전히 극복하지 못했다.

그녀의 질문은 수많은 내담자가 던지는 것과 같다. 이 문제를 해결하는 쉬운 해결책은 없나요? 요술 지팡이 같은 걸 흔들어서 단번에 문제를 해결할 수는 없나요?

그 답은 한마디로, 없다.

물론 나도 정말로 그런 게 있다고 답하고 싶다. 당신을 위해서나 나 자신을 위해서도, 손쉬운 해결책이 있으면 좋겠다. 문제를 완전히 해결해 주는 간편한 3단계 치료법 같은 것 말이다. 우리는 긴장된 상황에 놓이거나 어떤 과정을 통과하는 것을 별로 좋아하지 않는다. 특히 고된 작업이 예상되는 경우라면 더욱 그렇다. (물론 진정한 성장을 위해 변화의 이야기를 만들어 가는 데 흥미가 있는 사람도 분명 있을 것이다.) 하지만 치료사로서 배운 것, 그리고 이 세상을 살아오며 대개는 힘들게 경험했던 바를 통해 내가 믿게 된 것은, 진정한 해결책은 깊이가 있고 또 느리다는 사실이다. 진정한 치유는 그런 식으로 일어난다.[1]

부드럽게 해 보기 작업은 빨리 해결하려는 욕망을 놓아 버리고 표면 아래에 있는 상처를 바라볼 때 비로소 시작된다. 그러지 않고서는 한 발짝도 나아갈 수 없을 것이다. 체중을 감량했음에도 자신이 전혀 가치 있게 느껴지지 않고, 모든 답을 안다고 믿었던 사람이 잘못 판단했음을 깨닫고, 모든 염려를 하나님께 넘겨드렸다고 생각한 지 몇 분도 안 되어 불안이 치고 올라올 때, 우리는 이전보다 더 큰 절망에 빠진다. 이것이 바로 개인의 성장, 사람, 문제 그리고 관계 등을 과정으로 여기는 능력이 그토록 중요한 이유다. 변화는 직선적으로 일어나는 것이 아니라 단계적으로 이루어진다는 사실을 이해하는 일은, 짊어지고 있던 엄청난 짐을 내려놓는 것과 같다. 그럼으로써 종종 그들은 훨씬 곧게 서고, 자신과 타인을 한결 친절하게 어루만져 줄 수 있다. 그런 이해는 영혼에 연고를 발라 주면서 다음과 같은 메시지를 전달하는 것과 같다. '얼마나 오래 걸리는지는 상관없단다. 심

지어 완결되지 않아도 괜찮지. 불완전함은 정말로 정상적이며, 절대로 어딘가 잘못되었다는 뜻이 아니란다.'

게다가 하나님은 우리의 진보가 얼마나 더딘지를 두고 놀라거나 낙담하는 분이 전혀 아니다. 세라 베시Sarah Bessey는 이렇게 쓴다. "우리 그리스도인들이 잘 알고 있는 하나님 나라에 관한 중요한 표현 하나가 있다. 하나님 나라는 이미 왔지만, 아직 오직 않았다는 것. 그래서 우리는 긴장 속에서 살아간다. 이 긴장은 아직 구속되지 않은 세상 속에서 예수님의 삶과 가르침을 지향하는 하나님 나라 백성, 그리스도 중심의 백성으로 살아가는 데서 오는 긴장이다.…이는 모든 것이 새롭게 되었지만, 여전히 새롭게 **빚어지는** 과정 가운데 있다는 의미다."[2]

진짜 마법이 실현되는 곳에는 긴장이 있다. '과정'이 인간이 되는 것의 한 부분임을 받아들일 때, 우리는 실현하지 못한 목표에 덜 두려움을 느끼고, 우리의 상처 입은 부분에 대해 좀 더 다정해질 수 있을 것이다.

개인의 성장은 사건이 아니라 여정이다. 그것은 되어 가는 중에 있다. 브레네 브라운Brené Brown의 말처럼 "자기 이야기를 소유하고 그 과정에서 자신을 사랑하는 것은 우리가 할 수 있는 가장 용감한 행동이다."[3]

친구여, 우리 함께 용감해지자.

이야기의 힘

불행히도 많은 이가 의식적으로든 무의식적으로든 자신의 이야기나 경험이 그다지 중요하지 않다고 배운다. 그냥 '기분 전환'을 하고 나면 문제도 마법처럼 해결될 거라고 믿거나, 일어난 일들을 잊어버리고 훌훌 털어 버리곤 한다.

두 아이의 엄마이자 마케팅 회사에서 시간제로 고객 관리 업무를 하는 에리카도 그런 방식을 취하곤 했다. 지성과 유능함, 친절을 모두 갖춘 그녀에게 사람들은 늘 도움을 요청하고, 그러면 그녀는 자신이 제공해야 하는 것보다 훨씬 많은 것을 주려고 노력한다. 성장 과정에서 에리카는 자신에게 선택지가 그리 많지 않다는 사실을 배웠다. 요구가 많은 부모에게서 그녀가 받은 메시지는, 내면에서 어떤 부정적 감정을 느끼든지 겉으로는 반드시 성공적인 가족의 이미지를 유지해야 한다는 것이었다. 이 메시지가 그녀에게 속으로는 그렇지 않아도 겉으로는 괜찮은 척해야 한다는 신념을 강화시켰다. 에리카는 유년기와 청소년기를 지나면서, 끓어오르는 감정을 주체할 수 없는 자신이 너무 예민하고 과한 사람이라는 느낌 때문에 늘 수치심과 싸워야 했다.

성인이 된 에리카는 이제 허기, 스트레스, 슬픔, 목과 등의 통증 같은 신호들을 무시한다. 더 이상 과민한 사람이 되지 않기로 다짐했으니, 불편함을 억눌러 버리는 것이다. 사무실에서는 매우 생산적인 사람이지만, 스스로는 붕괴 직전의 상태처럼 아슬아슬하다. 혹시 내가 중요한 이메일 답신을 잊어버리면 어쩌지? 내 작업이 기대에 못 미치면 어쩌지…?

에리카는 늘 불안과 아드레날린 수치가 높아진 상태에서 일하고, 집으로 돌아와서는 과부하로 멍해지고 정서적으로 압도되고 만다. 삶을 더 건강하게 살기 위한 기술들을 종종 사용하지만, 큰 효과를 보지 못한다. 자기 전에 힘들게 시간을 들여 하루를 반추하지만, 자신이 스스로에 대한 (분명 건강하지 않은 방식으로) 최악의 비평가라는 사실을 발견할 뿐이다. 하지만 그렇다고 자신을 친절하게 대하는 데 시간과 에너지를 들일 사람이 어디 있는가?

손에 잡히지 않는 빠른 해결책과 마찬가지로, 무시하고 아닌 체하고 무감각해지는 방식은 고통을 해결해 주지 못한다. 그 대신 우리는 우리의 이야기가 진짜이며, 비록 그 이야기를 구성하는 부분들이 마음에 들지 않을지라도 그 이야기가 우리의 것임을 인정하는 방식을 찾아내야 한다.

이는 우리가 지금껏 배워 온 바와 완전히 반대되는 접근법이다. 잊으려고 안간힘을 쓰는 대신, 우리는 몸과 마음과 영에 세심하게 주의를 기울이는 관찰자가 되어 각 부분이 치유되는 데 필요한 것들을 제공할 수 있도록 부드럽게 시도해 볼 것이다. 심리학과 생리학의 관점에서 보면, 우리가 삶의 경험과 단절될수록 삶에 압도되거나 무감각해지기 쉽다. 그리고 연구에 따르면 응집력 있는 cohesive(대상관계이론에서 '응집성'은 '파편화'와 대조되는 용어로, 자신이 통합되었고 온전하다는 느낌을 일컫는다—편집자) 이야기를 소유하는 것이 정서 건강에 중요하다.[4]

트라우마 인지 trauma-informed 치료를 하는 치료사로서, 나는 이야기를 단순히 추상적이고 정신적인 개념으로 치부하지 않는다. 이야기는 우리가 (좋든 나쁘든) 삶을 경험하는 신경생물학적 틀이다. 간단히 말해 이야기(혹은 우리가 경험한 사건, 감정, 감각, 개념, 관계 등의 총체)는 마음과 몸 안에 보관된 채로 우리가 세상을 보는 방식에 영향을 미친다. 어떤 사람이 가진 틀은 자신이 안전하고 사랑받고 있으며 불완전하지만 여전히 능력 있는 존재임을 확증해 준다. 반면 우리 중 어떤 사람들은 경험으로 인해 자신이 불충분하고 수치스럽고 사랑스럽지 않은 존재라는 믿음이나, 여타의 거짓말들이 강력하게 배선되어 있다.

우리가 직조하는 이야기와 그것에서 끌어내는 의미는 하나님과 인생, 타인들과 우리 자신을 이해하는 틀을 만들어 낸다. 그리고 우리가 가진 틀과 별개로, 우리가 누구인지를 담은 역사 전체를 사랑하고 잘 만들어 가기로 선택하는 것은, 우리가 번성하는 삶을 살도록 창조된 방식에 연결된다.

자신의 이야기와 단절되는 것은 어떤 모습일까? 그 전에, 우리는 무엇 때문에 단절을 원하게 되었을까? 대부분은 그 이야기의 어떤 부분이 불안감을 주거나, 적어도 불편을 주기 때문일 것이다. 결론적으로 우리는 살면서 겪어 온 고통, 상처의 의미, 불편의 강도를 최소화하거나 둔화시키고 싶은 것인지도 모른다. 내 삶을 돌아보면 고통과 거리를 두기 위해 종종 사용하는 화법이 있었다. 나는 사람들에게 내가 어떤 감정을 느껴서, 혹은 '부담'을 주어 미안하다고 사과를 하곤 했다. 유일하게 내 경험의 정당성을 인정할 수 있는 경우는, 불편하다고 느끼면서도 이를 위해서 무언가 할 능력이 있을 때였다.

경험의 실체를 계속 부정한다면 하나님이 설계하신 존재가 되어

가는 일은 갈수록 요원해진다. 좋고 힘들고 쓰라리고 슬프고 기쁘고 외롭고 고통스러웠던 그 모든 경험을 진정으로 끌어안지 않으면, 응집력 있는 이야기를 획득할 방법은 어디에도 없다. 즉 모든 경험 하나하나가 중요하다.

우리가 아는 또 하나의 진실은, 하나님이 우리 이야기의 큐레이터이며 관리자라는 것이다. 시편 56:8은 이렇게 말한다. "나의 방황을 주님께서 헤아리시고, 내가 흘린 눈물을 주님의 가죽 부대에 담아 두십시오. 이 사정이 주님의 책에 기록되어 있지 않습니까?"(본서의 성경 역본은 새번역이며 필요에 따라 다른 역본을 사용했습니다―옮긴이) 하나님은 우리의 인간성이 그리는 포물선 전체를 귀하게 여기신다. 그분은 우리를 이런 식으로 만드셨고, 따라서 생리학이 그분의 설계와 관련성을 가지는 것은 우연이 아니다. (과거 경험에 압도당하거나 무감각해지지 않고, 몸과 통합된 상태로) 자신의 이야기와 '함께'하기를 배우는 것은, 닥쳐오는 큰 슬픔과 불안을 실질적으로 다루고 헤쳐 나가는 법을 배우는 것과 같다. 동시에 그것은 자신에게 적합한 새로운 결말을 쓰는 법을 배우는 것이기도 하다.

나는 자신이 너무 버거워하며 경험했거나 그 자신의 일부가 된 고통에 대해 자비로운 증인이 되어 줌으로써, 이런 변화를 맞이한 사람들을 많이 안다. 이들은 그들의 삶의 이야기를 받아들이면서, 조금씩 다른 방식으로 부드럽게 해 보기를 배운 사람들이다.

- 그레첸은 어린 시절 비판적이고 일관성 없는 부모에게 느낀 큰 슬픔을 인정하기 시작했다. 여전히 아픔을 주는 상처 때문에

수치심을 느끼기보다, 막막함을 느끼는 자신에게 친절하게 말을 거는 법을 배우고 있다.

- 업무상 느끼는 긴장 때문에 집에 와서도 가족들과 편안하게 있지 못했던 피트는 그 긴장감에 세심한 주의를 기울이기 시작했다. 일과 이메일 업무에 경계를 설정함으로써 그는 가족들과 진정으로 함께 있을 수 있게 되었다.

- 지나는 자신에게 자비롭게 주의를 기울이는 법을 배우면서, 자신이 언제 다른 사람을 행복하게 해 주려고 자기 능력 이상으로 스스로를 몰아붙이는지를 인지할 수 있게 되었다. 이제 그녀는 사람들의 실망에 크게 개의치 않는 법을 배웠고, 그녀의 한계를 존중해 주는 사람들과 많은 시간을 보내고 있다.

- 팀은 부드럽게 해 보기라는 개념을 알게 되면서, (분노를 제외한) 모든 감정과 단절된 자신의 상태에 호기심을 느꼈다. 그리고 모든 감정을 차단해 버린 문 뒤에 무엇이 있는지를 들여다보기 시작했다.

- 모니크는 통증과 허기를 알려 주는 몸의 신호를 알아채는 데 시간을 들이기 시작했다. 종일 허기지고 피곤한 상태로 자신을 몰아가던 그녀는, 이제 음식을 잘 챙겨 먹고 자신을 돌보는 삶을 살아간다. 자신이 실제로 어떤 감정을 느끼는지 알아차리기

위해 짧은 휴식 시간도 갖는다.

- 엘레이나는 탈진해서 혼자라는 느낌이 들 때마다 괜찮은 척하던 습관을 버리고, 친구나 가족에게 연락하는 것을 배웠다.

부드럽게 해 보기 작업의 양상이 각자 조금씩 달라 보이지만, 이들은 한결같이 새로운 방식으로 자신에게 귀를 기울이고 있다. 사실상 이들은 자신에게 자비롭게 주의를 기울임으로써 어떻게 앞으로 나아가야 할지를 배우는 것이다.

속도 줄이기

사실 성장과 치유를 마치고 싶어 하는 마음은 지극히 정상적이고, 나는 그 마음을 정말 잘 이해한다. 대학원 시절 처음으로 상담가를 만난 그때를 나는 지금도 기억하는데, 놀랍게도 나는 어떤 고통 앞에서든 이 악물고 버틸 준비가 된 상태로 상담을 시작했다. '어떻게든 처리해 버리자'가 내가 늘 읊는 만트라(기도나 명상 때 외는 글귀—편집자)였기 때문이다. 나는 고요와 평화를 얻는 데 도움이 되는 완벽한 상태에 다다를 수 있는 빠른 해결책이 반드시 있다고 생각했다. 어떻게 보면 이 과정을 서두르고 싶은 욕망은 내 이야기를 존중하는 태도와 완전히 상반되었다. 내 이야기에는 치명적으로 아픈 구석이 너무 많았기에 나는 서둘러 지나쳐 버리고 싶었다. 그 이후에 어떻게 되었냐 하면, 나는 수년간 트라우마 치료를 받으면서 내게 깊은 상처를 준

이 악물고 버티기

너무나 압도적이고 불안한 상황을 견디기 위해 몸과 마음의 내적 경고 신호들을 의식적으로 혹은 무의식적으로 무시할 때, 우리는 '이를 악물고 버티게' 된다. 우리는 종종 자발적 선택이 아니라 생존을 위해 과기능하는 법을 학습한다. 우리는 이런 방식 외에 다른 것을 알지 못하기 때문에, 매일의 일상에 이 방식을 적용한다.

이 악물고 버티기는 일상에서 이렇게 나타난다.

- 통증과 허기와 탈진의 신호들을 무시한다.
- 감정을 축소한다("그다지 나쁜 건 아니야").
- 너무 오래 무시한 거대한 감정에 압도된다.
- 감정을 둔화시킨다(넷플릭스에 빠져 살 가능성이 높다).
- 속마음은 '아니요'이면서 '네'라고 말한다.
- 아드레날린으로 기분이 좋아졌다가 그것에 압도당하기를 반복한다.
- 과기능해 왔기에 심각한 탈진과 우울, 무감각 상태를 주기적으로 겪는다.

삶의 부분들을 충분히 다루어야 했다. 이 이야기를 하는 이유는 내 경험이 지극히 정상적이기 때문이다. 누구도 예외는 없다. 물론 다른 경우보다 특별히 깊은 상처가 있긴 하지만 말이다.

그렇다면 자신의 모든 이야기를 소유한 경우는 어떤 모습일까? 에리카에게 그녀의 이야기를 하는 법을 배운다는 것은 곧 자신이 어떤 대목에서 고통을 회피하거나 축소하는지를 정직하게 인정해야 한다는 의미였다. 그리고 어떤 사안을 다루기가 극도로 힘든 특정 순간에는, 그녀도 치료사도 더는 묻지 않고 잠시 휴식을 취하며 그녀가 충분히 이야기를 전달할 준비가 될 때까지 기다려야 한다는 의미였다. 그리고 시간이 흐르면서 에리카는 그녀의 이야기 모든 부분을 수용할 능력을 키워 갔다.

그 누구도 꽃이 빨리 피도록 할 수 없듯이 우리는 결코 현재 속한 단계를 뛰어넘을 수 없다. 그리고 반드시 스스로 가능하다고 느껴지는 속도대로 나아가야 한다. 이것이 바로 내가 당신에게 자기 경험의 강도를 존중하라고, 과정 가운데 있는 중간 지대 역시 신성한 공간임을 기억하라고 요청하는 이유다. 그간 내가 무언가를 배웠다면, 그것은 바로 어떤 일을 하는 **방식**이 그 **일 자체**만큼이나 중요하다는 것이다. 꽃을 피우는 과정은 피어난 꽃만큼이나 가치가 있다.

만약 당신이 나와 에리카 같은 사람이라면, 당신 이야기의 여러 부분이 고통을 불러일으킬 것이다. 하지만 거기서 수치를 느낄 필요는 없다. 그 고통은 그저 어려운 조각들에 파고들 때 잠시 멈추거나 속도를 늦추어도 좋다는 신호일 뿐이다. 나는 종종 내담자들에게 "당신의 이야기를 가지고 함께 춤을 추자"고 말하곤 한다. 이 말의 의미는 이렇다. 자신들의 이야기 속으로 걸어 들어가 잠시 견뎌 보자. 하지만 그러다 강하게 압도되는 순간이 닥치면 비유적으로든 물리적으로든 발을 빼도 정말로 괜찮다. 이제 당신도 이 과정을 함께 시도해 보면 어떨까? 먼저 당신이 잠시 이야기에서 완전히 빠져나올 수 있게 하라. 예를 들어, 박하사탕 하나를 깨물고 혀에서 느껴지는 향이나 시원한 감각을 느껴 보라. 좋아하는 음악을 틀어서 당신의 성량이 허락하는 가장 큰 소리로 따라 불러 보라. 아니면, 한두 명의 친구를 만나 커피를 마시며 그들의 온기를 느끼는 방법도 있다.

진실은 이렇다. 자신의 이야기를 수용하는 과정은 평생에 걸친 작업이라는 것이다. 자신이 살아온 역사를 존중한다는 것은, 과제를 완수하는 것과 관련 있기보다는 미세한 차이들에 열려 있어서 그에 대해 호기심을 가지는 내적 태도와 더 관련이 있다.

그리고 정말 중요한 사실은 당신이 부드럽게 해 보기의 여정을 떠나기 위해 반드시 자기 이야기를 완전히 수용한 상태가 아니어도 된다는 것이다. 만약 내가 치료사로서 당신의 맞은편에 앉아 있다면 이렇게 말했을 것이다. "전 당신이 이야기를 나누는 동안 이를 악물고 버티기를 바라지 않아요. 그건 우리의 목적이 아니니까요. 그보다는 순환적 방식의 작업을 생각해 보면 어떨까요? 일단 여기서 출발해서 앞으로 나아가다가, 때때로 이야기를 검토하기 위해 다시 돌아오는 거죠. 그건 우리가 정체되었기 때문이 아니라 이 모든 것이 치유 과정의 일부이기 때문이에요."

부드럽게 해 보기의 목표는 손쉬운 해결책을 만드는 것이 아니다. 진정한 목표는 우리를 경험으로부터 단절되게 한 고통스러운 이야기를 여전히 존중하고 돌보는 가운데서도 지금 이곳에서 살아갈 수 있는 자유를 부여하는 것이다.

부드럽게 해 보기

이 여정을 떠날 준비를 하면서, 당신의 이야기를 수용하는 과정의 시작점이 될 만한 몇 가지 질문에 답해 보기를 권한다. 붙들고 생각하기 특히 어려운 부분들이 있을 테지만, 지금은 그저 그 부분을 알아 두기만 해도 괜찮다.

1. 종이에 당신 인생의 연표를 기록해 보라. 우선 중요한 사건들을 쓰고, 그다음에는 더욱 일상적인 일들을 써 보라. 어떤 사건이 가장 눈에 띄는가? 이 작업에 할애하는 시간은 편안하게 느끼는 정도에 따라 조절하면 된다. 전환이 일어난 사건에는 분홍색, 상실의 사건에는 초록색, 성취에는 파란색, 압도된 경험에는

빨간색을 사용하는 식으로 색깔을 통해 사건의 유형을 구별할 수도 있다.

2. 괜찮다고 느껴지는 만큼 시간을 들여 당신의 이야기에 대해 생각해 보라. 당신은 어떤 방식으로 그 이야기로부터 자신을 축소시키거나 분리했는가? 오래 붙들고 생각하고 싶지 않은 사건이 혹시 있는가? 너무나 역겨운 느낌 속에서부터 올라와서 축소해 버리고 싶은 부분이 있는가? 인생 연표에서 이 부분들에 별표를 해 두거나 간단한 메모를 써 두어도 좋을 것이다.

3. 당신의 이야기에서 변화나 치유가 일어나기를 바라지만 도저히 앞으로 나아갈 수 없다고 느껴지는 경우는 어디인가?

4. 당신의 이야기에서 힘든 상황을 거치거나 변화에 잘 적응하면서 자부심을 느낀 경우는 어디인가?

5. 준비되었다고 느껴지면 정서적 안전감을 주는 사람들(친구, 배우자, 치료사, 목사 등)에게 당신의 인생 연표를 보여 주라.

몸이 다양한 방식으로 표현하는 고통에

애정 어린 마음으로 주의를 기울이면,

이전에는 보지 못했던 선택지들이

보이기 시작한다.

2장

뇌를 생각하다

몸은 예언자다.

그것은 어떤 문제를 감지하고, 있는 그대로 말해 준다.

바버라 브라운 테일러, 『세속의 제단』 An Altar in the World

심각한 단절과 불안 증세로 고통받은 베로니카는 남편의 사랑을 받아들이지 못하는 자신 때문에 괴로워하고 있었다. 그녀는 종종 남편이 아주 사소한 요구를 할 때도 벌컥 성을 내곤 했다.

"대체 왜 이럴까요?" 그녀는 말했다. "제이슨이 나한테 창고에서 뭘 좀 가져다줄 수 있느냐고 묻고 있었는데, 어느 순간 마음이 흐리멍덩해지는 거예요. 아니, 심지어 숨이 가빠졌어요. 끔찍하게 두려운 느낌이 들고, 마치 내 몸과 단절된 상태에서 나 자신을 바라보는 것 같았어요. 저도 남편과 친밀해지고 싶은데, 뭔가 너무 무서워요."

그녀는 스트레스를 받고 있으며 남편과의 관계를 포함해 삶 전반에서 단절을 경험하고 있다고 했다. 그래서 또 힘든 대화가 시작되기만 하면 기능이 완전히 정지되어 버린다고 했다. 그리고 이후에 베로니카는 자신의 어린 시절 이야기를 들려주었다. 참전 용사였던 그녀의 아버지는 외상 후 스트레스 장애post-traumatic stress disorder, PTSD를 앓고, 누구도 퇴근하고 집에 돌아온 아버지가 어떻게 행동할지를 알 수 없었다. 아버지의 기분을 전혀 예측하지 못했고, 그날 아버지가 어떤 기분인지 알기 전까지 모든 식구가 눈치를 보며 움츠려 있었다. 기분 좋은 밤이면 아버지는 베로니카의 숙제를 도와주면서 칭찬해 주거나 미소를 짓기도 했다. 베로니카는 그 미소를 참 좋아했다. 베로니카는 바로 이런 밤을 만들기 위한 삶을 살았다. 조심스럽게 걸었고, 말 한마디에도 주의를 기울였다. 아버지를 기쁘게 해 주고, 일을 엉망으로 만들지 않기 위해서였다.

하지만 매주 한두 번씩 그릇이 깨진다거나 하는 사소한 일들에 자극을 받으면, 아버지는 몇 시간이고 고함을 지르면서 욕설과 사나운 분노를 쏟아 냈다. 때로는 아버지가 길거리로 옷을 던지며 사람들을 향해 소리를 지르는 통에 경찰이 출동하기도 했다. 어린 시절에 경험한 트라우마 생존자인 베로니카의 어머니는 그런 일이 있으면 며칠간 우울증을 앓으며 아이들을 방치했다. 어떤 때는 아이들을 사랑하고 곁에 있어 주는 어머니였지만, 정작 베로니카에게 어머니가 가장 필요한 공포의 순간에는 곁에 있지 않았다.

몇 년 후 베로니카의 아버지는 외상 후 스트레스 장애 치료를 받았고, 식구들이 느끼던 강렬한 고통과 두려움도 차츰 사라졌다. 하지만 가족들은 그간 일어난 일들을 누구에게도 일절 말하지 않았는데, 사람들의(특히 교회 신자들의) 무시하는 시선을 원치 않았기 때문이다. 그래서 베로니카는 늘 이 경험을 비밀로 해야 한다고 생각했다. 그녀가 고등학교 때 성폭행을 당했을 때는, 이런 유형의 문제를 입 밖으로 꺼내서는 안 되고 그녀의 감정은 별로 중요하지 않다는 신념이 이미 내면화되어 있었다. 그래서 그녀는 결국 이 사건을 어느 누구에게 알리지도, 도움을 요청하지도 않았다.

베로니카는 회기를 거듭하면서 어린 시절의 여러 구체적 사건을 말해 줄 수 있었지만, 아버지가 분노를 쏟아 내던 날들이나 고등학교 때 겪은 사건에 대한 것은 희미한 기억뿐이었다. 그리고 이 주제들을 파고들려고 할 때마다 갑자기 심한 복통이 생기곤 했다.

베로니카는 상황 속에서 이를 악물고 버티거나 거기서 해리(의식적 활동에서 정신 기능이 분리되는 무의식적 방어기제로, 멍하니 있는 정상적 범주부터 기억 상실 같은 장애까지 다양한 스펙트럼을 갖는다—편집자)되기를 번갈아 하면서 이전의 무서운 경험에 대처해 왔기 때문에,[1] 힘든 상황이 닥칠 때마다 이런 반응을 보이는 것이 기본 태도로 형성되었다. 심지어 어른이 되어 집을 떠난 상황임에도 말이다.

몸: 위대한 소통가

우리 인생은 저마다의 이야기를 갖는다. 그리고 몸은 우리가 그 이야기를 경험하는 동안 우리에게 가치 있는 정보를 전달해 주기 위해 창조되었다. 그래서 내가 내담자들을 치료할 때마다 추적하는 핵심 요소가 바로 자율신경계autonomic nervous systems, ANS인데,[2] 이것은 호흡과 심장 박동, 위협에 대한 본능적 반응 같은 무의식적 기능을 통제하는 신경계의 한 부분이다. 또한 나는 베로니카 같은 내담자들에게 이런 지식을 알려 주는 것을 중요하게 여긴다. 몸이 다양한 방식으로 표현하는 고통에 애정 어린 마음으로 주의를 기울이면, 이전에는 보지 못했던 선택지들이 보이기 시작한다.

자율신경계는 교감 신경계와 **부**교감 신경계 두 부분으로 이루어져 있다. 교감 신경계는 코르티솔과 아드레날린을 분비해 위험과 싸우거나 도망가도록 유도하여 싸움fight/도주flight 반응을 일으킨다.[3] 그리고 덜 알려져 있지만, 역시나 중요한 비위 맞추기fawn 반응도 교감 신경계를 통해 일어난다. 이 상태에서 우리 몸은 위험 상황이 계속되지 않게 하려고 자신의 불편을 무시하고 상대방을 기쁘게 하거나 상대방에게 협조하려고 한다.[4] 이는 베로니카가 왜 그렇게 위험을 방지하기 위해 아버지와 타인의 기분을 맞춰 주고 그들이 발끈하거나 불쾌해지는 일이 없도록 애썼는지를 설명해 준다.

싸움/도주/비위 맞추기 반응에서 몸은 자각된 위협의 정도에 맞는 각성 수준을 보인다는 점을 이해하는 것이 중요하다. 미미한 수준으로 반응하는 경우가 있는 반면, 극도의 경계 태세를 보이고 완전히 통제 불능 상태가 될 때도 있다. 이런 상태가 되면 뇌에서 고차원적 사고를 담당하는 부분과, 행동 사이의 연결이 끊어짐으로써 두 가지 현상이 발생한다. 먼저 몸은 더 상위에 속한 뇌와 상의하지도 않은 채 자기가 할 수 있는 최선의 방식으로 위협에 무의식적 반응을 보인다. 둘째로, 실제로 나타났거나 감지된 위험을 다루기 위해 '정상적인' 자신과 완전히 반대되는 행동을 할 수 있다.

반대로 편안한 상태에 있을 때는 '휴식과 소화' 기능을 담당하는 **부**교감 신경계가 작용한다. 그런데 부교감 신경계는 몸을 '얼어붙기'freeze 상태로 전환시키는 또 다른 기능을 한다. 위험에 처했음을 감지했지만, 탈출구가 보이지 않는 상황에서 발생하는 공포에 대처하기 위해서다. 이는 생각하는 뇌의 판단과 상관없이 우리 몸이 실제로 일어난 혹은 곧 닥칠 운명으로부터 스스로를 보호하려고 시도하는 방식이다. 얼어붙기 반응이 활성화되면, 가벼운 혼미함이나 내가 현재에 존재하고 있지 않다는 느낌부터 정신을 잃거나 쓰러지기까지의 연속적 단계들이 일어난다.

나를 포함해 어떻게든 살기 위해 이 악물고 버티기 전략에 의존해 온 많은 사람은, 자신이 불안과 압도되는 감정을 느끼는 것 외에 해리의 요소도 가지고 있음을 깨닫지 못한다. 나는 꽤 오랫동안 그저 불안과 싸우고 있다고 생각해 왔다. 그러다가 내 몸을 다른 방식으로 관찰하고 경험하기 시작하면서, 때로 내가 '얼어붙기' 반응이라 불리는 해리도 경험한다는 사실을 깨닫기 시작했다.

대학 시절 나는 가족들과 끔찍하게 혼란스러운 주말을 보내고 기숙사로 돌아가곤 했다. 쉴 새 없이 싸우며 서로를 협박하는 부모님을 보면서, 나는 이틀 내내 고도의 경계 태세를 유지했다. 나는 수치심을 느꼈고, 내 인생의 바닥은 내려앉을 것만 같은데 나를 붙잡아 줄 사람이 아무도 없다는, 끈질기고 익숙한 느낌에 시달렸다. 작은 기숙사 방에 돌아오면 나를 집어삼킬 듯한 큰 슬픔에 사로잡혔고, 이 극심한 외로움을 이해할 사람이 하나도 없는 것 같았다. 무거운 담요가 내 몸을 내리누르는 듯한 기분이었다. 그때는 내가 우울증을 앓고 있다고 생각했는데, 지금 생각해 보면 그것은 해리였다. 부교감 신경이 나를 삶의 압도적인 부분에서 떼어 내며 도운 것이다. 세상은 너무 버거웠고 게다가 그것을 대면하는 데 필요한 도구도 갖추지 못한 나는 잠이 들거나 멍해지는 것이 절실했다.

경험한 환경과 관계가 몸속에서 나의 이야기를 형성하는 방식과, 힘든 상황을 헤쳐 나가며 자신을 보살필 더 효과적인 방법에 대해 배우면, 아픔이 드러날 때 그것을 너그럽게 다루기가 한결 쉽다.

나를 이해하기

부드럽게 해 보기를 배우고자 할 때 핵심은, 현재 상황이 안전할 때에도 오래된 상처가 우리에게 싸움/도주/비위 맞추기 반응이나 얼어붙기 반응을 유도한다는 사실을 인식하는 것이다. 그렇기에 뇌가 비록 복잡한 구조이기는 하지만, 뇌의 기능에 대한 기초적 수준의 이해만으로도 강력한 효과를 불러일으킨다. 위기 상황이 닥치기 전에 우리

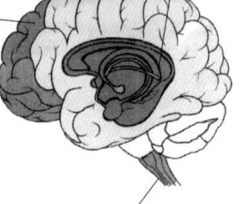

변연계
(감정에 의미를 부여하고, 뇌간과 함께 위험을 평가한다)
나는 사랑받고 있는가?
이것은 좋은가 혹은 나쁜가?

전전두엽 피질
(높은 수준의 사고를 촉진한다)
나는 학습할 수 있는가?
나는 문제를 해결할 수 있는가?
나는 조절할 수 있는가?
나는 공감할 수 있는가?

뇌간
(몸이 제공하는 정보를 뇌에 전달한다)
나는 안전한가?

가 **몸에 반응하는 방식**에 관하여 어떤 선택을 할 수 있는지를 배운다면, 진정한 자기true selves를 더 잘 반영하는 선택을 하는 데 도움이 될 것이다. 만약 우리가 곤경과 수치와 압도적 사건들을 경험해 왔다면 삶과 상처에 반응하는 방식에 통제력을 갖기보다는, 몸의 감각과 떠오르는 생각들이 그저 이유 없이 일어난다고 여길 가능성이 크다.

뇌가 왜 특정한 방식으로 반응하는지를 이해하면 근원적 필요를 인정할 힘을 얻고 상황을 변화시켜 나갈 수 있다. 이제 '삼위일체 뇌'triune brains[5]의 주요 부분을 아래쪽부터 살펴보자.

뇌간

핵심 질문: '나는 안전한가?'

뇌 구조에서 가장 원시적인 부분인 뇌간brain stem은 변연계와 함께 수면, 성적 충동, 호흡, 각성 등의 기능을 담당한다. 또한 뇌간은 위협 상황에 반응하는 방식도 결정한다(싸움/도주/비위 맞추기 혹은 얼어붙기). 뇌간의 메시지에 반응하는 사람은 무언가를 해야 한다는 충동을 인지하면서도(혹은 인지하지 못할 수도 있다) 왜 그런 충동이 일어나는지는 알지 못한다. 예를 들어, 당신은 벽이 초록색으로 칠해진 방 안으로 들어가다가 어떤 의식적 이유 없이 갑자기 그곳을 떠나고 싶어질 수 있다. 그리고 치료 과정에서 자신이 정확히 그 초록색 계통의 방 안에서 지속적으로 언어폭력을 당했다는 사실을 떠올리고, 몸이 그것을 기억하고 있음을 깨닫는 것이다.[6] 몸을 무시하면 융통성 없고 강박적인 행동을 초래한다. 왜냐하면 뇌간을 조절하는 생각하는 뇌의 도움 없이 뇌간이 생존을 위해 움직이기 때문이다.

변연계

핵심 질문: '나는 사랑받고 있는가?' '이것은 좋은가 혹은 나쁜가?'

변연계Limbic System[7]는 뇌간보다 좀 더 진화한 부분이다. 핵심 역할은 (전체 기관을 통해) 타인에 대한 애착을 경험하고 (해마와 편도체를 통해) 특정 유형의 기억을 만들어 내며 (시상 하부와 뇌하수체를 통해) 뇌간과 함께 육체적이고 정서적인 위협에 반응하는 호르몬을 조절하는 일 등이다. 또 편도체는 공포 반응에서 중요한 역할을 한다. 예를 들어 차가 달려올 때 편도체는 의식적인 생각과 상관없이 상황을 평가하고 몸의 장치들을 발동시켜 자리를 피하게 만든다. 마지막으로 변연계 전체는 감정과 그 감정을 통해 도출된 의미가 자리 잡은 곳이다. 이 부분은 이전 경험을 토대로 어떤 유형의 감정을 불러일으켜야 하는지를 결정한다.

피질과 전전두엽 피질

핵심 질문: '나는 학습할 수 있는가?' '나는 문제를 해결할 수 있는가?' '나는 조절할 수 있는가?' '나는 공감할 수 있는가?'

피질cortex 내 여러 개의 엽lobe은 신체 지각과 운동 기능에 영향을 주고, "생각에 대해 사고하는" 일도 담당한다.[8] 뇌에서 가장 진화한 부분인 전전두엽 피질the prefrontal cortex, PFC은 초기 성인기까지 계속 발달하며, 감정과 경험을 의식하고 처리하는 일을 담당한다. 전전두엽 피질은 피질 내에 자리 잡고는 있지만, 뇌간 및 변연계와 시냅스 하나를 사이에 두고 붙어 있다.[9] 이런 사실이 실질적으로 의미하는 바는, 뇌간이 몸 전체에서 받아들이는 감각 정보를 포함하여 뇌간과 변연계 안에서 일어나는 내용도 전전두엽 피질이 의식할 수 있다는 것이다.

당신이 자신을 너그럽게 대하기 위해서는 몸에서 무슨 일이 일어나고 있는지를 의식해야 하고, 이를 가능하게 하는 것이 바로 전전두엽 피질이다.

뇌는 아래쪽부터 위 방향으로 발달하는데,[10] 그 이유는 우리 몸이 가장 우선시하는 것이 호흡과 심장 박동, 안전감 같은 기본적인 기능들(뇌간)이기 때문이다. 그리고 나서 뇌는 양육자에 대한 애착의 욕구를 발전시키기 시작한다(변연계). 그렇게 무의식적 기능과 애착 회로가 형성되고 나면, 비로소 공감과 세밀한 사고, 문제 해결을 가능하게 하는 능력이 갖추어진다(피질).

그런데 몸이 싸움/도주/비위 맞추기나 얼어붙기 반응을 하면, 혈류가 전전두엽 피질 쪽으로 흐르지 않아 에너지가 다른 곳으로 흩어져 버린다. 당신이 뇌간으로만 살아간다면, 다른 부분들은 모두 '오프라인' 상태가 되고 말 것이다. 이러한 적응적 반사 작용은 차에 치이려는 순간이나 불이 난 건물에서 대피하는 상황에서는 매우 유익하지만, 친구와 함께 저녁 식사 계획을 잡는 상황에서는 곤란한 문제를 일으킬 것이다. 모임 계획을 짜는 일에 집중하기 전에 당신의 뇌가 우선 앞에 앉은 친구가 안전한 존재라는 확신을 원할 테니 말이다.

전전두엽 피질이 온라인 상태가 되면 뇌 세 영역의 정보들이 모두 연결되는데, 이것을 '수직 통합'vertical integration이라고 한다. 이때 우리는 비로소 온전한 뇌whole brain가 보내는 정보에 주의를 기울이고 반응할 수 있다. 바로 이것이 부드럽게 해 보기를 위한 필수 요건이다.

우리 가정의 역기능적 상황에 압도되던 시절 내게는 뇌 작동 체계에 대한 지식이 전혀 없었다. 그래서 심장이 빠르게 뛰고 호흡이 가빠지고 공포감에 사로잡히고 무감각해지고 싶은 욕구가 생기는 등, 뇌의 아래쪽 부분이 수많은 정보를 보내도 그 신호를 이해할 방도가 없었다. 적절한 시각을 지니지 못한 나는 그저 나 자신이 약하고 나쁘다고, 혹은 죄를 짓고 있다고 생각할 뿐이었다. 그것이 심리학자들이 **과잉** 각성(hyperarousal, 싸움/도주 반응과 가장 흔히 연관되는)이라 부르는 상태였다는 사실을 그때는 전혀 이해할 수 없던 것이다.

하지만 성인이 된 지금 부드럽게 해 보기를 연습하면서, 어린 시절 내 변연계가 혼자이고 불안하다는 느낌에 너무 강하게 자극을 받았다는 사실을 깨달았다. 나는 상담을 받으면서 여전히 아픈 부분에 주의를 기울이면서도 온전한 뇌와 연결을 유지하는 법을 배웠고, 두려움이 느껴질 때도 그것을 무시하거나 억누르거나 스스로에게 수치심을 주기보다 연민과 호기심을 가지는 나 자신을 발견한다.

마찬가지로 베로니카가 무서운 아버지와 함께 있을 때나 성폭행을 당하던 때에 시간 감각을 잃었었다고 말했을 때, 나는 그녀 자신 혹은 몸과 연결해 주는 뇌의 꼭대기 부분이 당시에는 작동하지 않았던 것이라고 말해 주었다. 나의 어린 시절 트라우마가 나를 과잉 각성 상태로 몰고 갔다면, 그녀는 **과소** 각성(hypoarousal, 일반적으로 얼어붙기/해리 반응과 연관되는) 상태가 된 것이다. 너무나 공포스러운 어린 시절을 보낸 베로니카의 몸은, 성인이 된 지금도 어떤 사건이나 사람이 공포 반응을 촉발할 때마다 동일한 생존 전략을 구사하도록 배선되어 있다. 지금도 어김없이 그녀는 얼어붙어 버린다.

우리 역시 불안을 느낄 때 유사한 반응을 하고 있을지도 모른다.

문제에 대해 생각하면 그것을 해결하고 있다는 느낌이 들겠지만, 싸움/도주 모드에 있으면 진정한 의미에서 문제를 해결하도록 돕는 몸의 체계와 연결되지 못한다. 그러면 결국 문제에만 골몰하는 상태를 벗어날 수 없다.

'과잉 각성'(싸움/도주/비위 맞추기) 상태에서의 느낌	'과소 각성'(얼어붙기) 상태에서의 느낌
• 아드레날린에 압도되는 느낌 • 심장이 거세게 뛰는 느낌 • 몸의 흔들림/떨림 • 스트레스를 주는 사건과 멀어지려는, 혹은 가까이 가려는 충동 • 분노 • 통제력 상실 • 두려움 • 불안 • 지나치게 상대에게 맞춰 주거나 상대를 기쁘게 하려는 욕구	• 정체된 느낌 • 우울 • 갑작스러운 피로감 • 혼미함/멍한 느낌 • 마비되고 얼어붙는 느낌 • 무감각/정지된 느낌 • 세상과 단절된 느낌 • 자기 자신을 관찰하고 있는 듯한 느낌

대문자 T 혹은 소문자 t: 트라우마는 트라우마다

베로니카나 나의 이야기가 그리 흔한 것은 아니다. 많은 사람이 인생의 어느 시점에 신경계를 압도하거나 두려움을 주는 경험을 하고, 뇌는 그 정보를 불안감 수준에서 전면적인 충격적 수준에 이르는 스펙트럼 내에서 암호화한다. 많은 사람이 문자 그대로 전쟁을 겪어야만 트라우마가 생긴다고 생각하지만, 내가 다루는 트라우마는 좀 더 폭넓게 정의된다.

    결국 우리 몸이 어떤 사건을 불안하거나 매우 충격적인 것으로 경험하는 데는, 그 사건 자체만큼이나 그 사건을 지각하는 태도도 큰 영향을 미친다.[11] 예를 들어 두 사람이 교통사고를 당했다고 하자. 한 사람은 사고 후에 장기적으로 큰 영향을 받지 않지만, 다른 사람은 차를 탈 때마다 그 장면이 떠오르고 과잉 각성 상태가 될 수 있다. 가장 중요한 것은 당사자가 그 상황을 어떻게 **경험하는가**다.[12]

한 사람의 신경계와 극복 능력을 압도하는 사건이라면 무엇이든 충격적 사건이 될 수 있다.[13] 이런 일이 발생하면, 몸은 그 스트레스 혹은 해당 사건을 가지고 대사 작용[14]을 할 수 없고 결과적으로 이 불안을 주는 경험이 신경계 내에 '갇혀' 버린다.

이런 압도적 스트레스 경험은 '대문자 T 트라우마'big T trauma로 전환되어 외상 후 스트레스 장애를 가져올 수 있다. 성폭행, 심각한 상해, 다른 누군가가 강간이나 치명적 상해 혹은 살해당하는 것을 목격하는 경험 등은 항상 대문자 T 트라우마로 분류된다.[15] 반면 '소문자 t 트라우마'little t trauma는 일반적으로 재난으로 여겨지지 않는 사건에서 발생한다. 하지만 이 트라우마 역시 극복 능력을 심각하게 저해하고 압도함으로써 외상 후 스트레스 장애와 유사한 징후를 일으킬 수 있다.[16]

이 두 종류의 트라우마는 사건에 대한 기억이 정상적이지 않다는 특징을 공통으로 가진다. 두 경우 모두 해당 사건을 떠올릴 때 (그에 대해 생각하며 사진을 보듯이) 그것을 과거에 일어난 일로 여기기보다, 마치 현재 일어나는 것처럼 그 일을 경험한다. 격렬한 반응이 촉발되면 그 구체적 내용에 따라 연관된 장면, 냄새, 감정, 신념, 감각 등의 스펙트럼을 경험한다. 예를 들어 어린 시절 수치심과 연관된 소문자 t 트라우마는 자신이 너무도 어리고 무가치하다는 본능적 느낌을 불러일으키겠지만, 반드시 특정한 냄새나 장면이 떠오르는 것은 아니다.

반면 외상 후 스트레스 장애를 앓고 있는 참전 용사는 훨씬 많은 감각 정보가 포함된 장면이 재현될 것이다.[17] 두 경우 모두 경험이 정상적인 기억처럼 전전두엽 피질에 통합되지 않기 때문에 현재 상황을 헤쳐 나가는 데 도움이 되는 대처 기술이나 편안한 기억, 건전한 관계에 연결되기 힘들다.

아마도 당신은 대문자 T 트라우마와 소문자 t 트라우마가 놀랍도록 유사하다는 사실을 감지했을 것이다. 두 트라우마가 같은 스펙트럼에 있기 때문인데, 그렇다고 해서 외상 후 스트레스 장애를 일으키는 대문자 T 트라우마의 고통이 어떤 식으로든 축소될 수는 없다. 하지만 소문자 t 트라우마도 나름의 무게를 갖는다. 선도적인 신경과학자이자 연구자 스티븐 포지스는 이렇게 말한다. "우리는 사건 자체가 아니라, 그에 대한 개인의 대응이나 반응에 초점을 맞추어야 한다.…우리가 이해해야 할 사항은, 한 사람이 트라우마에 대응하거나 반응할 때 몸은 그 충격적 사선을 생명에 대한 위협으로 해석한다는 점이다."[18]

내가 오랫동안 이를 악물고 버티는 삶을 산 부분적 이유는, 내 몸이 제대로 처리되지 않은 만성적 소문자 t 트라우마를 다루고 있었기 때문이다. 그것은 너무나 압도적이고 불안정한 가정 환경에서 유효한 반응 방식이었다. 오랫동안 나는 내가 '충분히 나쁜' 경험을 했다는 사실을 믿지 못했고, 그래서 같은 징후를 갖고 있음에도 나 자신을 트라우마 생존자로 여기지 않았다. 그리고 신경계에 대해 배우고 추가적인 훈련을 더 받고 나서야 어린 시절에 경험한 트라우마가 얼마나 엄청난 일인지, 또 이후 긴 세월 동안 그것이 어떤 식으로 영향을 미쳤는지를 이해했다.

대문자 T 트라우마	아마 이렇게 경험하고 느낄 것이다	소문자 t 트라우마
목격하거나 경험할 때 외상 후 스트레스 장애를 일으키는 사건들* • 생존을 위협하는 상황 • 성폭행 • 심각한 상해 • 자연재해	• 그 사건을 떠올리게 하는 모든 요소에 의해 격렬한 반응이 촉발된다. • 사건 당시 느낀 것과 동일한 감정이나 감각을 불러일으키는 감정과 장면이 재현된다. • 그 사건과 연관된 생각이나 감정을 회피하고 싶은 욕구가 생긴다. • 신경계 조절 장애(그 사건과 연관된 불안/우울/분노/두려움)가 발생한다. • 그 사건과 관련해 자신에 대한 핵심 신념에 변화가 생긴다(예를 들어, '나는 나빠' '그건 내 잘못이야').	대처 능력을 압도하고 지속적으로 불안한 느낌을 받는 경험은 소문자 t 트라우마가 될 수 있다. • 괴롭힘의 대상이 되는 경험 • 부모가 부재하거나 부모와 떨어지는 경험 • 언어적/정서적 학대 • 건강하지 않은 방식의 이별 • 인종 차별 • 사별 • 급격한 변화 • 가난한 성장 환경 • 수술

*이것은 외상 후 스트레스 장애의 완전한 진단 기준이 아님을 유의하라. 외상 후 스트레스 장애가 의심된다면, 정확한 진단을 위해 전문가를 만나 보기를 권한다.

따라서 모든 사람이 외상 후 스트레스 증후군을 겪지는 않지만, 거의 모든 사람이 소문자 t 트라우마를 경험한다.[19] 예를 들어 지나치게 비판적인 부모 밑에서 자란 유능한 사람들은 끊임없이 자기를 비판하고, 경계를 세우지 못하고 과로하는 경향이 있다. 계속해서 신체적 괴롭힘을 당했던 남성은, 주변 사람들이 그에게서 부드러운 모습을 바랄 때조차 언제나 강해야만 한다고 생각하는 자신을 발견할 것이다. 어머니가 강한 중독에 빠졌던 여성은 가장 친밀한 관계를 맺었던 반려동물을 잃고 삶이 무너져 버릴지도 모른다. 어린 시절에 방치되고 혼자라고 느꼈던 여성은 출산 후 자녀와 유대를 형성하기 위해 사력을 다할 것이다.

베로니카가 어린 시절에 경험한 만성적 소문자 t 트라우마 때문에, 성폭행을 당하던 때에도 외부의 도움을 구하지 못했다는 사실을 떠올려 보자. 그런 공포스러운 사건을 처리할 자원이 없었기 때문에 그 사건은 더욱 충격적인 것이 되었다. 이것이 바로 트라우마의 본질이다. 트라우마는 그냥 사라지지 않고, 우리가 세상에 존재하는 방식에 영향을 미친다. 우리가 그 사실을 인정하든 인정하지 않든 상관없이 말이다.

1장에서 살펴본 이 악물고 버티며 인생을 살아온 에리카 같은 사람을 두고 사람들은 트라우마 생존자라고 생각하지 않을 것이다. 하지만 계속해서 아이의 성서적 경험을 억압하거나 굴욕을 주는 부모 밑에서 자란다면 일종의 정서적 트라우마를 입을 수도 있다. 그러므로 성인이 된 그녀가 근원적 불안에 시달리고 단절을 경험하며 그에 대해 자신도 어쩔 수 없는 것은 전혀 이상한 일이 아니다.

대문자 T 트라우마와 소문자 t 트라우마의 차이를 설명하는 한 가지 방식은, 칼에 깊이 찔려 즉각 응급실로 옮겨야 할 환자와 사무실에서 종이에 베인 상처를 입은 사람을 비교하는 것이다. 종이에 베이면 아프고 때로 일상생활에 지장을 주기도 하지만, 그렇다고 살아가는 데 문제가 있는 것은 아니다. 하지만 계속해서 손이 베이는데 그런 상처는 별것 아니라는 말을 들으면, 상처를 치료할 마음을 먹을 가능성 자체가 사라진다. 심지어 그 사람은 통증이 심해질수록 자신을 약하고 성격에 문제가 있는 인간으로 치부해 버린다. 하지만 어느 시점이 되면 손이 감염되어 결국 그 역시 응급실로 가야 할 것이다. 트라우마가 크든 작든 치료가 필요한 상황이라는 사실을 인정받아야만 전면적 회복이 가능하다.

이것이 얼마나 복잡한 작업인지 알겠는가?

주의를 기울이지 않고 적절한 도움과 자원을 투입하지 않으면, 이러한 소문자 t 트라우마가 신경계에 중대한 영향을 끼칠 수 있다. 특히 뇌가 유연한 상태인 출생 이후부터 18세 이전까지 시기에 그런 사건이 발생했다면 그 영향은 특히 심각하다. 연구에 따르면 어린 시절에 지속적인 애정으로 스트레스를 경감시켜 줄 만한 양육자가 없는 상황에서 부정적 경험을 했거나, 스트레스를 유발하는 양육자와 함께 살면서 그런 경험을 한 사람들은 정서적·신체적·정신적 건강 상태가 부정적으로 형성될 수 있다. 연구자들은 아이들이 이런 사건을 더 많이 경험할수록 만성적 질병과 통증, 정신 질환, 중독, 관계 문제를 겪을 가능성도 커진다고 설명한다.[20]

새로운 틀 만들기

통제 불능 상태가 되거나, 몸과 감정으로부터 단절되거나, 진실이라

믿는 것을 실행할 능력이 없는 우리 같은 사람들은 때로는 생존이 유일한 목표가 된다. 하지만 트라우마가 너무나 중요한 문제인 만큼, 나는 당신에게 새로운 틀을 제안하고 싶다. 바로 힘겨운 일들이 몸의 반응을 활성화시킬 때마다 그것이 우리 몸이 치유와 통합을 향해 나아가기를 원한다는 증거라고 생각하는 것이다. 촉발 요인이 강력할수록 그에 따른 적절한 지지와 자원을 가지고 이 경험들을 건강한 방식으로 우리 존재와 통합하는 법을 배울 수 있다. 본질상 이는 우리 이야기를 소유하는 작업이라 할 수 있다. 이 작업을 위해 곁에서 지지해 주는 치료사가 필요할 때가 종종 있겠지만, 내가 이 책에서 소개하는 부드럽게 해 보기 접근법이 성장을 향해 온화하게 움직이는 방식의 틀을 제공해 줄 것이다.

간략히 말해서 이것은 적절한 자원을 가지고 일반적 사건을 처리하듯 고통스러운 내용을 재처리하여 기억으로 가져감으로써 마음을 통합하는 작업이다.[21] 우리가 어떤 압도적 경험을 했다는 것이 반드시 거기 묶여 있어야 한다는 의미는 아니다. 힘든 경험이 반드시 트라우마가 되어야 하는 것은 아니다. 하지만 고통스러운 사건을 처리하기 위해서는 몸이 우리에게 말해 주는 정보에 반드시 귀 기울여야 한다.

나의 삶을 예로 들면 나는 누군가가 나에게 기대를 가질 때마다 거기에 지나치게 부응하고 싶어 하는 경향이 있음을 깨달아야 했다. 어린 시절의 나에게 기대란 늘 고통과 수치심에 결부되어 있었기 때문에 그렇다는 것을 이제 나는 안다. 그리고 부드럽게 해 보기의 과정을 통해, 내 몸이 잠재적 위협으로 느껴지는 것에 언제 반응하는지를 의식하는 법을 배웠다. 나의 온전한 존재 whole self에 자비롭게 주의를 기울이면서 나는 그 느낌이 정당하다고 인정해야 하는지, 아니면 몸을 조절해서 전에는 갖지 못했던 선택권을 이제는 갖고 있음을 스스로에게 상기해 주어야 할지를 더 잘 결정할 수 있게 되었다. 나는 이제 한계를 설정하고 내게 필요한 방식으로 목소리를 낼 수 있다. 나는 내 두려움이 정당하지만, 더는 그것이 나를 추동하도록 내버려둘 필요가 없음을 자신에게 상기시킨다. 이제 나는 안전하다.

자신의 고통을 존중하라는 신성한 요청을 받고 있는 우리는, 이것이 거룩한 작업이고 바로 이 여정이 우리가 부름받은 길임을 깨달아야 한다. 우리의 생리 기능이 위협적 상황에서 어떤 방식으로 적응하도록 설계되었는지를 제대로 알게 되면서, 나는 종종 그것을 창조주 하나님의 관점에서 생각해 보곤 한다. 우리에게는 내일을 살도록 현재를 헤쳐 나가는 데 필요한 것들을 주시는 창조주가 계신다. 야고보서에는 이런 말씀이 있다. "온갖 좋은 선물과 모든 완전한 은사는 위에서…내려옵니다"(1:17). 그리고 나는 생존하고자 하는 우리 몸의 욕구가 선물이라고 믿는다.

그런데도 위협에 대한 무의식적 반응(싸움/도주/비위 맞추기 혹은 얼어붙기)은 일시적이어야 한다. 이 반응들의 목적은 우리가 위험한 상황을 무사히 통과하게 하고, 우리 영혼과 본질을 보호하는 데 있다. 생존은 결코 수치스러운 것이 아니다. 이는 분명한 진실이다. 하지만 그저 생존하는 것과 충만하게 살아 있는 삶은 아주 큰 차이가 있다. 그리고 친애하는 독자여, 부드럽게 해 보기를 통해 이런 충만한 삶으로 나아가는 것이 우리의 궁극적 목표임을 기억하자.

부드럽게 해 보기

트라우마가 인생에 영향을 미치는 방식을 인지하는 것은 정말로 강력한 효과를 가져올 수 있으며 동시에 압도적인 경험이 되기도 한다. 이 연습을 통해 먼저 긍정적 자원들을 얻고 본능적으로 그것들에 연결됨으로써 자기 이야기의 힘든 부분을 인내할 힘을 키울 수 있을 것이다.

1. 앞 장에서 작성한 인생 연표를 보면서, 자랑스럽게 느껴지거나 진정한 자기를 떠올리도록 하는 사건이나 경험을 골라 보라. 혹은 당신을 지지한다고 느껴졌던 것이나 어떤 사람을 떠올려도 좋다(예를 들어 선생님, 특정 장소, 좋은 책 등).

2. 잠시 마음의 눈으로 당신의 몸을 상상해 보라. 레이저 스캔을 하듯 몸 안의 정보를 살피며 어떤 감각이나 따끔거림, 잔잔한 느낌, 즐거운 감정 같은 것이 느껴지는 부위를 알아차려 보라. 잠시 그 부위에 손을 얹고, 마음속에서 떠오르는 단어나 구절이 있는지 생각해 보라. 예를 들어, '나는 유능하다' '나는 강하다' 같은 말이 떠오를 수 있을 것이다. 이 과정에서 편안함을 느낀다면 몸에 이런 말을 해 주어도 좋다. '나에게 정보를 말해 줘서 고마워. 나도 잘 듣고 있어.' 계속해서 유쾌한 기분이 든다면 30초에서 1분가량 이 연습을 지속하라. 물론 원한다면 언제든 멈출 수 있다.

그분은 쉬지 않고 우리를 찾으러 오신다.

그리고 자애롭게 우리를 찾아내신다.

그분은 길이 없던 곳에 길을 만드신다.

3장

애착: 초기 관계가 중요한 이유

나는 당신의 마음을 가지고 있어요

(그건 내 안에 있어요)

E. E. 커밍스

이 세상에서 더 진실하고 부드러운 방식으로 존재하기 위해 나아가는 당신에게 내 이야기를 얼마간 들려주는 것이 중요할 것 같다.

　나는 이 일에 무엇을 걸고 있는 걸까?

　나는 왜 이 과정에 이토록 큰 관심을 쏟고 있을까?

　많은 사람의 이야기가 그렇듯, 내 이야기도 오래전 일에서 시작된다. 그리고 그 이야기는 숱한 아픔과 트라우마로 가득하고, 아름다운 실 가닥들도 깊이 엮여 있다. 그리고 솔직히 말하자면 내 이야기는 내가 이야기를 시작하기도 전, 그러니까 내 어머니의 이야기로 시작된다. 나는 어머니의 삶이라는 맥락을 나누고 싶은데, 그럼으로써 당신은 양육자의 경험이 어떻게 한 사람의 경험에 영향을 미치는지 이해할 수 있을 것이다. 엄마를 생각할 때 머릿속에 떠오르는 건 그녀의 손이다. 엄마가 손으로 채소를 썰고, 볶고, 옷을 수선하고, 세탁하는 모습이 보인다. 그 손은 대부분의 사람이 평생 하는 일보다 훨씬 많은 일을 10년 안에 해냈다. 나는 또한 엄마가 그 손으로 나를 안거나 쓰다듬던 숱한 시간을 떠올린다. 그리고 그에 못지않은 시간 동안 부재했다. 절실했던 순간에 그 손은 내게서 떠나 있었다.

나는 학교에 들어가기도 전에 엄마가 내게 들려준 자신의 특이한 어린 시절 이야기를 기억하고 있다. 엄마와 가족들은 혁명을 피해 구급차를 타고 헝가리 부다페스트를 떠났다. 가족들은 유럽을 떠나 캐나다에 도착했고, 할아버지는 워싱턴 D.C.에 정착하기를 희망했다. 하지만 그들이 마침내 정착한 곳은 워싱턴주였다. 언어를 이해하지 못해 발생한 실수였다.

엄마의 모험 이야기를 들으며 느낀 엄청난 경외심도 기억한다. 엄마에게 헝가리어를 배운다면 기막히게 멋지겠다고 생각하기도 했다. 하지만 나중에 가서는 난민이 된다는 것, 사람들 사이에서 자신만 다르다고 느끼는 것이 실제로 어떤 의미인지를 알게 되었다. 그것은 자신도 영어를 잘하지 못하는 상태에서 부모에게 영어를 가르쳐야 할 때 느끼는 외로움을 의미했다. 그것은 유치원에서 유일하게 귀를 뚫은 아이가 되고, 친구들에게 놀림 받지 않으려고 억양을 숨기고 모국어로 말하는 방식을 철저히 버리면서 유년기를 보낸다는 의미였다.

그렇게 엄마가 힘든 삶을 살았다는 사실을 어렸을 때 알았지만, 더 많은 이야기는 시간이 좀 더 지나고 나서야 들을 수 있었다. 그때까지 나는 알코올 중독에 빠진 할아버지와 우울증으로 자살 충동에 사로잡힌 할머니 밑에서 자라는 것이 엄마에게 얼마나 충격적인 경험이었는지 전혀 알지 못했다. 그리고 일곱 살 때 집에 불이 나 자신의 쌍둥이 자매가 사망한 일에 크게 영향을 받았고, 유년기 내내 슬픔과 말할 수 없는 비통함에 젖어 있었다는 사실 또한 몰랐다.

엄마에 관해 더 많이 알수록, 엄마가 살아오며 얼마나 많은 것을 극복하고 견뎌야 했는지 이해할 수 있었다. 그리고 지금 나는 엄마가 왜 그렇게 술에 의존할 수밖에 없었는지를 무척이나 잘 이해한다. 엄마는 자라면서 느낀 지독한 외로움을 술로 잠재워야 했고, 결혼 생활의 역기능을 극복할 자가 치료법들을 강구해야 했다. 지난 10년간 나는 이처럼 겹겹이 쌓인 엄마의 고통을 들여다보며 슬퍼하는 과정을 지나왔다. 하지만 지금 나는 엄마가 자식들을 그토록 사랑하면서도 복합적인 트라우마 때문에 격렬한 반응이 촉발되고 가장 필요한 순간에 우리를 떠나 버리곤 했던 이유를 이전보다 잘 이해한다. 특히 엄마는 아빠가 불안정해지고 혼란스러운 분노를 쏟아부어 공포를 불러일으키는 날이면 어김없이 우리를 떠났다. 그때야말로 엄마가 정말로 필요한 순간이었지만, 엄마는 너무나 큰 트라우마를 다루고 있었기에 이를 악물고 버티는 그 어떤 시도도 우리 집 분위기를 안정시키는 데 도움이 되지 않았다.

우리 남매는 이런 가정에서 살면서 정말 큰 대가를 치렀다. 우리는 아빠에게 칭찬을 받을지, 아니면 작은 실수 때문에 풍비박산이 될지 도무지 예측할 수 없었고, 그런 일이 거듭되면서 우리는 안전감을 계속 빼앗겼다. 나는 철자법을 익히기 시작할 즈음에 어른처럼 행동하려 노력하면서 상황을 극복했다. 나는 완벽해지려 했고, 홀로 있게 될 때까지 고통을 무시하거나 억누르려 노력하며 살았다. 늘 고도의 경계 태세를 유지하며 지낸 것은 그것이 내 삶에 놓인 난관을 극복하는 유일한 길로 보였기 때문이다. 하지만 그런 대처 기술에는 한계가 있었다. 부모님의 관계에서 쏟아져 내린 독성이 우리를 덮치면 그 기술들은 아무 소용이 없었다.

그런 순간 중에 가장 생생하게 기억나는 때는 재앙 수준의 부부 싸움이 일어난 다음 날이자 내가 열세 살 생일을 하루 앞둔 날 아침이다. 그날 나는 우리 가족이 오늘 어떤 하루를 보낼지 마음을 졸이며 삐걱거리는 나무 계단을 내려갔다. 텅 빈 집은 어딘가 달라 보였다. 여느 날처럼 엄마는 우리보다 훨씬 일찍 일어났다. 하지만 탁자 위에 엄마의 커피잔이 보이지 않았고, 따뜻한 전등불도 켜 있지 않았다. 대신 짧은 편지 하나가 놓여 있었다. 거기에는 너희들을 사랑하지만 더 이상 이 집에 있을 수 없다는 말이 적혀 있었다.

다음 날 열 명의 친구가 밤샘 파티를 하러 우리 집에 오기로 되어 있었다. 하지만 나는 누군가가 무겁고 축축한 이불을 내 몸 위로 던진 듯한 기분이었다. 움직일 수 없었다. 아팠다. 도대체 엄마는 어디로 갔을까? 내가 가장 가깝다고 느낀 부모, 우리를 보호하기 위해 최선을 다한 그 부모는 지금 어디에 있나? 엄마는 괜찮을까? 다쳤을까? 엄마를 다시 볼 수 있을까?

돌아보면 왜 아빠와 내가 밤샘 파티를 취소하지 않았는지 잘 모르겠다. 우리는 모든 것이 괜찮은 척 행동했다. 물어뜯는 것 같은 고통을 내 몸이 이 악물고 버티는 길을 찾아낸 것이다. 친구들이 왔다 갔지만, 내게 그 파티의 기억은 별로 남아 있지 않다. 대부분의 시간 동안 나 자신 바깥에 있으면서 스스로와 분리된 듯한 기분을 느꼈을 뿐이다. 내내 우리 가정이 완전히 망가졌고 내가 산산조각이 나 버렸다는 이 끔찍한 비밀을 숨겨야 한다고 생각하면서 말이다. 사실 엄마의 삶이 망가지고 술에 의존하기 전부터, 아빠가 우리를 정서적으로 학대하는 일이 더욱 잦아지기 전부터 뭔가 일이 이상하게 흘러간다는 사실을 어렴풋이 알고 있었다.

속으로는 겁이 났다. 내가 안전한 부모라고 느낀 엄마는 가 버렸다. 그리고 과연 엄마가 돌아올지 장담할 수 없었다. 그때는 차마 입 밖으로 꺼낼 수 없었지만, 엄마가 죽었을까 봐 두려웠다. 엄마는 일주일 정도 뒤에 집으로 돌아왔다. 마치 몇 주간 한숨도 못 잔 사람처럼 지저분하고 수척하고 기진한 모습이었다. 엄마와 아빠는 불안한 휴전 상태에 들어갔고, 그렇게 위태로운 땅 위에서 우리의 삶은 계속되었다.

나의 청소년기는 이렇게 불안정한 상태로 지속되었고, 이 불안정은 내가 20대였을 때 부모님 두 분 모두 중독 개입addiction intervention을 받으면서 최고조에 다다랐다. 엄마는 치료를 받는 것을 선택했고, 아빠는 우리를 떠나는 것을 선택했다. 결국 내 어린 시절이 얼마나 니에게 해로웠는지 내가 진정으로 보기 시작한 것은 아빠와의 관계가 끊어진 뒤였다.

오랫동안 치명적인 스트레스가 나조차 미처 이해하지 못한 방식으로 내 몸과 영혼에 타격을 주고 있었다. 하지만 성인기로 접어들면서 한 가지는 확실해 보였는데, 내가 그 어느 때보다 외로웠다는 사실이다. 머리로는 삶을 살아오며 몇몇 사람에게 사랑받았다는 걸 알고 있었지만, 실질적으로는 그런 신념을 고수할 수 없었다. 간단히 말해서 내 몸과 영혼은 그 누구에게도 의존해서는 안 된다고 학습해 왔다. 사람들은 **항상** 나를 저버리거나 나를 이용하려 들 뿐이기 때문이다.

그래서 사람들을 신뢰하고 **싶은** 마음이 드는 만큼, 내면화된 나의 틀은 경계 태세를 늦추지 말 것을 주문했다. 나는 세상이 보기에 강하고 성공적이고 의욕 넘치는 인간이었고 우등생, 그리스도인, 대학 운동선수였다. 하지만 속으로는 두려워하고 있었다. 외로웠고, 불안했다.

애착이 작동하는 방식

마침내 나는 관계에 대한 두려움이 생애 초기부터 현재까지 이어지는 부모와의 관계에 뿌리를 두고 있다는 사실을 깨달았다. 정신과 의사 커트 톰슨Curt Thompson은 이렇게 말한다. 아기는

> 엄마의 가슴에서 나오는 젖을 빨면서 동시에 엄마의 불안을 빨아들인다. 아기는 아버지의 신체 접촉이 상대적으로 부드러운지 거친지, 혹은 그런 접촉이 있는지 없는지를 구별한다. 그는 자신의 즐거움이나 괴로움에 부모가 반응하는 타이밍과 강도를 알아차린다. 아기의 뇌는 연결된 각각의 주요 인물과 함께 있을 때 형성되는 안전감, 평온함, 혼란 등의 일반적 수준을 기록하기 시작한다.… 부모와 맺는 관계의 성격이 신경망을 형성하고 이것은 평생에 걸쳐 영향을 미친다.[1]

양육자가 자신의 필요에 반응해 주는 이런 필수적인 초기 경험을 심리학자들과 연구자들은 '조율'attunement이라고 부르는데, 이것이 평생에 걸친 애착 유형을 결정하는 기초가 된다.[2] 우리 안에 명확한 생각이나 기억이 채 형성되기도 전에, 뇌와 신경계의 배선 상태가 양육자들이 우리와 상호 작용했던 방식을 반영하기 시작한다. 고의적이든 비고의적이든 양육자들이 우리에게 상처를 주었을 때 그들이 반응한 방식까지도 말이다.[3] 사실 가장 애정 어린 부모들도 아이에게 완벽하게 반응하지 않는데,[4] 그렇기에 '회복'repair이라는 개념이 필수적이다. 회복은 양육자가 아이에게 잘못 조율했음을 깨닫고, 아이와 다시 연결되는 법을 찾거나 사과하거나 필요한 조치를 취할 때 일어난다. 이제 우리는 이러한 파열/회복의 순환이 회복 탄력성을 발달시킨다는 사실을 안다. 하지만 그 힘을 길러 주는 것은 상처받은 경험이 아니라, 어려움을 겪은 뒤 양육자가 안전함을 다시 회복해 주는 경험이다.[5] 회복 탄력성 유무는 정확히 양육자가 파열된 관계를 회복시키는지에 달려 있다. 양육자와의 이런 상호 작용의 총합이 우리 자신과 세상에 대한 배움의 기초를 놓는다.

어떤 아버지가 아기의 크게 뜬 눈을 보고 까꿍 놀이를 하고 싶어 한다고 여긴다면, 이때 아버지는 그 장난기에 반응하려 하는 것이 타당하다. 그러다 아기가 지나치게 흥분하고 짜증을 낼 때 다시 행동을 조정하여 아기의 필요에 맞춰 준다면, 이는 회복의 한 형태다.

어떤 어머니가 자기 말에 계속 끼어든다는 이유로 어린 아들에게 면박을 주면 아이는 수치심으로 움츠러들 것이다. 하지만 자신의 반응이 아이에게 상처를 주었음을 눈치챈 어머니는 자세를 낮추고 이렇게 부드럽게 이야기할 수 있을 것이다. "그런 식으로 말해서 미안하다. 네가 계속 끼어드니까 기분이 안 좋았어. 그렇다고 그렇게 말해서는 안 되는 거였는데." 자신 때문에 틈이 생긴 관계를 회복하면서 엄마는 아들의 경험에 맞춰 다시 조율된다. 그리고 아들은 엄마에게 안도감을 느끼고 다시 자신 있게 그 순간을 헤치고 나아갈 것이다.

내 이야기의 경우, 나는 엄마의 사랑을 의심하지 않았다. 다만 엄마는 자기 고통에 완전히 사로잡힌 나머지 관심을 얻기 위한 나의 어떤 노력도 눈에 들어오지 않았다. 이후에 치료를 받은 엄마는 성인이 된 나와의 연결을 회복하고자 각고의 노력을 기울였다. 여전히 내 몫의 치유 작업이 필요했지만, 나의 고통을 기꺼이 존중하려는 엄마의 태도가 우리 관계를 성장시켰다. 물론 힘겨운 사연도 많았지만 말이다. 이제 성인이 된 나의 치유력은 엄마 편에서 연결을 회복하는지와는 크게 상관이 없다. 내 상처를 부모가 인정하든 그러지 않든 내가 그 상처를 돌볼 수 있게 되었기 때문이다. 하지만 엄마의 바뀐 태도로 인해 우리 관계는 가능하다고 여긴 수준보다 훨씬 깊어졌다.

어린 시절에 양육자와 잘 조율하고 지속적으로 회복함으로써 건강한 관계를 맺으면 이 관계는 안전감을 느끼고, 정서 조절을 배우고, 새로운 것을 시도하고, 미래에 관계 맺는 틀을 발전시키는 토대가 된다.

만약 당신이 실패에 대해 염려하는 부모라면, 부디 용기를 내기 바란다. 이 작업에 요구되는 것은 완벽함이 아니라, 오직 겸손과 깨어 있는 의식이기 때문이다. 부드럽게 해 보면서 자기 인식을 기르는 법을 배우는 일은 우리 자신에게 선물일 뿐 아니라, 우리가 사랑하는 이들에게도 선물이 된다. 부모가 자신의 감정과 연결되어 있으면 자녀들에게도 주의를 기울이며 잘 관계 맺을 수 있고, 그런 자녀들은 내적 자기감sense of self이 발달하여 건강한 관계를 형성한다. 최적의 상태에서 유아는 자신의 양육자가 '안전 기지'safe base이며, 삶이 두렵게 느껴질 때 디딜 푹신한 땅이 있음을 알게 된다. 그리고 이렇게 내면화된 안전감을 지렛대 삼아 세상을 탐험한다. 넘어지거나 힘든 상황이 닥쳐도 안전한 곳으로 돌아갈 수 있기에 얼마든지 자유롭게 호기심을 발휘할 수 있기 때문이다. 이것이 바로 심리학자들이 안정 애착secure attachment이라 부르는 것이다.

만약 발달 과정의 어느 시점에 아이가 양육자를 신뢰하지 못하게 되거나 관계가 끊어지거나 학대받는 경험을 하고 적절하게 회복되지 못하면, 이것이 아이의 애착 유형에 영향을 미친다. 그런 아이들은 돌아갈 안전한 피난처, 혹은 세상을 탐험할 안전 기지가 있다는 느낌을 더는 갖지 못한다. 그래서 맞닥뜨리는 경험과 관계에서 이 악물고 버티는 방식으로 적응하기 시작할 것이다. 괜찮은 척 행동하고, 자기 힘으로 해내고, 감정을 억누르고, 사랑받기 위해 안전감을 포기하라는 서사가 그렇게 뿌리내리기 시작한다. 그러한 이유로 이런 사람들은 현재 삶에서도 자신을 너그럽게 대하는 것이 불가능할지 모른다.

당신의 애착 유형

심리학자 존 볼비John Bowlby가 진행한 애착 이론에 관한 선구적 연구는 1969년에 발달심리학자 메리 에인스워스Mary Ainsworth와 그의 동료들이 '낯선 상황 실험'을 실시하면서 본격적으로 진행되었다.[6] 이 연구의 내용은 생후 12-18개월 된 아이들이 엄마 및 낯선 사람과 상호작용하는 모습을 관찰하는 것이었다.

여러 번 반복해서 실시된 이 실험은 모두 여덟 단계로 이루어져 있고, 각 단계는 3분가량 소요된다. 먼저 유아와 엄마가 실험실 놀이방으로 들어간다. 둘은 함께 방을 둘러보고 장난감을 가지고 논다. 조금 후에 낯선 사람이 방에 들어온다. 엄마가 방을 나가고, 그동안 낯선 사람이 아이와 함께 논다. 엄마가 돌아오고 이번에는 낯선 사람이 방을 나간다. 엄마가 다시 방을 나가면서 아이는 혼자 남는다. 낯선 사람이 돌아와 아이를 달래 준다. 마지막으로 엄마가 돌아오고 낯선 사람이 방을 나간다.

연구자들은 아이들이 보이는 반응의 일관된 패턴을 관찰하면서 안정형secure, 불안-양가형anxious-ambivalent, 회피형avoidant 애착 유형을 분류했고, 이후에 혼란형disorganized 애착도 포함했다. 각각의 유형은 아이들과 그들의 양육자가 어떤 식으로 세상을 경험해 왔는지를 설명해 준다.

이 연구에서 애착이 **안정적으로** 형성된 아이들은 낯선 사람이 들어와도 엄마가 함께 있는 동안은 평온한 모습을 보였다. 그러나 엄마가 나가고 낯선 사람과 단둘이 남자, 아이는 힘들어하다가 엄마가 돌아오는 즉시 마음이 진정되고 편안해졌다. 연구자들은 현재 미국인의 50-65퍼센트 정도가 **안정** 애착 유형이라고 생각한다.[7] 안정 애착을 형성하고 성인이 된 사람들은 일반적으로 관계 맺는 능력이 더 뛰어나고, 곤경에도 더 쉽게 적응하며 필요에 따라 자기를 위로할 대처 기술을 더 잘 발휘한다.

불안-양가형으로 분류된 아이들 역시 엄마가 방을 나가자 힘들어했다. 그런데 이 아이들은 엄마가 돌아와 **함께하는데도** 계속해서 불안해하는 모습을 보였다. 연구자들의 이론에 따르면 아이들의 이런 행동은 엄마의 태도에 일관성이 결여되었거나 엄마가 아이의 감정 상태를 정확하게 평가할 능력이 없는 데서 기인한다. 다시 말해 이 유형의 아이는 엄마가 자신에게 주의를 기울이고 적절하게 대응해 주리라는 확신이 없기에, 언제든지 엄마와의 연결이 끊어질 수 있다는 가능성에 계속해서 불안해하는 것이다. 이는 아이에게 어떤 결함이 있어서가 아니라, 과거 엄마와의 경험으로 인해 몸이 이런 상황을 예측하도록 배선되었기 때문이다. 7-15퍼센트 정도의 미국인이 불안-양가형 애착 유형이다.[8] 이 유형의 사람들은 배우자에게 자신의 필요를 직접적으로 전달하는 데 너무나 큰 노력이 필요하다. 이들은 가장 가까운 사람이 자기를 떠날까 봐 두려워하고, 사람들이 아직은 자기를 실망시키지 않았지만 언젠가는 그럴 것이라는 신념을 갖고 있다.

연구에서 세 번째 그룹은 **회피형** 행동을 보이는 아이들이다. 이들은 엄마가 나가거나 낯선 사람이 들어오거나 엄마가 다시 돌아오는 그 어떤 상황에서도 별로 힘들지 않아 보였다. 흥미로운 것은 이 아이들이 겉으로 편안해 보이는 순간에도 심장 박동과 내적 반응이 극도의 조절 곤란 상태였다는 점이다. 한마디로 표면적으로는 완벽하게 평온을 유지하지만, 몸은 위기 상황을 겪는 것이다. 이런 유형의 아이들은 음식이나 주거와 같은 물리적 필요는 채워졌지만, 부모로부터 정서적 냉랭함이나 거절을 경험한 경우가 많다. 그래서 이 아이들은 부모가 자신의 감정을 달래 주리라고 기대하지 않는다. 부모가 그렇게 하지 않을 것이라는 사실을 경험적으로 학습했기 때문이다. 이들은 내면화된 거절감과 단절되는 방식으로 실제적·감정적으로 거리를 두면서 독립된 공간에 거함으로써 평온을 찾기 위해 스스로를 고립시키는 법을 배운다.

마지막으로 **혼란형** 그룹의 아이들은 엄마가 돌아온 뒤에도 해리 반응이나 혼란스러워하는 모습을 보였다.[9] 다른 세 유형의 아이들이 각각 다른 분명한 반응을 보인 것과 다르게, 이 아이들은 일관성 없이 세 종류의 반응을 모두 나타냈다. 일반적으로 심각한 상실이나 트라우마나 학대를 당한 아이들이 이 애착 유형이다. 트라우마가 신경계를 압도하고 몸이 정보를 올바르게 처리하지 못하게 해서, 이 아이들은 양육자에게 어떻게 반응해야 할지 모르기 때문이다. 이 양육자는 트라우마를 일으킨 장본인이고, 아이는 과거에 끔찍하고 예측 불가능한 존재로 그를 경험했다.

우리 모두 가장 가까운 사람과의 관계에서 일차적 애착 유형을 갖는다. 하지만 애착 유형은 고정된 범주가 아니다. 우리의 몸은 상호작용하는 대상에 따라 다른 반응을 기대한다. 나의 경우를 예로 들면, 엄마와의 관계에서 나의 일차적 애착 유형은 불안-양가형이었다. 비록 안정 애착의 요소도 얼마간 존재했지만 말이다. 아빠와의 관계에서는 대부분 혼란형이었고 불안-양가형 애착의 요소도 약간 섞여 있었다. 이런 식으로 나는 다양한 요인에 따른 모든 시각을 혼합해, 서로 다른 상황과 사람에게 적응했다. 중요한 것은 대부분이 이렇게 혼합된 유형을 취하며 심지어 치유가 일어난 뒤에도 이런 현상은 완전히 정상적이라는 사실이다.

양육자와 연결되고 안전한 상태에 있는 것은, 인간의 건강한 발달과 평생 맺는 관계에 중대한 영향을 끼치는 것으로 드러났다.

애착 유형이 성인에게도 중요한 이유

연구자들이 발견한 흥미로운 사실은 '낯선 상황 실험'에 참여한 부모들이 자신의 아이와 동일한 애착 유형을 보인다는 점이다. 일반적으로 자율형autonomous 부모는 어렸을 때 안정 애착을 가졌던 사람들이다. 집착형preoccupied 부모는 불안-양가형 애착을, 무시형dismissive 부모는 회피형 애착을 지닌 아이들이었다. 그리고 해결되지 못한 트라우마나 상실을 경험했거나, 혹은 무서운 부모에게 상처를 입은 사람들도 무시형 부모가 된다. 우리 엄마가 자신이 받은 상처를 나에게 줄 수밖에 없었던 까닭은, 다른 길을 도무지 알지 못했기 때문이다. 이것이 우리 모두가 살아가는 방식이다. 아들이 아빠처럼 살아가고, 딸이 엄마처럼 살아간다. 그렇게 끊임없이 반복된다.

한마디로 어렸을 때 형성된 불건강한 애착 유형에서 벗어나는 길을 찾지 못하면, 이는 우리가 앞으로 맺을 모든 관계에 심각한 영향을 줄 것이다. 나는 지금 당신에게 종신형을 선고하려는 게 아니라, 우리의 상처를 연민compassion(학계에서 주로 사용되는 번역어를 따라 compassion은 연민, self-compassion은 자기 자비, mercy는 자비로 옮겼다—편집자)으로 대함으로써 전혀 다른 관계 맺기로 나아가자고 초대하는 것이다.

데릭이라는 사람을 생각해 보자. 그의 애착 유형은 일상에서 어떤 식으로 드러날까? 그는 지금 아내 베스가 저녁 약속을 마치고 돌아오기를 기다리는 중이다. 베스는 7시쯤에는 돌아와 아이들 재우는 일을 돕겠다고 했는데, 15분이 지나도 돌아오지 않고 전화도 없다.

다음은 데릭의 애착 유형에 따라 몇 분간 어떤 일이 발생할지를 상상해 본 것이다.

만약 데릭이 안정형 애착이라면…

데릭이 베스에게 전화를 건다: "여보, 곧 오는 거 맞죠? 나 지금 애들 때문에 도움이 너무 필요해요."
베스: "아, 정말 미안해요. 10분 정도 더 걸릴 것 같아요."
데릭: "괜찮아요. 당신도 늦고 싶었던 건 아니잖아요."

데릭은 베스가 신뢰할 만한 사람이고 그녀에게는 자신을 실망시키려는 의도가 전혀 없다는 느낌과 내적으로 연결될 수 있다. 중요한 것은 안정 애착이 완벽하다거나 완전히 자족적이라는 뜻이 아님을 기억하는 것이다. 안정 애착을 지닌 사람들은 독립성과 상호 의존 사이의 균형을 맞출 수 있다. 데릭은 자신에게 베스가 필요하다는 사실을 인정하면서도, 필요할 때는 자신의 감정을 이해하고 보살필 수도 있다.

만약 데릭이 불안-양가형 애착이라면…

데릭은 베스에게 여러 번 전화하고, 7시 30분이 되어서야 마침내 베스가 전화를 받는다: "또 이러네요. 당신은 한 번도 자기가 한 말을 끝까지 지키는 법이 없군요."
베스: "정말 미안해요, 데릭. 근데 한동안은 내가 늦게 돌아온 적이 없지 않아요?"

후에 데릭은 베스에게 품은 분노를 떨치기 위해 상당히 애를 먹는다. 결국 자기 예상대로 베스는 자신이 필요한 순간에 그 자리에 없었다. 데릭은 베스에게 다시는 이런 행동을 하지 않겠다고, 또 자신을 저버리지 않겠다고 거듭 확인받아야 한다는 생각이 들 것이다.

만약 데릭이 회피형 애착이라면…

아이들을 모두 재우고 나서도 베스에게 연락이 없다. 그래도 화가 나지 않는 것은, 별다른 기대가 없었기 때문이다. 처리해야 할 일이 있으면 혼자 하면 된다. 이 상황은 그가 늘 느껴 온 바를 확인시켜 줄 뿐이다. 바로 그가 혼자라는 사실 말이다.

만약 데릭이 혼란형 애착이라면…

7시 25분이 되었고, 데릭은 베스에게 전화를 걸고 싶어 미칠 지경이다. 하지만 전화하면 베스가 화를 낼까 봐 걱정이다. 하지만 동시에 그녀가 빨리 오지 않으면 자신이 너무나 압도되어 아이들에게 소리지를까 봐 걱정이 된다. 데릭은 진퇴양난에 빠진 느낌이다. 그는 어렴풋이 베스가 선의를 가졌으리라고 생각하지만, 혹시 도움을 구한 것을 가지고 이후에 내게 나쁜 감정을 가지면 어떡할 것인가?

애착 유형

자율형

(안정형 애착)
- 상호 의존적 경향이 있고 타인 및 자신과 연결될 수 있다.
- 상대의 말을 귀담아들으며 자기 잘못을 시인할 줄 안다.
- 관계와 관련된 모든 상황에서 감정을 쉽게 조절할 수 있다.
- 어떤 사람이 안전하고 신뢰할 만한지를 이전 경험에 비추어 한층 정확하게 평가할 수 있다.

집착형

(불안-양가형 애착)
- 인정받고 친밀해지고 싶은 욕구가 있다.
- 버림받는 것이 가장 두렵다.
- 자신에게는 과도하게 비판적이지만, 다른 사람들은 '좋게' 여기는 경향이 있다.
- 관계의 단절이 두려워질 때 감정을 조절하기가 어렵다.
- 갈등 상황에서 격렬한 반응이 촉발되는데, 상대와 가까워지기를 원하면서 반응한다.
- 이때 주로 교감 신경의 활동(싸움/도주/비위 맞추기)이 관여한다.[10]

무시형

(회피형 애착)
- 자립적인 경향이 있다.
- 다른 사람에게 '잠식되는' 느낌이 가장 두렵다.
- 다른 사람들에게는 비판적이지만, 자신에게는 덜 비판적이다.
- 정서적으로 단절되어 있다.
- 갈등 상황에서 격렬한 반응이 촉발되는데, 정서적 자기 조절을 위해 고립시키면서 반응한다.
- 이때 주로 교감 신경의 활동(싸움/도주/비위 맞추기)이 관여한다.[11]

공포-회피형

(혼란형 애착)
- 다른 사람과 연결되고 싶지만, 이용당하거나 상처받을까 봐 두렵기도 하다.
- 가장 가까운 사람이 자신에게 해를 끼치는 것이 가장 두렵다.
- 자신은 결점이 많은 사람으로, 타인은 두려운 사람으로 여기는 경향이 있다.
- 자신이 사람들을 끌어당기는 동시에 밀어낸다는 느낌을 받는다.
- 정서적으로 통제 불능 상태가 되는 경향이 있고, 그 결과 해리 혹은 교감 신경 활성화가 일어난다.
- 관계를 맺을 때, 어린 시절에 경험한 공포가 연상되는 느낌을 경험할 수 있다.

연구에 따르면 사람들은 양육자로 인해 채택한 애착 유형을 쉽게 하나님과의 관계에도 투사한다고 한다. 다시 말해서 안정 애착 유형으로 자란 사람들은 타인뿐 아니라 하나님과도 안정적인 애착 관계를 맺기가 쉬운 것이다.

최근 대학교 때 쓴 오래된 일기를 읽다가, 당시에 내가 얼마나 하나님을 기쁘게 해 드리기 원하고 그분과 얼마나 친밀해지고 싶어 했는지를 알게 되었다. 나는 그분이 후하게 베푸시는 그 풍성한 사랑을 받고 싶었다. 그렇지만 지금에야 깨달은 사실은 내 뇌 한 부분에서는 하나님이 나를 깊이 사랑하신다는 것을 알면서도, 해결되지 않은 트라우마로 인해 진정으로 그분의 사랑을 경험하지는 못했다는 것이다. 내가 경험한 하나님은 내가 해내는 그 어떤 것에도 만족하지 않는 폭군 같은 분이었다. 나는 선하신 하나님을 대면하기를 갈망했다. 하지만 내 마음은 늘 불길한 결말을 기다리며 곤경에 처해 있었다. 그러다 의도적으로 나의 고통에 관한 작업을 시작하면서 비로소 선하고 친절하고 자비로운 하나님의 참된 실재를 경험할 수 있었다.

불안정 애착 유형의 치유

우리가 불안정 애착 유형으로 성장했다면, 평생 그렇게 살아야 할까? 아니면 치유할 수 있는 문제일까? 우리도 하나님과 타인들을 안전한 존재로 경험할 수 있을까? 감사하게도, 그렇다. 우리 내면에서 작동하고 있는 모델들은 사실상 변화되거나 회복될 수 있다.

이것을 '획득된 안정 애착'earned secure attachment이라고 하는데,

**내면의 아이에게 말하는 법
(재양육)**

- 네 말을 듣고 있어.
- 네가 안전하다고 느낄 수 있는 경계를 얼마든지 만들어 줄게.
- 넌 더는 혼자가 아니야.
- 난 널 믿어.
- 이젠 끝난 일이야. 함께 새로운 존재 방식을 생각해 보자.

이 과정은 두 단계로 일어난다.[12] 먼저, 가까운 친구나 중요한 타인이나 치료사와 유의미한 정서적 관계를 발전시킴으로써 안정/자율형 애착을 내면화한다. 이렇게 연결되어 보살핌을 받음으로써 우리는 더 건강한 '내면의 목소리'를 만들어 낼 수 있다. 이 목소리는 우리에게 필요했던 친절하고 너그럽고 자비로운 부모의 목소리다. 우리는 전전두엽 피질을 사용해 애착의 어떤 영역에서 상처를 받았는지 관찰하고, 거절감과 고립감이나 지나치게 자립적이라는 느낌 혹은 두려움이 들 때 그 영역을 '재양육하기'reparent 시작한다. 두 번째 단계에서 우리는 자신의 이야기를 조리 있게 말할 수 있고, 사건들이 왜 일어났는지를 자신의 관점에서 이해한다.

그 과정이 구체적으로 어떤 모습일지 궁금할 것이다. 내 경우는 다음과 같은 식으로 일어났다. 덴버에서 보모 일을 얻기 위해 면접을 보는 동안 그곳에 사는 고등학교 친구네 집에 묵기로 한 적이 있었다. 예상치 못한 사건들을 겪으며 롤러코스터를 타는 것 같은 몇 개월을 보내고 난 뒤였다. 대학교를 졸업하고 6개월이라는 시간 동안 나는 약혼을 했고, 은행에 일자리를 얻었다가 파혼을 했고, 직장을 그만두었으며 다른 도시로 이사를 갔다가 다시 집으로 돌아왔다. 손해를 모두 계산해 본 나는 인생이 완전히 끝났다고 생각했다.

쉽게 말해서 당시 나는 정서적으로 몹시 척박한 상태였다. 약혼자와의 관계가 붕괴된 후로, 방향과 목적을 인식하는 나의 감각을 신뢰할 수 없었다. 그 일은 사랑받기 위해서는 노력이 필요하다는 나의 신념을 다시 강화시켰다. 그리고 특히 깨어진 가정에서 자라 깊은 상처를 입은 나는 충분치 못한 사람이라는 신념을 입증해 주었다.

하지만 숱한 실패 이후 찾아온 깊은 슬픔 한가운데서도 나는 하나님이 내 곁에 계신다는 예리한 감각을 느끼고 있었다. 나는 그분의 음성에 귀 기울였고, 기다렸다. 그리고 나의 신중한 본성에 위배되는 어떤 일을 하라고 요구받는다는 느낌이 들었다. 그것은 바로 대륙 크기의 절반 정도 떨어진 도시로 혼자 날아가 그곳에 정착해야 하는지를 분별해 보라는 것이었다. 도대체 나는 어떤 부르심을 받고 있었던 걸까? 도무지 알 수 없었고, 그때 내가 유일하게 알고 있는 사실은 하나님이 내게 모험을 요구하신다는 것이었다. 이전에는 종종 내게 잃을 것이 너무 많다고 생각했는데, 그때는 하나님의 평화와 인도만이 절실했다. 막 시작되던 경력과 내 인생 전체가 막을 내렸지만, 온전하다는 감각a sense of wholeness을 얻을 수만 있다면 덴버에 가고 싶었다. 나는 마침내 소망과 목적에 대한 감각이 새로워지는 것을 느꼈다.

나는 그곳에서 한 남자를 만났는데, 물론 그 일은 내가 원하거나 기대했던 바가 전혀 아니었다.

비행기에서 내려 덴버 공항에 도착했을 때 눈에 들어온 것은 평평한 대지와 온통 갈색빛으로 물든 풍경이었다. 콜로라도주의 9월은 초록을 찾아볼 수 없는 계절임을 나는 이미 알고 있었다. 하지만 그곳의 지형을 보고는 놀라지 않을 수 없었다. **도대체 산은 어디에 있지? 이곳은 '마일 하이 시티'** Mile High City(해수면에서 정확히 1마일 고도에 있는 도시 덴버의 별칭이다—옮긴이) **아닌가?**

나는 덴버에 도착하던 날 콘서트에서 브렌던을 만났다. 내 친구가 우리 둘의 '우연한' 만남을 미리 계획한 것이다. 내 마음은 거칠게 벗겨져 있었는데, 그는 친절하고 재미있고 근사했으며 녹초가 된 내게 위안을 주었다. 우리는 이내 마음이 통했지만, 때로 달갑지 않은 생각들의 방해를 받기도 했다. 나는 브렌던이 내 이야기와 나에 대해 제대로 알게 된다면 나를 좋아하지 않을 것이고, 나와 관계를 맺고 싶은 마음 자체가 사라질 거라고 믿었다. 나는 내가 너무 버거울 거라고 확신했다. 사랑받기를 원했지만, 어떤 면에서는 사랑받기 힘든 사람이라고 생각했다. 나는 브렌던이 나와 함께 있어 주기를, 나를 사랑해 주고 인정해 주기를 원하면서도 으름장을 놓아 쫓아 버리려고 했다. 이런 태도 변화는 정말 짧은 시간 안에 벌어지곤 했다.

너무 솔직하게 이야기한 게 아닌지 모르겠다.

나는 두려움 때문에 훗날 남편이 될 이 남자를 끊임없이 밀어내고 끌어당겼다. 그가 나를 사랑하고 나서 떠나 버릴까 봐 겁이 난 것이다. 나는 그 두려움을 위장된 자신감으로 숨기려 했고 그러다가 스스로에 대한 믿음이 최고조에 이른 적도 있었다. 하지만 결국 맞닥뜨린 진실은, 내가 성장하면서 부모에 대한 신뢰를 심각하게 상실했고 그것이 내 삶의 모든 면에 영향을 미치고 있다는 것이었다. 관계가 발전하면서 나의 경계와 시간과 에너지를 존중함으로써 자신이 안전한 사람임을 보여 주는 브렌던을 통해 나는 소망을 보았다. 하지만 내 몸은, 내 마음이 이미 어느 정도 알고 있는 것을 근근이 따라갈 뿐이었다.

그때 나는 오직 신체적·정서적 안전을 느낄 때 비로소 상처가 표면으로 떠오른다는 사실을 미처 알지 못했다. 일단 생존 모드를 벗어나면 그때부터 몸과 마음과 영이 자신의 이야기와 자신이 왜 그토록 정서적 조절 곤란을 겪었는지를 헤아리는 과정을 견딜 힘을 갖는다.[13] 사실 버림받는 것에 대한 두려움과 불안정감이 최고조에 달한 때는 우리가 막 신혼 생활을 시작한 시기였다. 뇌의 이성적 부분은 브렌던이 신뢰할 만한 사람임을 알고 있었다. 하지만 그런 신념도 배 속 깊은 구덩이에 도사리는 불안에까지 닿을 수는 없었다.

감사하게도 우리는 상담을 받기로 했고, 그러면서 혼돈과 트라우마가 어떻게 타인과 연결되는 능력에 영향을 끼치는지를 발견할 수 있었다. 어린 시절 부모와의 관계로 인해 내가 불안정 애착 유형을 발전시켜 왔음을 나는 깨달았다. 정확히 말하면 혼란형 애착의 특질을 가진 불안-양가형 애착이었다.

이 틀을 가지고 우리가 마주한 장벽을 이해하면서 나는 브렌던이 내게 말을 할 때 그를 본능적으로 신뢰하게 되었다. 그를 통제해야 한다거나 내가 세상에서 혼자라고 느끼는 대신, 내가 지쳐 있을 때 사랑을 받는 장소로 그를 경험하게 되었다. 나는 내가 브렌던을 마음으로 품듯이 그 역시 나를 그렇게 품어 준다는 사실을 믿기 시작했다. 그리고 그가 이런 사랑을 부어 준 덕분에, 심지어 브렌던이 곁에 없을 때도 나 자신에게 이런 사랑을 줄 수 있다는 사실을 발견했다. 나의 이야기에 자비로운 주의를 기울임으로써 말이다. 그렇게 나는 **획득된 안정 애착**을 경험했다.

궁극적 애착

나는 남편과 연결됨으로써 획득된 안정 애착을 얻었지만, 이 경험은 여러 다양한 모습과 규모로 일어난다. 친구, 치료사, 교사, 목사, 심지어 (그리고 특별히) 하나님과의 관계를 통해 우리는 자신이 알려지는 느낌 feeling of being known을 경험할 수 있다.

 물론 하나님 및 타인과의 관계를 통해 획득된 안정 애착으로 나아가는 정형화된 방식은 존재하지 않는다. 하지만 부드럽게 해 보기를 배움으로써 이 여정에 착수하는 법을 좀 더 잘 이해할 수 있다고 나는 확신한다. 자비로운 태도로 주의를 기울이는 작업은, 어떤 면에서는 하나님이 우리에게 가지고 계신 신념을 가지고 자신을 대하는 법을 배우는 것과 같다. 우리는 가치 있고 사랑받는 존재라는 신념 말이다. 그러니까 이 작업은 우리에게 이미 주어진 그 사랑을 스스로가 수용하게 하는 과정이라 할 수 있다. 그리고 이것은 '도달해야' 할 목표가 아니라 자비로운 방식으로 자신에게 주의를 기울이는 것에 더 가까우며, 우리는 언제나 이런 방식을 사용할 자격이 있다.

 아마도 당신은 오랫동안 하나님께 이끌리는 경험을 해 왔을지도 모르겠다. 내 경우는 여섯 살 무렵에 하나님이 나와 함께 계시다는 본능적 감각을 느꼈다. 부모님들은 혼란스러운 가정 환경에서도 어떻게 하나님을 알 수 있는지를 내게 알려 주셨고, 나는 그 사실에 감사하다. 좀 더 크고 나서는 빌리 그레이엄Billy Graham 전도 집회나 기독교 농구 캠프 같은 곳에 참석할 때마다 예수님을 내 마음으로 초청하곤 했다. 나는 예수님이 내가 그분을 얼마나 원하고 얼마나 그분이 필요한지를 아시는지 확실히 알고 싶었다. 그분을 찾았다고 해서 고통이나 우리 가정의 역기능적 상황이 해결되지는 않았지만, 그것은 내가 온 힘을 다해 붙잡은 깊은 소망의 씨앗을 뿌리는 일이었다.

그리스도는 우리가 그분을 의지해야 하는 타당한 이유를 말씀을 통해 알려 주신다. 나는 특히 이 장을 쓰면서, 지난 몇 년간 내가 가장 좋아하는 성경 구절 중 하나인 누가복음 15장 탕자의 비유를 여러 번 떠올렸다. 당신도 알듯 이 부분은 예수님이 들려주신 두 아들 이야기다. 어느 날 동생이 아버지에게 자기 몫의 유산을 달라고 요구하고, 집을 떠나 돈을 낭비하며 방탕한 생활을 한다. 반면 그의 형은 집에 남아 아버지를 위해 계속 일한다. 어느덧 제멋대로 사는 삶에 진절머리가 나고 돈도 탕진한 동생이 집으로 돌아

하나님과 안정 애착을 형성할 수 있는 성경 구절들

"비록 산들이 옮겨지고 언덕이 흔들린다 하여도, 나의 은총이 너에게서 떠나지 않으며, 평화의 언약을 파기하지 않겠다." 너를 가엾게 여기는 주님께서 하시는 말씀이다. 이사야 54:10

주님께서 친히 그대 앞에서 가시며, 그대와 함께 계시며, 그대를 떠나지도 않으시고 버리지도 않으실 것이니, 두려워하지도 말고 겁내지도 마시오. 신명기 31:8

부모나 양육자가 안정 애착을 제공해 주었든 그러지 않았든 간에 당신은 이 구절들을 통해 그분 안에서 쉴 수 있다. 위 구절들은 하나님 안에서의 쉼으로 초대하는 많은 본문 중 극히 일부일 뿐이다. 다음 본문들을 읽으면서 안도감과 안전감, 그리스도 안에서 당신에게 주어진 사랑을 경험해 보라.

시편 23편	에베소서 3:14-21
시편 34:4	빌립보서 1:6
시편 61:1-2	히브리서 10:23
시편 116:1-9	히브리서 4:14-16
로마서 8:15	요한1서 3:1

오는데, 형으로서는 기겁할 일이 벌어진다. 아버지가 돌아온 작은아들을 자애롭게 맞아들인 것이다.

모든 사람이 두 아들의 특성을 동시에 갖고 있다는 사실을 깨닫기는 그리 어렵지 않다. 그리고 정확히 말하면 바로 그 점이 이 이야기의 중요한 부분이다. 그런데 최근 나는 이 이야기에서 아버지와, 그가 두 아들에게 사랑을 쏟아붓는 방식에 계속 눈길이 가기 시작했다. 애착의 관점에서 볼 때 아버지는 방탕한 작은아들에게 안전한 피난처, 안전 기지가 되어 주는 행동을 했다.

> 그는 일어나서, 아버지에게로 갔다. 그가 아직도 먼 거리에 있는데, 그의 아버지가 그를 보고 측은히 여겨서, 달려가 그의 목을 껴안고, 입을 맞추었다. 아들이 아버지에게 말하였다. "아버지, 내가 하늘과 아버지 앞에 죄를 지었습니다. 이제부터 나는 아버지의 아들이라고 불릴 자격이 없습니다." 그러나 아버지는 종들에게 말하였다. "어서, 가장 좋은 옷을 꺼내서 그에게 입히고, 손에 반지를 끼우고, 발에 신을 신겨라. 그리고 살진 송아지를 끌어내다가 잡아라. 우리가 먹고 즐기자. 나의 이 아들은 죽었다가 살아났고, 내가 잃었다가 되찾았다." 그래서 그들은 잔치를 벌였다. (눅 15:20-24)

이 비유는 특별하다. 애착의 관점에서 볼 때 하나님이 우리에게 어떤 분이신지를 설명하는 한 가지 주요한 양상이 바로 그분의 부모 됨이기 때문이다. 그것도 **그냥** 부모가 아니라, 선하고 친절하고 자비로우며 안정적이고 사랑이 많고 안전한 부모 말이다!

이 아버지가 돌아온 아들을 어떻게 대하는지를 살펴보라. 그는 아들을 부끄럽게 하지 않았다. "그러니까 내가 뭐랬니?" 하고 말하지도 않았다. 아버지는 아들이 어떤 교훈을 얻어야 한다면 그 경험만으로도 충분하다고 여겼을 것이다. 이제 아들에게 필요한 것은 힘들게 얻은 교훈을 내면화하게 하는 사랑과 연민이었다. 한마디로 그는 아버지의 든든한 보호가 필요했다.

아들이 용서를 구하는 대목에서 『메시지』 The Message, 복있는사람는 "아버지는 그 말을 듣고 있지 않았다" the father wasn't listening(22절)라고 번역하는데, 나는 이 구절을 정말 사랑한다. 듣지 않은 이유는 잔치를 준비하느라 귀 기울일 새가 없었기 때문이다. 우리 때문에 고통스러워하시고 우리를 받아 주시며 사랑하시는 하나님의 모습을 보여 주는 정말로 아름다운 장면이다. 그분은 우리를 사랑하고 존귀하게 대접하는 일에 완전히 몰두하고 계신다. 그분은 우리가 무슨 짓을 했는지 알려 주겠다고 못마땅해하며 기다리시는 것이 아니라, 우리보다 앞서 나아가 잔치 준비를 하시는 분이다!

당신의 삶에도 나처럼 거절감이라는 연약한 부분이 있다면, 그 부분에 대해 곰곰이 생각해 보자고 당신을 초대하고 싶다. 사람들 대부분이 실패를 겪은 후 하나님께 은혜를 입으리라고 기대하지 않는다. 우리가 자연스럽게 예상하는 것은 고통과 벌과 수치 같은 것들이다. 하나님이 항상 우리 행동의 결과에서 구원해 주시지는 않는다는 사실은 명백하다. 하지만 그분은 우리의 고통을 기뻐하지 않으신다. 그 고통을 축소하거나 그것이 없는 것처럼 행동하라고 요구하지 않으신다. 대신 그분은 우리가 어떤 상황을 헤쳐 나가든 우리에게 사랑과 끝없는 연민을 베푸신다.

친애하는 독자여, 이는 나의 무척이나 깊은 곳을 건드리는 진실이다. 하나님은 항상 우리 편에 계시며 가장 가까운 동료나 친구, 부모, 치료사들도 줄 수 없는 위안을 우리에게 주신다. 이사야 49:15에는 부모이신 하나님을 보여 주는 또 하나의 강력한 표현이 나온다. "어머니가 어찌 제 젖먹이를 잊겠으며, 제 태에서 낳은 아들을 어찌 긍휼히 여기지 않겠느냐! 비록 어머니가 자식을 잊는다 하여도, 나는 절대로 너를 잊지 않겠다." 그리고 다른 비유에서 예수님은 백 마리 양 가운데서 한 마리를 잃은 남자 이야기를 들려주신다. "너희 가운데서 어떤 사람이 양 백 마리를 가지고 있는데, 그 가운데서 한 마리를 잃으면, 아흔아홉 마리를 들에 두고, 그 잃은 양을 찾을 때까지 찾아다니지 않겠느냐?"(눅 15:4)

그분은 다시, 그리고 또다시 우리를 찾으러 오신다. 그리고 자애롭게 우리를 찾아내신다. 그분은 길이 없던 곳에 길을 만드신다. 이 사실은 그리스도인인 내 마음을 기쁘게 한다. 그리고 치료사인 나를 열광에 빠뜨린다. 삶이라는 퍼즐에 부드럽게 끼워 맞춰져 그림을 완성하는 잃어버린 퍼즐 조각처럼, 하나님 그분이 최상의 자원이시다. 우리가 경험할 수 있는 가장 안전한 애착을 제공하심으로써 말이다. 그리고 그분은 회복 작업이 필요 없는 유일한 분이시다(물론 우리들 사이에서 서로 관계가 어긋날 때 회복이 일어난다면 너무나 감사한 일이지만 말이다).

어쩌면 당신은 아직 하나님과 이런 관계를 충분히 경험하지 못하고 있을 수도 있으며, 그렇다 해도 괜찮다. 부드럽게 해 보기 훈련이 당신의 뇌가 이미 부분적으로 알고 있던 진실을 온전한 존재 안으로 통합시키는 하나의 방법이 될 것이다. 그 진실이란, 당신은 당신을 창조하신 존재의 극진한 사랑을 받고 있다는 것이다. 그러니 힘을 내도 좋다. 우리는 연구자 도널드 위니콧Donald Winnicott(대상관계이론과 발달심리학 분야에 지대한 영향을 미친 영국의 정신분석학자—편집자)이 말한 "충분히 좋은"good enough 양육을 경험하지 못했고,[14] 지금도 삶에서 안전하거나 회복력 있는 관계를 찾으려 몸부림치고 있다. 그런 우리이기에 하나님이 항상 우리와 함께 계시다는 지식을 더욱 붙들 수 있기를 바란다.

부드럽게 해 보기

우리가 관계 맺기 위해 창조되었다는 사실에는 의문의 여지가 없지만, 이는 꽤 복잡한 문제다. 그렇지 않은가? 유독 눈에 띄거나 자신의 경우와 부합한다고 느껴지는 애착 유형이 있는가? 사람들 대부분이 여러 양육자에 의해 형성된 여러 애착 유형을 갖는다. 하지만 일반적으로는 사람들과 관계 맺을 때 지배적으로 나타나는 하나의 유형이 있다. 다음 질문들은 당신의 지배적 애착 유형을 찾는 데 도움을 줄 것이다.

1. 당신이 가깝게 여기는 사람 곁에 있을 때 어떤 느낌이 드는지 잠시 생각해 보라. 평온한가? 불안한가? 화가 나는가? 두려운가?

2. 당신이 아프거나 다쳤을 때 전화해야 할 사람을 떠올려 보라.

과거에 그 사람이 당신을 실망시켰을 때 당신은 어떻게 반응했는가? 상황을 회피했는가? 화를 내고 나서는 곧 후회하고 화해를 시도했는가? 상대의 행동에 혼란이나 두려움을 느꼈는가?

3. 획득된 안정 애착을 향해 나아갈 때 부드럽게 해 보기를 통해 상처를 다루고 있는 당신에게 다음 중 어떤 선언이 도움이 되는지 살펴보라.

당신이 필요로 하는 사람이 와 주지 않을 때:
어떤 경우에도, 심지어 사람들이 나를 힘들게 할지라도 나는 사랑받고 있어.

힘들 때마다 연결을 끊으려는 욕구가 생길 때:
도움을 요청해도 괜찮아. 도움을 요청하는 건 용기 있는 일이야.

자신과 타인 혹은 그 순간으로부터 단절되었다는 느낌이 들 때:
난 지금 여기 있어. 그리고 연결되고 싶어 해도 괜찮아.

4. 마지막으로, 편안하게 느껴진다면 하나님을 당신의 경험 안으로 초대하라. 탕자의 비유 이야기가 당신에게 힘을 준다면, 잠시 그 이야기를 당신을 맞아들이는 하나님을 경험하는 틀로 사용해 보라. 이야기를 듣고, 자녀들을 향한 하나님의 강렬한 연민을 느끼도록 스스로에게 허용하라.

떠오르는 이미지는 무엇인가?

무엇이 들리는가?

어떤 냄새가 나는가?

느껴지는 모든 감각에 주의를 기울임으로써, 몸이 당신에게 말하는 내용에 귀를 기울이라.

어느 부위에서 감각이 느껴지는가? 떠오른 이미지와 연결되어 있다는 느낌이 든다면, 호흡하면서 힘을 주는 그 이미지 곁에 머물러 있으라.

이제 당신이 특정한 애착 유형을 가진다는 사실을 떠올리고, 그것을 존중하라. 이 작업을 통해 어떤 경험을 했는지를 가급적 치료사나 신뢰할 만한 사람과 나누라.

당신이 불안정 애착과 씨름하는 35-50퍼센트에 해당하는 사람이라면, 그 사실을 의식하는 것 자체가 치유를 향해 내딛는 유의미한 걸음임을 알고 힘을 내기 바란다. 상처 입은 애착 유형을 벗어 버리고 치유가 일어나는 것은, 안전한 관계를 경험하고 받아들이면서 그런 돌봄받는 경험을 가지고 자신과 타인을 바라보는 방식을 재형성할 때 비로소 가능하다.

우리는 우리의 최고의 시절이나

최악의 시절에 따라 규정되지 않는다.

우리는 그분의 사랑을 받는 자다.

4장

딱 알맞은 상태: 인내의 창 발견하기

자유를 느끼기 전까지, 그녀는 그것의 무게를 결코 알 수 없었다!

너새니얼 호손, 『주홍 글씨』 *The Scarlet Letter*

골딜록스라는 이름의 소녀가 등장하는 동화를 모두 기억할 것이다. 곰 세 마리 가족이 아침으로 먹을 죽이 식을 동안 숲으로 산책을 갔다. 그 사이 한 소녀가 들어와 집 안을 둘러보기 시작한다. 소녀는 세 그릇의 죽 가운데서 뜨겁지도 차갑지도 않은 죽을 먹고, 크지도 작지도 않은 의자에 앉다가 망가뜨린다. 그리고 딱딱하지도 푹신하지도 않은 침대에 누워 잠이 든다. 부모나 교사들은 이 이야기에서 여러 도덕적 교훈을 끌어내지만, 나는 트라우마 치료사 뎁 다나 Deb Dana가 정서적 각성이라는 시각을 통해 이 이야기를 읽는 방식을 좋아한다. 기본적으로 자신의 감정 및 경험과 공존하는 능력과 관련해서 우리 모두에게는 '딱 알맞은' 상태로 느껴지는 범위가 있다. 그녀는 이것을 가리켜 "골딜록스 원리" the Goldilocks principle라고 부른다.[1]

그리고 어느 판본에서는 심기가 불편해진 곰 세 마리가 침대에서 잠든 소녀를 발견한 순간, 소녀는 창문 밖으로 뛰어내린다. 이처럼 우리도 현실적이거나 감지된 위협으로 신경계가 자극을 받으면 너무나 압도된 나머지 생각할 겨를도 없이 행동에 돌입한다. 우리는 이를 두고 인내의 창 바깥으로 움직인다고 표현한다.

우리는 지금까지 트라우마의 영향과 안전하고 주의 깊은 양육자를 경험하는 일의 중요성에 관해 계속 이야기해 왔다. 만약 우리에게 그런 경험이 없고 우리 이야기에 치명적인 스트레스나 사건들이 포함되어 있다면, 힘든 상황을 인내할 능력이 줄어들고 쉽게 **과잉** 각성(싸움/도주/비위 맞추기)이나 **과소** 각성(얼어붙기/해리) 상태로 전환될 것이다. 거기다 인내의 창 역시 의학적 문제나 생리적 기능, 계속되는 부정적 환경 등에 쉽게 영향을 받는다. 이런 과잉 및 과소 각성 상태는 양극단 사이의 스펙트럼 상에서 일어나며, 편안함을 느끼는 수준과 얼마나 동떨어졌느냐에 따라 그에 수반되는 생각, 감정 그리고 신체적 감각이 강화된다.

과잉 각성과 과소 각성 사이 범위를 '딱 알맞은' 강도라고 할 수 있는데, 이 범위에 있을 때 우리는 생리학적으로 압도되지 않은 채 감정과 감각 그리고 경험들을 겪을 수 있다. 이 범위가 바로 우리의 '인내의 창'window of tolerance, WOT이며, 대니얼 시겔이 처음 이름 붙이고 스티븐 포지스가 기반을 다진 이론이다.[2] 우리가 그 경계 밖으로 끊임없이 밀어붙이든지 혹은 그렇지 않든지 모든 사람은 인내의 창을 가지고 있다. 인내의 창 안에 있으면 뇌는 전전두엽 피질과 통합되고, 그럼으로써 자신에게 자비롭게 주의를 기울이고 부드럽게 해 보는 일이 가능하다. 바로 이것이 우리가 원하는 상태다.

사람들을 인내의 창 바깥으로 밀어붙이는 사건들은 다양하다. 예를 들어 수면 부족에 시달리는 열다섯 살 소녀 에린을 생각해 보자. 부모님은 에린을 사랑하지만, 에린은 절대로 학업을 게을리하면 안 된다는 생각 때문에 늦은 시간까지 자지 않고 과제를 끝낸다. 그런데 어느 점심시간, 전교에서 가장 인기 많은 두 소녀가 자기를 향해 웃고 있다는 걸 알아챘다. 그것을 본 순간 에린은 심장이 마구 뛰기 시작해 식당을 뛰쳐나온다. 이미 신체적·정서적으로 지친 에린은 소녀들이 히죽대며 웃는 것을 보자마자 인내의 창을 벗어나 버린 것이다.

콜레트의 사례를 생각해 보자. 그녀는 최근 유산을 경험하고 그 상실감을 다루는 데 혼란을 겪고 있다. 그러던 어느 날 운전 중에 다

과잉 각성(싸움/도주/비위 맞추기) 상태일 때의 느낌:	인내의 창 안에 있을 때의 느낌:	과소 각성(얼어붙기) 상태일 때의 느낌:
• 아드레날린에 압도되는 느낌 • 심장이 거세게 뛴다. • 몸의 흔들림/떨림 • 스트레스를 주는 사건과 멀어지려는 혹은 가까워지려는 충동 • 분노 • 통제력 상실 • 두려움 • 불안 • 지나치게 상대에게 맞춰 주거나 상대를 기쁘게 해 주려는 욕구	• 강하다는 느낌 • 유능하다는 느낌 • 호기심 • 느긋함 • 만족감 • 안정감 • 이성적으로 결정할 수 있다. • 희망적이다. • 압도되지 않고 위험을 무릅쓸 수 있다.	• 정체된 느낌 • 우울 • 갑작스러운 피로감 • 혼미한/멍한 상태 • 마비되고 얼어붙는다. • 무감각/정지된 상태 • 세상과 단절된 느낌 • 자기 자신을 관찰하는 듯한 느낌

른 차가 자신의 진로를 방해하자, 자신도 상상하지 못한 분노에 찬 말들이 생각을 거치지 않고 입에서 튀어나온다. 그녀 또한 인내의 창을 벗어난 자신을 발견한 것이다.

마지막으로 '남자는 울지 않는다'는 말을 듣고 자란 레이의 경우를 보자. 그는 불가피한 여러 사정 때문에 꿈꾸던 직장을 그만둔 후, 몇 시간 동안 텔레비전에 빠져 있는 자신을 발견한다. 신경계가 압도되고 슬픔의 무게가 너무 버거워서, 인내의 창을 벗어나 과소 각성 상태로 내던져진 것이다.

이 사례들은 때로 힘든 일이 쌓이면 평상시에는 쉽게 다루던 일도 버겁게 느껴질 수 있음을 보여 준다. 이때는 일상적 경험도 불리하게 작용해서, 불쾌한 상황을 헤쳐 나갈 힘을 약화시키고 우리를 인내의 창 바깥으로 밀어낸다.

하지만 좋은 소식이 있다. 우리는 각각 다른 크기의 인내의 창을 갖고 있지만, 시간이 지나면서 우리 모두 인내의 창을 넓혀 다음과 같은 유익을 얻을 수 있다.

- 감지된 위협에 싸움/도주/비위 맞추기 혹은 얼어붙기로 반사적으로 반응하기보다, 힘든 경험을 처리하고 헤쳐 나가는 우리 몸의 타고난 능력을 끌어낼 수 있다.
- 과거의 트라우마를 치유할 힘을 더 잘 갖춘다.
- 일단 자신이 가진 인내의 창의 한계와 그 안에 머무는 법을 이해하고 나면, 몸으로 한계를 주의 깊게 인식하며 밀고 나가 그 한계를 확장하면서 부드럽게 해 보기가 가능해진다.

변화에 대한 열망의 크기가 어떠하든지 우리는 두려움이나 곤경을 마주하기 전에 자기 인내의 창에 대해 잘 알 필요가 있다. 미처 준비되기 전에 이를 악물고 버티거나 수치심을 불러일으키며 스스로를 재촉하는 식으로 한계를 확장하려 한다면 역효과만 날 뿐이다. 숨을 헐떡이며 미안해하는 표정으로 내 상담실을 처음 찾아온 젠에 대해 생각해 보자. 우리 사이에는 급속도로 강한 라포르rapport(공감과 이해를 바탕으로 형성된 신뢰 관계―편집자)가 형성되었고, 나는 그녀가 자기 삶의 몇 가지 파괴적 패턴에 대해 끊임없이 말하고 있음을 감지할 수 있었다. 그녀는 폭언을 들었던 관계들, 외모 평가, 끝없는 자기비판에 관해 이야기해 주었다.

그녀의 어린 시절에 대해 나눌 때 젠은 좋은 곳에 데려가 주겠다고 수없이 약속하고서도 늘 술에 취한 채 귀가해 폭언을 일삼았던 아버지에 관해 이야기했다. 이런 어린 시절의 상처는 성인이 되어 맺는 관계와 세상에 존재하는 방식에 중대한 영향을 끼친다. 그녀는 가장 가까운 사람들의 사랑을 늘 의심했고 마음이 불편했다.

그녀는 이전에 한 번 상담을 받은 적이 있었다고 한다. 그런데 치료사와 두 달 정도 정기적으로 만나면서 강렬한 불안 발작이 일어나 상담을 그만둘 수밖에 없었다. 그 후 그녀는 내가 트라우마 인지 치료를 한다는 말을 듣고 찾아온 것이다. 초기에 젠은 자신이 최대한 빨리 문제를 해결하는 데 여전히 마음이 쏠려 있다고 말했다. "물론 이 트라우마 인지적 관점은 안전감에 높은 가치를 두죠. 그런데 나는 그냥 이 문제들을 모두 처리해 버리고 싶을 뿐이에요."

나는 젠이 솔직해도 된다고 느낀 것 같아 감사했다. 그런 솔직한 분위기는 그녀가 나의 접근법을 이해하는 데 도움이 된다. 내 접근법이란 자신의 경험에 압사당하지 않고 그것을 다룰 수 있게 하는 자원들을 개발하는 동안, 그녀가 자신의 인내의 창 안에 머물 수 있게 하는 것이었다.

나는 이전 상담가가 그녀에게 깊은 관심이 있었다고 생각한다. 하지만 젠이 상담을 종료한 이유를 들여다보면서 확실히 알게 된 것은, 진행이 너무 빨랐다는 사실이다. 아직 다룰 준비가 되지 않은 삶의 영역으로 너무 빨리 뛰어 들어간 것이다. 보디빌더가 기구의 무게를 감당할 수 있는 수준의 세 배로 갑자기 늘리려는 것처럼, 젠 역시 치유를 너무 급하게 재촉하다 압도되고 신경계에 더 상처를 입히고 말았다. 그리고 상담가에게 자신의 더 심각해진 불안에 대해 말하면 판단받을까 봐 두려워서 상담을 그만두었다. 이후 그녀는 몇 개월간 자신이 할 수 있는 거라고는 간신히 생존하는 일뿐이라는 느낌에 시달리다가 결국 나를 찾아왔다.

내가 내담자들이 인내의 창을 과도하게 벗어나 압도되거나 무감각해지는 것을 경계하면서 신중하게 움직이고, 그들이 더디지만 목적의식을 가지고 깨어 있는 삶으로 나아가는 데 도움을 주는 심리학적 자원들을 최대한 많이 제공하려 하는 이유가 바로 젠의 이런 경험 때문이다.

다시 말해서 젠이 격렬한 반응이 촉발되는 순간에도 인내의 창 안에 머무는 법을 배우고 나자, 너무 고통스러워서 다루기 힘들었던 이야기의 여러 부분을 마음과 몸으로 재통합할 수 있게 되었다. 마침내 응집력 있는 삶의 서사를 소유한 것이다. 게다가 젠은 자신의 인내의 창 내부에 대해 배우고 그것을 존중하는 과정이 사실상 치유로 가는 단계였다는 점도 깨달았다. 그렇게 함으로써 그녀는 다른 사람이 말해 주기 전에 스스로 자신에게 무엇이 필요한지를 들을 수 있었기 때문이다. 그녀는 이런 식으로 자신을 너그럽게 대하고 있었다.

우리를 인내의 창 안팎으로 움직이게 하는 것들

자신의 인내의 창을 인식하는 작업에서 중요한 것은 무엇이 우리 몸을 인내의 창 안과 바깥으로 움직이도록 추동하는지를 이해하는 일이다. 연구자들은 여러 감정 상태에 반응하는 방식에 '미주신경'vagus이 어떤 영향을 미치는지를 이제 막 이해하기 시작했다. 미주신경은 우리 몸에서 가장 긴 뇌 신경으로, 뇌에서 나와 얼굴과 귀를 거쳐 폐, 장, 위 같은 가슴과 복부의 주요 기관까지 연결된다.[3] 이 신경의 한 부분이 인내의 창에 머무는 능력을 관장하는데, 이 부분을 '배쪽 미주신경 복합체'ventral vagal complex라고 한다. 이 부분은 사회 참여 시스템social engagement system을 통제하는 곳으로, 타인과 연결되고 싶거나 긴장을 풀고 싶을 때 사람들은 보통 이 부분을 사용한다(물론 무의식적으로 말이다!).

미주신경의 덜 진화된 부분인 '등쪽 미주신경 복합체'dorsal vagal complex는 우리 몸을 단절과 해리(과소 각성) 상태로 몰아넣는 역할을 한다. 이때는 과잉 각성이 일어날 때와 마찬가지로 뇌의 꼭대기 부분이 오프라인 상태가 된다. 하지만 이런 일이 그저 임의로 일어나는 것은 아니다. 과학자들이 발견한 내용에 따르면 무언가가 신경계를 활성화할 때 우리 몸이 위협에 반응하는 특정한 체계가 있다. 이 체계는 우리의 애착 유형과 생리적 기능 그리고 삶의 경험에 기반해 부지중에 반응한다.

예를 들어 당신이 어느 동료의 집에서 사람들과 한가로운 오후 휴식 시간을 보내다가 갑자기 굉음을 듣고 깜짝 놀라는 상황을 생각해 보자. 만약 인내의 창 안에 있다면, 당신은 자연스럽게 주변을 둘러보며 도움을 구할 사람을 찾을 것이다. 당신은 동료 한 사람에게 눈을 맞추고, 방금 난 소리가 무슨 소리인지 물어본다. 그리고 동료는

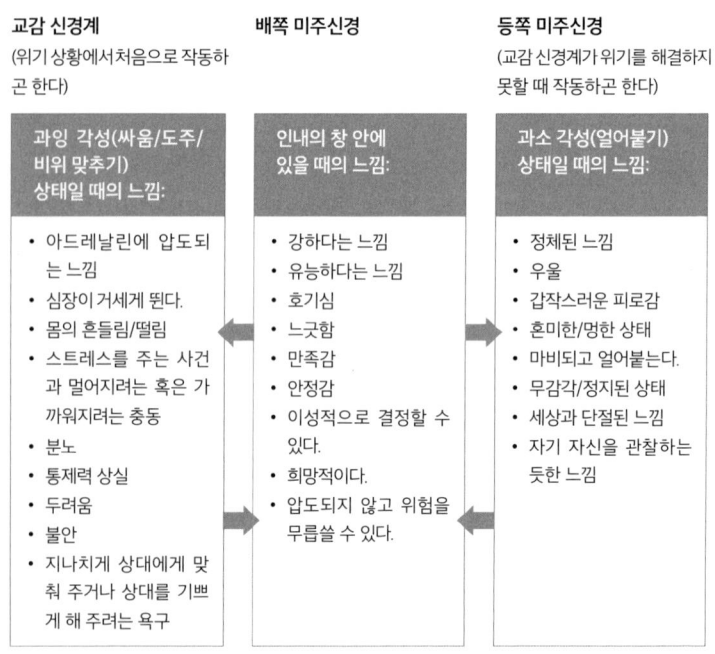

누군가가 위층에서 고장 난 문을 실수로 세게 닫았다고 설명해 준다. 이런 상호 작용은 당신이 혼자가 아니며 그 소리도 위험 신호가 아니라는 사실을 당신의 몸이 알 수 있게 돕는다. 결과적으로 당신은 깜짝 놀란 순간에 발생한 격렬한 감정을 '소화'할 수 있다. 이것이 바로 사회 참여 시스템(배쪽 미주신경 복합체)을 활용하고 인내의 창 안에 머무는 과정을 보여 주는 사례다.

    같은 배경, 곧 동료의 집에서 오후 휴식 시간을 보내는 상황에서 일어날 수 있는 두 번째 시나리오를 상상해 보자. 하지만 이번에는 당신이 너무 힘든 한 주를 보내고 이미 인내의 창 경계까지 다른 상태다. 모인 사람 가운데 그 누구와도 가깝다고 느끼지 못하는데, 당신에게는 혼란스러운 삶의 서사가 있었기에 굉음을 듣는 순간에도 자신이 너무나 취약하게 느껴져서 도움을 요청할 수 없다. 그리고 압도되는 순간에 자신을 진정시킬 방법에 대한 판단력도 없다. 소리가 들린 직후 주변을 둘러보지만, 두려움을 해소하는 데 도움을 줄 만한 사람이 보이지 않는다. 곧 과거 트라우마로 인해 신경생물학이 주도권을 잡기 시작한다. 교감 신경계에 의해 빠른 속도로 싸움/도주 모드로 내몰린 당신은, 당장 그곳을 떠날 핑계를 황급히 찾아낼 것이다. 혹은 마음의 동요를 느끼면서 사람들의 말에 전혀 집중하지 못할 수도 있다. 그래서 전반적으로 안전한 상황이라는 것을 알면서도 자기 조절 방법은 찾지 못한 채 이후 시간을 컨디션 안 좋은 상태로 보낼 것이다.

    만약 당신이 트라우마를 경험한 역사를 지녔다면 문이 세게 닫히는 소리에 대한 당신의 반응은 좀 더 극단적일 것이다. 문이 닫히는 소리를 반드시 위험하다고 여길 필요가 없음에도, 당신의 대처 전략(스트레스 등 버거운 상황에 대처하고자 세우는 심리적 전략 및 행동 반응—편집자)은 발생 가능한 위협을 처리하는 가장 안전한 길이 기능 정지라고 알려 준다. 그래서 당신은 사회 참여 시스템을 건너뛰고(즉 도움을 요청하려는 본능을 무시하고) 아마도 싸움/도주의 긴급성을 아주 짧게 느낀 다음, 곧바로 해리 단계로 넘어갈 것이다(등쪽 미주신경 복합체). 이때 당신은 혼미함, 단절, 부동화immobilization, 실신, 시간 감각 상실 등을 경험한다. 이런 유형의 반응이 일어나는 이유는 미주신경의 가장 원시적인 부분이 활성화되어 당신의 몸이 탈출구가 없다는 결론을 내렸기 때문이다.[4] 여기서 다시 한번 기억해야 할 것은 이것이 의식적인 결정이 아니라는 점이다. 이는 몸이 위협이라고 믿는 경험을 상쇄할 최선의 시도다. 이후에 당신은 그 오후 휴식 시간의 세세한 내용을 상당 부분 기억하지 못할 것이다. 아니면 대부분의 시간 동안 단절된 것처럼 느낄 수도 있다. 마치 '거기 있었지만, 거기 없었다'는 듯이 말이다.[5]

내가 이 시나리오들을 당신에게 들려준 데는 몇 가지 이유가 있다. 먼저 많은 사람이 자신의 불안감이나 단절감으로 인해 깊은 수치심을 느낀다. 마치 현재의 자신보다 더 강해져야 하고 어떤 두려움이든 '극복해 내야' 한다는 듯이 말이다. 하지만 당신에게 꼭 들려주고 싶은 말은 이것이다. 자신의 이야기를 존중하는 일은 중요하고, 그 이야기 때문에 우리 몸이 취하게 된 생물학적 반응을 이해하고 연민을 가지는 것이 필수다. 이 반응 중 많은 것이 우리가 원하든 원치 않든 일어난다.

둘째로, 우리 몸의 생리를 이해하면 자신에 대해 너그러워질 힘을 얻는다. 부드럽게 해 보기가 자기 몸을 이해하고 몸과 연결된 상태에 있는 것을 의미한다면, 우리는 궁극적으로 자신의 인내의 창에 머물 힘을 강화시킬 것이다.

만약 당신이 안정적 애착을 형성하지 못한 채 성장했다면, 두려운 상황에서 누군가에게 도움을 구하기가 쉽지 않을 것이다. 그리고 이것은 당신의 경험이 인내의 창을 좁혀 놓았음을 보여 주는 실마리다. 하지만 친구여, 당신이 그곳에 계속 머물 필요는 없다. 부드럽게 해 보기의 한 부분은 타인과 안전하게 연결되는 법을 배우는 것이고, 일단 그것을 배우고 나면 사회 참여 시스템이 당신을 잘 조절되고 평온한 상태로 유지해 줄 것이다. 앞의 '오후 휴식 시간' 시나리오에서 가장 필요한 것은 동료와 연결되고, 안전하다는 사실을 몸에 재확인해 주고, 필요한 모든 도구를 사용해 인내의 창 안에 머무는 것이다.

우리는 부드럽게 해 보기를 통해 몸의 안전을 확보하는 방법을 찾는 것이 무엇보다 중요함을 깨닫는다. 밖으로 나가 에너지를 발산하는 것이든, 의식적 호흡을 통해 자신과 연결되는 것이든 몸이 필요로 하는 바에 귀 기울이고 응답할 수 있다면 우리 인내의 창은 넓어지기 시작하고 진정한 치유도 일어날 것이다. 이 작업은 더디게 이루어지겠지만, 이보다 가치 있는 일은 없다.

새로운 틀 창조하기

지금까지 보았듯이 우리가 초기에 맺는 핵심 관계는 애착 유형을 좌우할 뿐 아니라 인내의 창 크기를 결정하는 데도 영향을 미친다. 그리고 자신의 이야기를 파고들고 그 이야기를 존중하는 작업을 하면서, 우리는 인내의 창 안에 머물기가 왜 그렇게 어려운지에 관한 통찰을 얻는다. 대니얼 시겔 박사가 말했듯 "우리가 발달 과정에서 가장 처음 보게 되는 마음은 양육자의 내면 상태다.…그러므로 우리는 우리 자신을 타자에게 반영된 상으로 가장 처음 아는 것이다."[6]

예를 들어 우는 아기는 자신을 따라 슬픈 표정을 짓는 엄마를 보고 그 표정에 자신의 슬픔이나 고통이 반영된 것으로 이해한다. 이상적으로 이 아기는 이런 돌봄의 경험을 바탕으로 타인이 곁에 없더라도 자신의 감정에 주의를 기울이는 성인으로 자라 간다. 발달 과정에서 이 같은 지지를 얻는다면, 우리는 본능적으로 자신에게 자비롭게 주의를 기울이는 법을 알게 된다.

하지만 만약 우리가 트라우마 역사를 지닌 부모이거나 자신의 감정을 느끼는 법을 배운 적이 없다면, 우리 또한 감정을 조절하는 법을 배우지 않는 한 자녀들에게 그것을 보여 주는 본보기가 될 수 없다. 예를 들어 우리가 어린 시절에 아픔을 느낄 때마다 수치심을 느꼈다면 유아기 자녀가 발가락을 다치거나 걷잡을 수 없이 울어 댈 때 화가 날 것이다. 아이가 고통을 잘 이겨 내도록 아이와 연결되어 연민을 보여 주기보다는 말이다. 다른 사람의 더 안정적인 신경계의 도움을 받아 자신의 감정을 느끼는 경험을 할 기회가 없었다면, 우리 인내의 창은 매우 협소할 것이고, 정서적 조절 곤란 상태로 빨리 전환될 가능성도 크다.

브렌던과 데이트를 시작할 무렵, 누군가가 나를 일관되게 사랑해 줌으로써 내가 그를 신뢰하게 되는 가능성에 나는 시작부터 압도되었다. 그때까지 나는 거의 항구적인 과잉 각성 상태의 삶을 살아왔는데, 그래야만 우리 가정의 혼돈과 예측 불가능성에 신속하게 대응할 수 있었기 때문이다. 나는 작은 인내의 창을 가지고 있었고, 게다가 그 창 바깥으로 멀찍이 떨어져 나가는 데 늘 익숙했다. 하지만 3장에서 언급했듯이 나는 브렌던을 신뢰하게 되었다. 그리고 시간이 가면서 하나님과 타인들, 그리고 나 자신과도 다른 방식으로 관계 맺을 수 있었다. 이 과정이 내 몸에 귀를 기울일 수 있는 공간을 만들었고, 슈퍼바이저가 부드럽게 해 보기라는 접근법으로 나를 초대했을 때 그것이 어떤 것인지 이해할 수 있도록 준비시켰다.

창 안에서 하나님 보기

몇 년 전 크리스마스 시즌을 지나던 어느 밤, 딸 마티아를 재우고 조용한 거실에 앉았다. 크리스마스 트리에서는 등불이 반짝였고, 나는 가족과 함께 보낸 멋진 저녁 시간을 돌아보며 안도의 한숨을 내쉬었다. 우리는 함께 스케이트를 타고 따뜻한 코코아를 마신 후, 거리의 크리스마스 불빛을 구경하며 드라이브를 했다. 집으로 와서는 마티아를 재우느라 실랑이를 벌이고 잘 자라고 입맞춤을 하고 이불을 덮어 준 뒤, 남편은 몇 가지 살 것이 있어 식료품점에 갔다. 그리고 마침내 나는 자리에 앉을 수 있었다. 엄마가 된 후로 나는 이런 시간을 좋아한다. 마침내 모든 것이 고요해지는 시간 말이다.

마티아는 그날 밤을 정말 신나게 보낸 것이 확실했다. 하지만 소파에 앉아 생각해 보니 나는 그런 행복과 함께 계속해서 슬픔을 느꼈다. 삶에서 이런 밝은 면들에만 연결되고 싶었지만, 내 이야기 일부에는 고통스러운 조각들이 엮여 있었다. 그렇게 소파에 앉아 깨달은 것은, 좋은 면을 느끼려면 힘겨운 부분들도 인정해야 한다는 사실이었다. 나는 이것이 부드럽게 해 보기의 의미라는 사실을 배우고 있었다. 나는 내 안에서 실제로 일어나는 일들에 귀를 기울여야 했다.

나는 좋아하는 담요를 둘러쓰고 책상다리를 하고 앉아 내가 경험한 수만 가지 감정을 연민으로 끌어안으려 노력했다. 그리고 내게 이런 연말연시는 대체로 깊은 슬픔의 물결이 밀려오는 시간이라는 사실을 깨달았다. 어린 시절의 나는 오랜 상심의 세월을 감내했고, 기쁨으로 가득해야 할 그 시간들은 깨어진 기대와 고통으로 점철되어 있었다.

하지만 그날 밤 나는 그 쓰라린 공간에 새로운 무언가가 있음을 알아차리기 시작했다. 내 이야기에 대해 곱씹는 동안 하나님이 곁에 계심을 느꼈다. 단순히 논리적인 방식이 아니라, 물리적인 방식으로도 그분의 현존을 느낄 수 있었다.

크리스마스 트리의 등불이 내 손 위로 부드러운 빛을 드리웠고, 문득 누군가가 나를 붙들고 있다고 느껴졌다. 내 이름을 아는 만큼이나 확실하게, 그분의 이름을 감각했다. 나와 함께하시는 하나님, 임마누엘이셨다. 초등학교 시절부터 내가 사랑한 그분은 이제 단순히 글로 쓰인 단어나 아득한 소망에 불과한 존재가 아니었다. 우리 작은 거실은 성소가 되었고, 나는 나를 그토록 사랑하시는 그분의 현존과 함께 그곳에 앉아 있었다. 나는 살면서 간헐적으로만 느꼈을 뿐 결코 충분히 붙잡지 못했던 신성함을 들이마셨다. 나는 여전히 슬펐지만, 더는 혼자라고 느끼지 않았다.

이렇게 소중한 순간 나는 내 인내의 창이 어떻게 확장되었는지를 깨달을 수 있었다. 정확히 그것은 끓어오르는 불편한 감정을 헤쳐 나오는 과정에서 일어난 일이었다.

그리고 더욱 중요한 것은 내가 브렌던과 안정적 관계를 맺은 것과 동일한 방식으로 그 순간 하나님과의 안정 애착을 경험했다는 점이다. 이런 결과를 위해 열심히 몰두하거나 밀어붙인 것도, 하나님을 경험하려고 노력한 것도 아니다. 그저 내가 그분과 나 자신의 진실을 향해 그리고 브렌던을 향해서도 나를 열었을 때 하나님이 가까이 다가오셨을 뿐이다.

이것이 내게 어떤 의미였는지는 설명하기 힘들다. 이전 몇 년 동안 나와 남편은 이차성 난임으로 고통을 받고 있었다. 가정을

하나님이 사랑하는 자에게 들려주시는 말씀

나에게 귀를 기울여 주시니, 내가 평생토록 기도하겠습니다.

시편 116:2

내가 길을 가거나 누워 있거나, 주님께서는 다 살피고 계시니, 내 모든 행실을 다 알고 계십니다. 내가 혀를 놀려 아무 말 하지 않아도 주님께서는 내가 하려는 말을 이미 다 알고 계십니다. 주님께서 나의 앞뒤를 두루 감싸 주시고, 내게 주님의 손을 얹어 주셨습니다.

시편 139:3-5

나 주가 먼 곳으로부터 와서 이스라엘에게 나타나 주었다. 나는 영원한 사랑으로 너를 사랑하였고, 한결같은 사랑을 너에게 베푼다.

예레미아 31.3

"수고하며 무거운 짐을 진 사람은 모두 내게로 오너라. 내가 너희를 쉬게 하겠다. 나는 마음이 온유하고 겸손하니, 내 멍에를 메고 나한테 배워라. 그리하면 너희는 마음에 쉼을 얻을 것이다. 내 멍에는 편하고, 내 짐은 가볍다."

마태복음 11:28-30

나는 확신합니다. 죽음도, 삶도, 천사들도, 권세자들도, 현재 일도, 장래 일도, 능력도, 높음도, 깊음도, 그 밖에 어떤 피조물도, 우리를 우리 주 예수 그리스도 안에 있는 하나님의 사랑에서 끊을 수 없습니다.

로마서 8:38-39

이루고 싶은 나의 소망이 내동댕이쳐져 쓰리고 욱신거렸다. 그렇게 욕망이 좌절되던 시기에 하나님의 사랑에 대한 오랜 의심이 고개를 들기 시작했다. 나는 비통함에서 벗어나고자 혼자 이를 악물고 버텼지만, 아무런 효과가 없었다.

나는 하나님의 선하심을 믿고 싶었지만, 기다림과 요청이 응답받지 못하면서 의심하기 시작했다. **하나님은 내 고통을 보고 어떻게 느끼실까? 내 찢어지는 마음을 보고서는? 그분은 내가 생각하고 소망했던 대로 정말 안전한 분이실까? 그냥 가짜인 건 아닐까?**

내가 충분하지 않아서 나를 벌하려고 하시는 걸까? 아니면 내가 고통스러워하는 문제 때문에 그분도 같이 탄식하고 계실까?

그 공간에서 하나님과 함께 이런 질문들을 솔직하게 떠올리다가, 나는 흐느끼기 시작했다. 그날 밤 하나님은 내게 아무 답을 주지 않으셨지만, 그분의 사랑의 현존이 내가 예수님 안에서 안전하다는 사실을 확신시켜 주었다. 이유를 알지 못해도 괜찮았다. 점차 호흡이 느려졌고 어깨 긴장도 풀렸다.

그리고 하나님이 그곳에 계시고 내가 깊이 사랑받고 있음을 인식하면서 그 자리에 앉아 좋은 것이든 나쁜 것이든 삶의 모든 조각을 받아들일 수 있었다.

사랑받다

유년기의 역동이나 관계에서 상처받는 경험은 우리가 선택한 것이 아니다. 이것이 바로 내가 사람들에게 인내의 창과 몸에 대해 가르치고, 그들의 여정에서 어떻게 하나님이 동행하시는지에 대해 즐겨 이야기하는 이유다. 우리는 미래를 변화시킬 힘을 가지고 있다.

나 자신을 하나님을 향해 여는 법을 배우고 그분을 내 기쁨과 비통함 가운데서 내 곁에 머무시도록 초청하면서 가장 좋았던 것은, 그분이 나를 보시는 방식대로 나 자신을 바라보게 된 것이다. 하나님은 우리 각자를 다양한 아름다운 이름으로 부르시지만, 내가 하나님을 안전한 존재로 재경험했던 그 크리스마스 시즌에 발견한 이름은 **사랑받는 자**beloved다. 삶 속에서 부드럽게 해 보기를 가능하게 해 준 연결과 성장을 표현하는 이 이름은, 나에게 신성한 이름이 되었다. 그것은 하나님이 나에게 그 누구보다 다정하고 애정 어린 부모가 되신다는 사실을 떠올려 준다.

몇 년 전 읽은 헨리 나우웬Henri Nouwen의 『이는 내 사랑하는 자요』*Life of the Beloved*, IVP는 자기 정체성에 대한 내 생각의 궤도를 변화시킨 책이다. 이 책에서 나우웬은 독자들에게 자신의 정체성을 예수님의 정체성과 동일하게 여기도록 도전한다. 마가복음 1장에서 요한 이 예수님께 세례를 주자 하늘에서 소리가 들린다. "너는 내 사랑하는 아들이다. 내가 너를 좋아한다"(11절). 내 친구 캐런 곤살레스Karen González가 말했듯 "하나님은 예수님이 지상 사역에서 무언가를 성취하시기도 전에 예수님의 가치를 확언하셨다."[7] 또는 자신을 하나님의 사랑을 받는 자로 여기기 위해 예수님과 요한의 관계를 차용해도 좋을 것이다. 요한은 자신을 "예수께서 사랑하시던 제자"(요 21:20)라고 표현하고 있다.

하나님이 당신을 이렇게 생각하신다고 할 때 당신은 무엇을 떠올릴까? 당신이 어떤 하루를 보내든, 무엇을 성취하고 성취하지 못하든, 어디서 실패하고 성공하든, 얼마나 두려워하고 압도당하든 하나님은 당신을 자애롭게 지켜보시는 분임을 깨달을 것이다. 그분은 당신 곁에 있는 것을 마냥 기뻐하시는 분이다. 친애하는 독자여, 이것이 바로 당신의 존재에 깊이 간직된 선함이다.

가장 힘들고 두려운 순간에도 (우리 몸이 긴장하고 흥분하든, 굼뜨고 느려지든 상관없이) 하나님은 우리 곁에 계신다. 그리고 그분은 거기서 우리가 우리의 최고의 시절이나 최악의 시절에 따라 규정되지 않음을 다시 확신시켜 주신다. 우리는 그분의 사랑을 받는 자다.

부드럽게 해 보기

담아두기

인내의 창을 존중하거나 확장하는 일을 시도하다 보면, 유난히 격렬한 반응이 촉발되거나 힘겨운 문제에 맞닥뜨려 추가적인 지지가 필요할 때가 있다. 이때 촉발 요인과 건강한 거리를 두기 위해 사용할 수 있는 전략을 '담아두기'containment라고 한다. 이 훈련을 통해 불편한 경험이나 감각을 느낄 때 신경계에 브레이크를 걸어 그것들에 사로잡힌 듯한 느낌을 떨쳐 내고, 선택에 따라 추후에 그 경험이나 감각들로 다시 돌아올 수 있다.[8]

1. 불안감을 주는 내용을 담아 둘 수 있을 만큼 충분히 튼튼한 어떤 것을 상상해 보라. 무엇이든 상관없다. 많은 사람이 사슬로 감긴 보물 상자, 튼튼한 금고, 하나님의 손 같은 것들을 떠올린다. 잠시 창조적으로 상상해 보고, 당신의 몸이 안심할 수 있는 사물을 선택하라. 또 당신은 언제든지 기저에 있는 그 문제로 다시 돌아올 수 있음을 기억하라.

2. 담아 둘 사물을 선택했다면, 당신을 불편하게 하는 내용을 그 안에 넣는 장면을 그려 보라. 필요한 만큼 충분히 시간을 들여야 한다. 만약 그 사물이 내용을 담기에 충분히 튼튼하지 않다고 느껴진다면 두 번째 보호막을 추가하는 것도 고려해 보라. 예를 들어 금고를 사슬로 친친 감아 바닷속으로 던져 버리는 상상을 할 수도 있다.

3. 불편한 내용이 안전하게 담겼다면, 다음에 나오는 호흡 기도로 넘어가라.

호흡 기도

연구에 따르면 들숨보다 날숨의 길이가 더 길면 이것이 미주신경을 자극하여 신경계에 안전 신호를 보낸다고 한다.[9] 들이쉬고 내쉬는 두 호흡은 인내의 창 안에 머무는 데 도움이 된다.

호흡하는 동안 당신을 더 단단하게 붙잡고 지지해 줄 다른 요소들을 함께 사용할 수도 있다. 나는 하나님이 스스로를 지칭하는 또 다른 이름 '야웨'Yahweh의 단순성과 의미를 사랑하는데, 이것은 "나는 곧 나다"라는 뜻의 히브리어 글자에서 온 이름이다(출 3:14). 어느 시점에 유대인들 사이에서는 경외심 때문에 야웨의 이름을 말하는 것이 금기였음을 우리는 알고 있다. 하지만 리처드 로어Richard Rohr(프란치스코회 신부로서 관상 전통을 되살리고자 한 영성가―편집자)는 야웨라는 단어가 우리의 호흡을 모방한 듯 보인다는 사실에 주목한다. "우리가 삶의 매 순간 하고 있는 일은…하나님의 이름을 말하는 것이다. 따라서 하나님의 이름은 우리가 세상에 와서 가장 먼저 하는 말이자 세상을 떠날 때 하는 가장 마지막 말이다."[10]

다음 순서를 따라 호흡 기도를 연습하라.

1. '야웨' 혹은 당신을 단단하게 붙잡아 줄 두 음절 단어를 선택하라.

2. '야'Yah(혹은 첫 번째 음절)에 맞추어 3초간 코로 숨을 들이쉬라.

3. '웨'*web*(혹은 두 번째 음절)에 맞추어 6초간 입으로 숨을 내쉬라.

가능하다면 이 의식적인 호흡을 1-2분간 연습하라.

경계 형성하기는

몸에서 시작된다.

5장

우리를 살리는 경계

다른 이를 따뜻하게 해 주려고
자기 몸에 불을 지를 필요는 없다.

작자 미상

"다른 사람을 실망시키는 게 그렇게까지 힘든 일이 아니란 거 저도 알죠." 애니아는 말했다. "근데 전 그게 너어어어무 힘들어요."

그녀는 내 상담실에서 자신의 말이 엄마의 기대에 어긋날 것이고, 자신이 익히 아는 엄마는 그 말을 받아들이지 않을 거라고 설명하는 중이었다. 그런 애니아의 눈에 눈물이 가득 고였다.

"제가 뭘 해야 하는지 정확히 알고 있어요. 정말로 어렵지 않은 일이죠. 근데 추수감사절 식사를 우리 집에서 준비하지 않겠다고 말할 때마다 엄마는 제 말을 잘라 버려요. 그날이 그해에 손주 일곱 명을 볼 수 있는 유일한 날이라면서요. 그러면 제 심장은 밖으로 튀어나올 듯이 뜀박질을 해대고, 순간 저는 다시 작은 꼬마가 된 느낌이 들어요."

애니아를 아는 사람들이 우리 대화를 들었다면 꽤 이상하게 여겼을 것이다. 그녀는 교양 있고 세련된 여성인 데다 친척들과 함께 시간 보내기를 좋아하기 때문이다. 하지만 최근 막내가 학교에 들어가면서 풀타임으로 직장에 복귀했고 새로운 업무를 맡기도 한 터라, 그녀가 사람들을 집으로 초대하는 것은 역부족이었다.

마음속 한편에서는 살다 보면 사람들을 실망시킬 수도 있음을 물론 알고 있다고 애니아는 말했다. 하지만 대부분의 어린 시절 동안 그녀는 사실상 자신에게는 '아니요'라고 말할 권리가 없음을 배웠다. "누가 정확히 이렇게 말했던 건 아니에요." 그 대신 그녀는 이 메시지를 비언어적 신호로 습득했다.[1] 부모님은 그저 그녀를 선택권이나 목소리가 없는 사람으로 여기고 그것을 끊임없이 확인시켜 준 것이다.

애니아가 열 살이었을 때 반 친구들 앞에서 부당하게 그녀를 비난한 선생님께 문제를 제기하려고 한 적이 있었다. 그런데 부모님은 그녀를 지지하기는커녕 한 달간 과외 활동을 금지했다. 선생님께 대들어서 자신들을 난처하게 만든 딸이 혹독한 수치심을 느끼도록 한 것이다. 애니아는 엄마가 외할머니나 아빠에게도 결코 '아니요'라는 말을 하지 않았을 거라고 했다. 그리고 애니아가 좋게 여기는 것이 부모의 의견과 일치하지 않을 때면 그녀는 가차 없이 경멸이나 비난을 들어야 했다. 이후로 부모가 원하는 것에 맞추어 살아가며 느껴야 했던 그녀의 불편감은 갈수록 악화되었다.

애니아가 나눠 준 이야기는 수많은 내담자와 나 역시 경험한 이야기의 전형이다. 불안정 애착을 형성한 채 수많은 소문자 t 트라우마를 겪으며 자라나는 아이들에게, 규칙을 이해하기 위해 노력하는 일은 성인기까지 이어지는 끝없는 과정이다. **만약 내가 실수를 저지른다면 엄마가 불같이 화를 낼까, 아니면 바로 용서해 주실까? 나한테 혹은 다른 사람한테 소리 지르는 사람에게 그러지 말라고 해도 괜찮을까? 내 의견도 그들의 의견만큼 정당할까?**

아마 당신도 이런 질문들로 씨름한 적이 있을 것이다. **아빠가 '그래'라고 말했다면 그건 정말로 그렇다는 뜻인가? 혹시 나중에 가서 그런 말을 한 적이 없다고, 내가 잘못 이해한 거라고 하며 나를 꼼짝 못 하게 하지 않을까? 지금 패턴을 이해하려고 해 봐도, 패턴이라는 건 애당초 없었기에 결국 헛된 노력이 되지는 않을까?**

양육자들이 우리에게는 목소리가 없다는 메시지를 끝없이 전달하면, 우리는 결국 그들이 듣고 싶어 하는 말을 하는 편이 낫다는 사실을 배운다. 그리고 그런 인식을 지닌 채 성인이 되고 타인과 관계를 맺는다. 우리는 과잉 각성 상태에서 싸움 혹은 도주 모드로 들어가기보다 그 에너지를 타인에게 지나치게 맞춰 주는 쪽으로 돌려 감지된 위협을 상쇄하려 애쓴다. 트라우마에 대한 모든 반응이 그렇듯 이 과정도 상당 부문 무의식 수준에서 일어난다. 우리 몸이 핵심적으로 추구하는 목표는 자신을 안전하게 보호하는 것이고, (2장에서 소개한) 비위 맞추기는 사람의 심기를 건드리기보다 '안전하게' 있는 것이 낫다는 신념에 대한 학습된 반응이다. 우리가 이런 대본에 맞춰 살아간다면 자신의 본능을 불신하고 자기변호를 포기하는 경향이 생긴다. 게다가 인내의 창 역시 좁을 수밖에 없는데, 다른 사람을 만족시키기 위해 자기 감정을 계속해서 부인하거나 억압하다 보면 삶에서 닥치는 많은 문제를 다룰 능력이 줄어들기 때문이다. 또한 부드럽게 해 보기를 학습하는 일도 훨씬 어려워진다. 세상에 존재하는 방식으로서 타인의 요구에 지나치게 조율되며 살아왔고, 결과적으로 자기 경험에 귀 기울이는 훈련을 거의 해 보지 않았기 때문이다.

추수감사절 식사를 준비하라는 엄마의 요구에 대해 더 많은 이야기를 나누면서, 나는 애니아가 몸이 자신에게 말하고 있는 바에 주의를 기울이도록 도왔다. 그녀는 호흡이 얕아지고 어깨가 경직되었음을 알아차렸다. 그저 엄마에게 자기 집에서 식사 준비를 할 수 없다고 말하는 상상만으로도 불안과 긴장 상태에 빠진 것이다. (나는 그녀가 생각에서 빠져나오도록 함께 그라운딩 훈련을 하면서 현재 순간에 다시 집중하도록 했다. 이 기법은 132쪽에서 다시 다룰 것이다.) 자신은 엄마와의 관계에서 한계를 설정할 수 없다는 신념이 애니아를 인내의 창 바깥으로 몰아간 것이 분명했다.

사람들 대부분처럼 애니아 역시 초기부터 다른 사람, 특히 좋아하는 사람과 관계 맺을 때 한계를 두는 것은 무례한 행동이라고 학습했다. 그리고 사람들이 원하는 것이면 무엇이든 주는 것이 '좋은 그리스도인'의 의미라고 이해했다. 하지만 이는 사실과 다르다. 우리의 유한하고 사랑스러운 인간성을 온전히 포용하신 예수님은 자주 '아니요'라고 말씀하셨고, 자신의 선호를 표현하셨으며 한계를 설정하셨다.

아주 이른 새벽에, 예수께서 일어나서 외딴곳으로 나가셔서, 거기에서 기도하고 계셨다. 그때에 시몬과 그의 일행이 예수를 찾아 나섰다. 그들은 예수를 만나자 "모두 선생님을 찾고 있습니다" 하고 말하였다.

예수께서 그들에게 말씀하셨다. "가까운 여러 고을로 가자. 거기에서도 내가 말씀을 선포해야 하겠다. 나는 이 일을 하러 왔다." (막 1:35-38)

그러나 내 오른쪽과 내 왼쪽에 앉는 그 일은, 내가 허락할 수 있는 일이 아니다. 정해 놓으신 사람들에게 돌아갈 것이다. (막 10:40)

그때에 사람들이 예수께 어린이들을 데리고 와서, 손을 얹어서 기도하여 주시기를 바랐다. 그런데 제자들이 그들을 꾸짖었다.
　그러나 예수께서 말씀하셨다. "어린이들이 내게 오는 것을 허락하고, 막지 말아라. 하늘나라는 이런 어린이들의 것이다." (마 19:13-14)

"거룩한 것을 개에게 주지 말고, 너희의 진주를 돼지 앞에 던지지 말아라. 그들이 발로 그것을 짓밟고, 되돌아서서, 너희를 물어뜯을지도 모른다." (마 7:6)

예수님은 본래 고통받는 종이셨다. 하지만 그분은 선택할 수 있는 자리에서 이런 삶을 사신 것이지, 누군가가 수치심을 불러일으켜 고통의 삶으로 떠밀었기 때문이 아니었다. 본문들을 다시 읽어 보면 그분이 **우리** 역시 이런 자유의 자리에서 살아가기를 초청하고 계심을 알 수 있다. 그렇게 살다 보면 우리 뇌에 새겨진 이야기들이 현실적으로 느껴지더라도 더는 진실이 아님을 깨달을 것이다.

성경의 하나님이 우리가 서로 연결되어 살아가도록 강하게 배선해 두셨음은 분명한 사실이다. 하지만 동시에 예수님은 우리가 자기 자신이 되도록 지어졌음을 보여 주신다. 완전히 의존하지도 않고 서로를 피하지도 않는, 그런 상호 의존의 삶을 살도록 말이다. 만약 우리의 양육자들이 애착을 적절하게 발달시킬 도구를 우리에게 주지 않았다면, 우리는 하나님이 우리에게 뜻하신 바를 살아 낼 수 없다. 연결과 (의존성이 아니라) 상호 의존성은 지극히 성경적인 개념이다.

『NO!라고 말할 줄 아는 그리스도인』 *Boundaries*이라는 책에서 헨리 클라우드 Henry Cloud와 존 타운센드 John Townsend는 남의 짐을 져 주는 것과 자기 몫의 짐을 지는 것의 차이에 관해 이야기한다.[2] 이 개념은 갈라디아서 6장에서 비롯된다.

> 여러분은 서로 남의 짐을 져 주십시오. 그렇게 하면 여러분이 그리스도의 법을 성취하실 것입니다. 어떤 사람이 아무것도 아니면서 무엇이 된 것처럼 생각하면, 그는 자기를 속이는 것입니다. 각 사람은 자기 일을 살펴보십시오. 그러면 자기에게는 자랑거리가 있더라도, 남에게까지 자랑할 것은 없을 것입니다. 사람은 각각 자기 몫의 짐을 져야 합니다. (2-5절)

이 본문은 너무 버거워서 혼자 감당하기 힘든 삶의 문제들도 있지만, 개인적으로 해결해야 할 자기만의 과업도 있다는 사실을 상기시켜 준다. 누군가가 우리에게 그들 몫의 '짐'을 맡아 달라고 요구할 때 경계가 필요하다. 내가 만나는 내담자들의 성장 환경을 보면, 다른 사람의 개인적 짐을 지기를 요구받으면서도 마땅히 함께 져야 할 짐은 홀로 지고서 도움을 요청하지 못한 경우가 비일비재하다.

이것이 어떤 방식으로 일어나는가? 부모가 아이들에게 어른 수준의 정보나 감정, 상황을 들려주며 그들을 위해 '처리해' 줄 것을 기대함으로써 아이들을 작은 어른으로 만든다. 예를 들어 엄마가 열 살짜리 아들에게 결혼 생활의 문제를 지나치게 털어놓는다거나 아빠가 아이들에게 가계의 재정난을 계속해서 이야기하는 것이다. 이런 유형의 상호 작용은 아이들에게 큰 상처를 입히는데, 아이들은 그들에게 어른이 요구하는 바를 처리할 정서적 자원을 아직 갖추지 못했기 때문이다. 하지만 아이들은 오직 노력하는 것 외에 다른 선택이 없다고 느낀다. 그렇게 주어진 것들을 소화해 내려 노력하다가 압도되는 순간이 왔을 때 아이들은 지원을 요청하다가 무시받기도 한다.

이 모든 일이 어떻게 성인기까지 영향을 미치는지 예상할 수 있을 것이다. 이런 사람들은 타인의 필요가 자기의 필요보다 더 정당하다는 사실을 학습했기 때문에 자기 한

경계를 선언하는 단순한 방법들

1. "요청은 정말 감사하지만, 시간이 안 나네요."
2. "미안해요. 그건 저랑 좀 안 맞아요."
3. "그건 좀 불편하네요. 저는 하지 않는 게 좋겠어요."
4. "당신 생각에 최선의 방식으로 처리하세요. 하지만 저는 빠지겠습니다."
5. "아니요."

계와 필요를 표명하는 건강한 상호 의존 관계를 맺지 못한다.

모든 사람은 짐을 함께 들어 달라고 도움을 구할 수 있고, 그래야만 한다. 하지만 누군가가 우리에게 무언가를 하도록 명령한다면, 그것은 도와 달라는 요청과는 다르다. 건강한 성인들의 관계에서 사람들은 누구나 한계가 있고 설령 자신이 원할지라도 모든 이의 필요를 만족시킬 수 없다는 사실을 알기에 손을 내밀기도 하고 거두기도 한다. 그런데 우리가 만약 자신의 선호나 일정을 가족에 맞추고, 권력을 가진 자가 화가 났을 때 그의 변덕에 부응하는 것이 정상이라고 배웠다면, 이는 우리 몸을 과도한 불안 상태로 유지하게 한 서사일 것이다. 물론 이것은 하나님이 원하시는 서사와 전혀 다르다.

경계를 설정하는 일은 복잡하고 어렵다. 하지만 내가 약속할 수 있는 것은 한계를 설정하고 몸이 우리에게 들려주는 말을 듣기 시작할 때, 내적 세계의 심장 박동 소리가 들려오는 것과 함께 자유를 경험하게 되리라는 사실이다. 이것이 바로 풍성한 삶을 살게 하는 토대의 한 부분이다.

한계를 설정하지 않는 데는 이유가 있다

이 책에서 다루는 모든 주제가 그렇듯 경계 형성하기도 몸에서 시작된다. 사람들 대부분이 개념적으로는 경계를 설정하는 것이 좋다고 생각하지만, 사람들을 실망시킬 때 뒤따를 두려움이나 불안, 수치심 때문에 쉽게 실행하지 못한다. 우리가 보았듯이 이런 태도는 (항상 그렇지는 않더라도) 종종 기대에 부응하지 않으면 견딜 수 없는 결과를 맞닥뜨릴 거라고 우리를 가르쳐 온 어린 시절의 서사와 관련된다. 우리의 마음에는 이런 생각들이 암묵적 기억과 무의식적 이해의 형태로 저장되어 있어서, 추후 상황을 지각하는 데 영향을 미치거나 생각 없이 어떤 행동을 반복하게 한다.

그것이 실제로 의미하는 바는 이렇다. 당신이 운전하거나 껌을 씹으면서 걸을 수 있다면, 혹은 열쇠를 서랍에 다시 넣고도 그것을 기억하지 못한다면, 이는 모두 암묵적 기억 때문에 가능하다. 마찬가지로 할머니가 구워 주신 쿠키 냄새에 편안함을 느끼거나 전화벨이 울릴 때 나쁜 사건을 예상하는 것도 암묵적 기억 때문이다. 당신의 가장 깊은 부분에서 당신이 그저 알고 있는 것들이 있다.

애착을 형성할 때처럼 양육자가 자신의 한계를 설정하는 모습을 관찰할 때 우리 뇌의 거울 뉴런이 작동하고, 그것은 암묵적 기억 안에 우리가 모방할 틀을 생성한다. 마치 이전 문자 내용을 바탕으로 우리가 작성할 내용을 예측하는 휴대 전화 문장 자동 완성 기능처럼 거울 뉴런은 우리의 이전 경험을 바탕으로 앞으로 어떤 행동이 일어나게 될지를 뇌에 말해 준다.[3]

거울 뉴런은 자신의 경험뿐 아니라 타인의 경험에 대한 공감을 발달시키는 데도 도움을 준다. 예를 들어 세 살배기 맥스가 엄마와 블록 장난감을 가지고 놀다가 갑자기 엄마의 뺨을 치면 엄마는 이렇게 말할 것이다. '어, 그건 엄마를 아프게 하는 거야. 엄마는 너랑 놀고 싶지만 네가 엄마를 때리면 함께 놀 수 없어. 잠깐 쉬면서 진정할 시간을 갖자. 다른 사람을 때리는 건 안 되니까.' 이때 엄마는 맥스와의 관계에서 한계를 설정하고 아이가 자신의 아픔을 관찰할 기회를 주고 있다. 이 모든 경험은 살다 보면 '아니요'를 말해야 할 때가 있다는 사실을 맥스의 삶의 틀 안에 추가해 준다. 그리고 이후에 친구네 집에 놀러 가서 친구가 그를 때리면, 맥스는 이렇게 말할 것이다. '어, 그건 나를 아프게 하는 거야. 난 너랑 놀고 싶지만, 네가 나를 때리면 같이 놀 수 없어.' 이런 유형의 상호 작용을 하며 어린 시절을 보낸 맥스는 '아니요'라고 말해도 괜찮다는 사실을 알고, 다른 사람들 역시 때때로 자신에게 '아니요'를 말하는 것이 정상이라고 생각하는 어른이 될 것이다.

시간이 지나면서 여러 다른 관계적 맥락이 어떻게 곤란과 불편을 야기하는지를 관찰하면서, 우리 몸은 그런 맥락에 대처하는 법을 알기 위해 자신이 가진 틀을 끌어온다. 이때 양육자가 우리와 자기 자신과 타인을 대하는 방식이 경계의 더 큰 그림을 이해하는 데 도움을 준다.

물론 양육자들이 정반대의 가르침을 줄 수도 있다. 만약 우리의 한계가 존중받지 못하고 우리 의견이 무가치하게 취급된다면 우리의 뇌는 위험을 감지하고 때로는 격렬한 반응이 촉발될 수 있다. 1장에서 논의했듯이 이것이 우리가 가진 이야기(이는 때때로 촉발 요인이나 암묵적 기억으로 표현된다)가 우리 몸을 통해 말하기 시작하는 방식이다. 경계에 관한 대화가 버거워지면 우리는 위험이 닥치고 단절이 발생할 것이라 믿게 되고 어린 시절부터 각인된 신념이 되살아난다. 자신은 한계를 설정할 수 없다는 생각이 몸으로 구체화되기 시작하는 것이다.

이것이 바로 추수감사절 식사 문제로 씨름한 애니아에게 일어난 일이었다. 이 상황은 그녀가 어린 시절, 심지어 말을 떼기도 전에 엄마와 주고받은 상호 작용과 너무나도 유사했기 때문에, 그 괴로운 느낌이 다시 떠오른 것이다. 그래서 엄마를 화나게 하는 일과 연관된 그 불쾌한 감각이 몸과 마음을 자극해, 비위 맞추기나 엄마의 명령에 굴복하려는 것과 같은 어릴 적과 유사한 반응을 유도했다.

애니아의 문제 핵심에는 경계에 관한 다음과 같은 중요한 진실이 놓여 있다. 그건 바로 안전함을 느끼지 못하면 한계를 설정하기가 버겁다는 것이다. 몸이 어떤 상황이나 사람이 안전한지를 평가하는 과정은 스티븐 포지스 박사가 만들어 낸 용어인 '신경인지'neuroception라는 현상을 통해 이루어진다.[4] 본질적으로 이는 뇌 회로가 위험을 계속해서 평가하기 위해 사용하는 무의식적 과정이다. 의식적으로든 무의식적으로든 안전하지 못하다고 느낄 때 몸은 자동적으로 과잉 혹은 과소 각성 상태로 전환되는데, 이는 실제적 위험 상황 앞에서 엄청나게 유익한 본능이다. 하지만 만성적인 물리적·정서적 위협 상황에서 자라난 사람의 신경인지는 왜곡되기 쉽다.[5] 결과적으로 이들은 인내의 창 바깥으로 훨씬 빨리 튀어 나간다. 그리고 이런 감각은 자신에게 목소리나 선택권이 없고 위협적으로 느껴지는 경험에 한계를 둘 방도가 없다고 느껴질 때 더 악화된다.

안전감을 느끼기 위해 필요한 것

물리적이고 정서적인 건강을 위해서는 몸이 안전을 경험해야 한다.[6] 이 맥락에서 '안전'이 의미하는 바는 다음과 같다. (1) 인내의 창 안에 있다. (2) 위협을 느끼지 않는다. 그리고/혹은 (3) 위협이 발생해도 스

안전은 어떤 느낌일까?

- 몸이 안전할 때 견고하다고 느끼고, 반응하고 있으며 깨어 있다는 느낌이 든다.
- 관계가 안전할 때 연결되었다고 느끼며, 민감해져 있다는 느낌, 신뢰감이 든다.
- 하나님과의 관계가 안전할 때 연결되었다고 느끼며, 소속감과 신비감을 느낀다.

당신의 삶에 안전이 어떤 모습으로 자리 잡고 있는지를 숙고할 때 이 설명들을 시작점으로 삼아 보자.

스로를 지킬 자원이 있고 지지를 얻을 수 있다(예를 들어, 한계를 설정함으로써).

부드럽게 해 보기를 배우려면, 성인으로서 경계를 설정하고 안전감을 느끼는 데 필요한 작업을 수행하는 것이 중요하다. 우리에게 주어진 암시적이거나 노골적인 서사를 바꾸려고 할 때 필수적으로 요구되는 것은 자신의 한계를 존중하고 안전을 창조하는 일이다. 결국, 지금 여기서 안전함을 느끼지 못하면서 어떻게 자신의 가장 상처 입은 부분에 대한 부드럽게 해 보기 작업을 시작할 수 있겠는가? 어떻게 더 건강한 방식으로 타인과 연결되고 관계 맺기 위해 정서적 대역폭을 늘릴 수 있겠는가?

자신에게는 사실상 선택권이 없다거나 변화의 대가가 너무 크다는 생각을 굳혀 버리는 일 역시 무척이나 흔하다. 애니아 또한 엄마에게 맞서기보다는 식사 준비를 하는 것에 동의하는 게 더 쉬운 일이 아닐까 고민했다. 추수감사절에 대해서는 어쨌든 감정이 최고조에 달했으니, 한계를 두는 일은 신년까지 미룰까 생각해 보았다. 하지만 애니아는 엄마의 뜻에 한 번 더 맞춰 주었다가는 관계를 망쳐 버릴 수도 있음을 알았다. 탈진과 분개가 애니아의 평화를 모두 갉아먹었기 때문이다.

혹시 이 글을 읽는 당신도 타인의 기대에 부응하기 위해 이 악물고 버티는 방식에 끌리고 있지는 않은가? 딱 하나만 더 해 주고, 딱 한 사람만 더 만족시켜 주고, 누군가를 위해 프로젝트 하나만 더 마쳐 주는 게 더 쉽지 않을까? **제발, 딱 하나만 더!** 그렇게 자신을 떠밀어 타인을 기쁘게 해 주고, 자기 몸과 단절되는 것이 지극히 **정상적으로** 느껴진다. 그렇지 않은가? 그뿐 아니다. 애니아가 말한 너무도 끔찍하게 느껴지는 죄책감이나 수치심도 한계를 설정하지 못하게 한다.

이럴 때 우리에게 정말 필요한 것은 무엇일까?

우리에게 필요한 자원은, 통합된 뇌 그리고 어떤 경우라도 우리는 사랑받는 존재라는 체화된 지식이다. 기억하다시피 인내의 창 안에 있으면 이 모든 것에 접근할 수 있다. 타인 및 하나님과의 안전한 관계처럼 우리가 이미 가진 자원과 연결될 수 있고, 오직 그럴 때만 자기 몸을 진정으로 사랑하고 하나님이 만드신 우리 자신을 존중할 수 있다.

이 모든 과정에서 가장 좋은 것은 하나님이 우리가 이 평화를 발견하기 **원하신다**는 사실이다. 과학 역시 이 점을 지지한다. 대니얼 시겔은 통합된 전전두엽 피질이 GABA(감마아미노부티르산)이라 불리는 물질을 분비할 수 있다고 지적하는데, 이것은 뇌의 공포 센터라 불리는 편도체를 진정시키는 데 도움을 주는 물질이다.[7] 이 얼마나 아름다운가?

위로는 위에서 아래로 향한다

당신이 안전감을 느끼고, 현재에 기반을 두고, 이미 가진 지혜를 가져다 쓸 수 있도록 돕는 세 가지 주요 도구를 제안하겠다. 이 도구들을 함께 사용하면 뇌에서 하향식top-down 처리 과정이 촉진되는데, 이것은 하나님이 우리를 평온케 하시는 방법을 떠올려 준다.

우리를 위로하는 좋은 부모이신 하나님은, 우리를 위로해 주는 뇌의 각 부분(예를 들어, GABA를 분비하는 전전두엽 피질)도 창조하셨다.

인내의 창 안에 머물기 위해서는 뇌의 아랫부분을 억제하도록 돕는 전전두엽 피질이 작동해야 한다는 점을 기억하라. 그러면 피질이 뇌의 감정 센터의 한 부분이자 생존 보장이 주목적인 편도체와 '연결' 되어 그것을 진정시킬 수 있다. 전전두엽 피질의 반응은 부모가 겁먹은 아이와 연결되어 아이를 진정시켜 주는 방식과 유사하다. 우리 가족의 예를 들자면, 콜로라도주에서는 우르릉거리는 천둥과 현란한 번개를 동반한 거대한 폭풍이 휘몰아칠 때가 많다. 당연히 어린 아들 주드는 천둥 소리를 듣자마자 내 품으로 달려든다. 이때 진정된 상태로 서로 연결되어 있으면, 아이는 우리가 안전한 장소에 있기에 번개나 천둥도 자신을 해치지 못한다는 사실을 이해한다. (물론, 수영장 한가운데서 놀다가 뇌우를 만나면 가장 먼저 아이를 그곳에서 꺼내야 할 것이다.)

우리는 자신에게도 이런 방식을 사용하는 법을 배울 수 있다. 우리는 안전하지 않게 느껴지는 어떤 상황이 사실은 괜찮은 상황임을 감지하는 법을 배울 수 있다. 그리고 자신의 안전을 위해 상황을 피하거나 한계를 설정할 필요가 있음을 인정하는 것이 적절할 때도 있다.

감지된 위협이 진짜인지를 구분하는 법 그리고 목소리를 내도 괜찮다는 사실을 배우는 작업이 사실상 부드럽게 해 보기의 전부다.

정확하게 판단하는 법 배우기

하향식 처리 과정에 접근하는 첫 번째 도구는 상황을 정확하게 평가하는 데 도움을 준다. 애니아의 이야기로 돌아가 보면, 그녀는 성장하면서 선택할 권한을 거의 갖지 못했다. 그녀가 성인이 되어 한계 설정을 시작한 방식은 주의 조절attentional control을 통해서였다. 다시 말해 현재 상황에서 자신이 안전한지를 판단하기 위해 무엇에 주의를 기울일지를 선택하는 것이다.[8] 애니아처럼 만성적인 소문자 t 트라우마를 경험한 사람들은, 상황의 안전성을 판단하는 지각 능력이 왜곡된 경우가 많다. 이들의 뇌는 당면한 고통이 과거에 일어났는지 현재 일어나고 있는지를 판단하는 데 어려움을 겪는다.[9] 애니아는 물리적으로 안전이 위협받고 있지 않았음에도 엄마를 거스르겠다는 생각을 하는 순간, 마치 엄마의 기대를 저버렸다는 이유로 질책당하는 열 살짜리 아이가 된 듯이 느꼈다. 어떤 의미에서 주의 조절은 그 경험이 너무나 고통스러웠음을 인정하더라도 그것은 과거에 일어난 일일 뿐 더는 스스로 그런 취급을 당하도록 허용할 필요가 없음을 현재 순간에 기억하도록 도와준다.

애니아와 함께하는 회기 동안 우리는 다음과 같은 유형의 질문들을 주고받으면서 주의 조절을 연습했다.

만약 추수감사절 식사 준비를 거절한다면 엄마가 그녀에게 해를

입힐까? 결코 아니다.

이제 성인이 되었는데도 가족의 규칙을 여전히 지켜야 할 어떤 이유가 있는가? 없다. 그녀는 자신이 최선으로 여기는 것을 할 수 있다.

결과적으로 엄마가 관계에서 거리를 두는 일이 생긴다면 어떻겠는가? 상관없다. 사실 애니아는 엄마와 가깝게 지내고 싶은 마음이 별로 없는 것 같다.

이런 식으로 가늠해 보는 것이 불안한 순간에 당신을 온전히 진정시키기에는 충분하지 않을지도 모른다. 그렇지만 일단 이 상황이 실제로 전혀 위험하지 않다는 것을 인정하면, 당신의 신경계를 평온하게 만들 다른 자원들을 사용하는 다음 단계로 나아갈 수 있다. 또 당신은 현재와 연결되도록 돕는 다음과 같은 문구들로 내면에 거듭 상기해 줄 수도 있다. 나는 원할 때면 언제든 떠날 수 있다. 나는 경계를 설정할 수 있다. 나는 목소리를 낼 수 있다.

그라운딩

'그라운딩'grounding은 나 자신은 물론 내담자들 대부분이 소중하게 생각하는 도구로, 오감을 사용해 현재 순간 및 자신과의 연결을 유지하는 훈련이다. 이것은 나와 내담자들이 인내의 창으로 돌아갈 필요가 있을 때 주로 사용하는 도구 중 하나다. 이 훈련의 기본 개념은 어떤 판단도 하지 않고 감각 정보들에 주의를 기울임으로써 신경계를 진정시키고, 그럼으로써 인내의 창으로 다시 돌아가는 것이다.

예를 들어 나는 내담자들이 압도당하는 상황이 오면 '나는 의식하고 있어요'I Am Aware라는 이름의 훈련을 진행한다.[10] 먼저 내담자들이 감각을 통해 의식한 바를 말하게 하는데, 대답은 일반적으로 이런 식이다. "이 방의 온도를 의식해요. 벽의 질감을 의식하고, 발밑에 있는 땅의 단단함도 의식할 수 있어요. 귤에서 풍기는 은근한 향도 의식해요." 이 작업을 계속하다가 마침내 현재와 연결되었다고 느껴지면, 비로소 불안한 감정이나 감각들에서 놓여 안도감을 느낀다.

그렇다면 어떻게 실제 삶 속에서 경계 설정 연습을 하면서 그라운딩을 사용할 수 있을까? 세라의 경험을 함께 살펴보자.

선택권이 있음을 배우기

3주간의 치료를 진행하면서 세라가 정말 영리하고 자비로운 사람이라는 사실을 알았다. 하지만 그녀는 '아니요'라고 말하기를 극도로 두려워했다.

"세라, 뭔가 변화를 주려고 하는데요." 내가 말했다. "오늘 이 방에서 제 의자 위치를 좀 바꿔 줄래요? 직감적으로 어디가 편하거나 불편한지 한번 알아차려 보세요. 예를 들어 제가 정면 맞은편에 앉는 게 좋아요, 아니면 한쪽으로 살짝 옮겨 앉는 게 좋아요?"

세라는 죽은 듯이 조용했다.

"음, 잘 모르겠어요. 선생님이 치료사니까 직접 선택하시는 게 어때요?" 그녀가 마침내 말문을 열었다. "제가 원하는 걸 말하면 뭔가 잘못하고 있다는 느낌이 들 것 같아요. 그러니까, 제가 선생님을 판단하고 있었다거나 하는 생각을 하실 것 같아요."

내가 물었다. "세라, 마음으로 몸 스캔을 하면 감각들이 몸의 어느 부분에서 인지되나요?"

"아이고, 저는 전신에서 느껴요. 특히 심장이 뛰고 숨이 차요. 목에서 뭔가가 잡아당기는 이상한 감각도 느껴지고요." 그녀가 말했다.

이 정보들로부터 우리는 세라가 인내의 창 바깥으로 나갔다는 사실을 짚어 낼 수 있었다. 그래서 나에게 '아니요'를 말해도 괜찮다는 사실을 믿기가 어려운 것이다.

일단 이 사실을 깨달은 후, 세라는 주의 조절 훈련을 하면서 자신이 지금 여기서 안전하다는 사실을 인지해 갔다. 그리고 나는 그 다음 단계로 그라운딩 훈련을 시작하게 했다. 나는 세라에게 그 방에서 보고, 듣고, 냄새 맡는 것들을 말하도록 했다. 잠시 시간을 들여 현실에 기반을 잡고 난 뒤 그녀는 우리가 만나는 회기 동안 자신에게 정말로 의자 배치를 결정할 선택권이 있음을 깨달았다.

그날 세라는 의자 배치가 어땠으면 좋겠는지를 내게 말해 주었고, 이후에도 선호가 바뀌면 언제든지 얘기해 주었다. 한번은 내 의자가 자신의 것보다 더 높은 게 마음에 안 든다고 말했는데, 이날의 일은 우리가 거둔 소중한 승리로 기억된다.

몇 달 후 세라는 오랜 친구와 저녁 식사를 하는 도중에 자신이 배운 것을 실습할 기회가 생겼다고 했다. 세라의 설명에 따르면 그 친구는 친절하지만 때로 지나치게 상대 의견을 무시하고 자기 의견을 관철시키고는 했다.

"제가 이 나라에서 무슨 일이 벌어지고 있는지를 너무 모른다는 말을 세 번이나 듣고 나니, 인내의 창 바깥으로 나가고 있는 제가 느꺼졌어요. 그래서 화장실로 갔죠." 세라가 말했다. "거기서 잠시간 캔디스는 내 친구이지만, 나는 성인이고 나 자신을 변호할 권리가 있다는 사실을 떠올렸어요. 그리고 논리적으로 생각할 때, 일어날 수 있는 최악의 상황은 친구가 내 말에 동의하지 않는 거였어요." 세라는 이런 식으로 주의 조절을 이용해 자신이 안전하다는 사실을 기억했다.

이어서 세라는 그다음 짧은 순간에 간단히 몸 스캔을 하며 목에서 느껴지는 감각과 심장 박동을 인지하게 된 이야기를 들려주었다. 그녀는 감정에 완전히 잠겨 버리지 않고 그 감정 곁에 머물러 있었다. 그리고 나서 남은 시간 동안 세면대에서 손을 씻으며 피부의 감각을 느꼈다. 이것이 바로 우리가 연습했던 그라운딩이다.

"자리로 돌아갈 즈음에도 여전히 두렵긴 했어요. 하지만 이번에는 '아니요'를 말하지 못하는 아이가 아니라, 나 자신이 된 느낌이었어요. 캔디스가 같은 이슈에 대해 다시 거들먹거리길래, 저는 그녀의 의견을 이해하기는 했지만 동의하지 않는다고 말해 줬어요. 그리고 다른 화제로 넘어가자고 했죠."

세라는 자기 목소리를 사용했고 몸과 연결되어 있었으며 친절하지만 단호하게 자기 경계를 표현했다. 친구여, 이것이 바로 부드럽게 해 보기가 드러나는 모습이다.

당신은 생각보다 더 잘하고 있다

많은 이에게 경계 설정이 두려운 일이라는 말은 결코 과장이 아닐 것이다. 사람을 실망시키는 것은 힘든 일이다. 그리고 사실을 말하자면 당신은 한계 설정을 연습하다가 실제로 이런저런 실수를 저지를 수도 있다. 실제는 '아니요'이면서 말로는 '그래'라고 말해 버린다거나, 때로는 너무 많은 일을 떠안으면서 말이다. 하지만 핵심은 완벽함이 아니다. 중요한 것은 자신의 목소리, 한계 그리고 경험을 존중하는 능력을 회복하는 것이다.

나는 경계 설정이야말로 내 정서 건강에 필요한 본질적 요소임을 배웠다. 그리고 이것 없이 나에게 너그러워지는 삶의 태도로 나아갈 방법은 그야말로 존재하지 않는다. 하지만 나 역시 때때로 나의 실제적 한계에 귀 기울이는 일에 실패하곤 한다. 그때 필요한 건 무엇인지 아는가? 바로 연민이다. 내 목소리를 내는 것은 용기 있는 일이고, 내 경험을 존중하는 것은 신성한 훈련임을 기억한다. 왜냐하면 우리 모두 영원히 인간성을 입고 살아갈 존재이기 때문이다.

나는 당신이 어렸을 때는 많은 선택권을 갖지 못했지만, 지금은 선택권을 가지고 있음을 기꺼이 인정할 용기를 얻기 바란다. 당신은 스스로를 지금 이 순간에 기반하게 하고, 당신의 몸을 차분하게 유지하고, 그럴 준비가 되었다면 당신의 전전두엽 피질과 연결되게 하는 데 필요한 자원을 가져다 쓸 수 있다. 이 전전두엽 피질은 당당하게 건강한 한계를 설정하라고 하나님이 당신에게 주신 것이다.

경계 설정을 훈련하면서, 또한 자기 이야기를 존중하고 안정 애착을 발전시키고 자기 인내의 창을 의식하면서 당신은 생존 모드를 벗어날 출구를 발견할 것이다. 친애하는 독자여, 우리는 이를 악물고 버티는 삶을 떠나도록 초대받고 있다. 한때 그것이 우리에게 물리적·정서적 안전을 보장해 주었을지라도, 그보다 새롭고 너그러운 길이 우리에게 열려 있기 때문이다. 이제 책의 후반부를 펼쳐, 다음 질문을 다룰 시간이 되었다. 바로 지금 어떻게 부드럽게 해 보기 작업을 시작할 것인가?

부드럽게 해 보기

먼저 주의 조절 능력을 키우기 위해 지금 여기에서의 경험을 관찰하는 습관을 만들기를 권한다. 예를 들어 세라처럼 어떤 사람이나 방이 안전한지, 당신이 어떤 선택권을 가지고 있는지 가늠할 수 있을 것이다. 이것은 추후에 격렬한 반응이 촉발될 때 이 정보에 접근하는 것을 돕는다.

당신을 혼란스럽게 만드는 것이 무엇인지에 따라 다음 질문들에 답하면서 주의 조절 능력을 키울 수 있다.

1. 내 주변 환경은 안전한가? (문은 닫혀 있다. 나는 더 이상 부모님과 함께 살지 않는다. 현재 함께 지내는 사람들은 신뢰할 만하다. 그 이유는 _____이기 때문이다.)

2. 이제 내가 성인이라는 사실을 기억하게 해 주는 것은 무엇인가? (나는 직업이 있다. 부모가 되었다. 대학교를 졸업했다. 문제가 발생하면 그것을 해결하는 방법을 알고 있다.)

3. 내게 선택권이 있음을 기억하게 해 주는 것은 무엇인가? (나는

언제든 이 식당을 나갈 수 있다. 원한다면 이 대화를 끝낼 수 있다. 도움을 요청할 수 있다.)

그라운딩 훈련

시작하기 전에, 몸 스캔[11]을 하면서 자신이 몸과 연결되어 있다는 느낌이 드는지 마음으로 의식해 보라. 레이저 광선이 발끝에서 시작해 머리까지 올라오며 몸을 스캔한다고 상상해 보라. 호흡을 느낄 수 있는가? 따끔거림이나 여타 감각이 의식되는 부위가 있는가? 그것들의 원인이 무엇인지 찾아내려 하며 염려하지 말라. 지금 할 일은 그저 그 감각들을 알아차리는 것이다.

다음으로 현재 환경에 연결되기 위해 다음 지시대로 해 보라.

보이는 사물 다섯 가지를 말해 보라.
만질 수 있는 사물 다섯 가지를 말하고, 만져 보라.
들을 수 있는 사물 다섯 가지를 말해 보라.
냄새 맡을 수 있는 사물 두 가지를 말해 보라.
맛볼 수 있는 사물 한 가지를 말해 보라.

이제 몸 스캔을 반복하라. 뭔가 달라졌다고 느껴지는가? 단절되거나 압도되는 느낌이 들기 시작할 때 이 훈련을 하면 인내의 창 안으로 돌아가는 데 도움이 될 것이다.

경계 대본

경계를 세우는 일이 생소하고 상처 입을까 봐 염려된다면, 여기 당신을 지지해 줄 몇 가지 방식이 있다.

1. 당신의 인내의 창을 의식하라. 압도되는 느낌이 들기 시작하면 휴식을 위해 그라운딩 훈련으로 돌아가라.

2. 함께 있으면 편안하고 안전감이 느껴지는 사람과 먼저 경계 설정을 연습하라. 그 사람은 치료사일 수도 있고 친구나 배우자가 될 수도 있다. 이 방식을 의도적으로 사용하면서, 당신에게 좋게/더 낫게/최상으로 느껴지는 것에 이름을 붙이고 그것이 어떤 경험인지를 알아차려 보라. 또한 당신의 한계가 어떤 식으로 존중받고 있는지를 관찰하라.

3. 자기만의 대본을 만들어 보라. 예를 들어 '그래요'라고 말해 버리기 전에 시간을 벌 수 있는 편안한 문구를 찾아보라. '한번 생각해 볼게요.' '일정을 확인해 볼게요.' 등이 처음에는 괜찮을 것이다.

4. 가족에 관한 어려운 질문에 답하는 일이나 시간 약속 등, 경계를 설정하기가 특히 어려운 영역이 있다면 그 주제와 관련한 대본을 만들어 보라.

5. 경계 훈련을 시작할 때 당신의 한계가 언제 무시되는지를 인지하라. 이 정보를 잘 이해하면 그 사람들과의 관계에 경계를 설정할 힘을 얻을 수 있다. 예를 들어 당신이 '아니요'라고 말했을 때 상대가 의도적으로 죄책감을 불러일으키거나 앙심을 품는다면, 당신은 그 사람을 만나는 시간을 줄이거나 대화하는 시간을 정서적 에너지가 있을 때로만 제한할 수 있다. 만약 누군가가 당신의 경계를 계속 무시한다면 이렇게 말하는 것도 고려할 수 있다. '내가 _____ 을 할 수 없으면 실망스럽다는 거 알아요. 그렇다고 그런 뒤에 _____ 라는 식으로 말하면 정말 화가 나요. 제발 그만 좀 해 줄래요?' 그렇게 말했는데도 그 사람이 행동을 적절하게 수정하지 않는다면, 그것은 더 강한 경계가 필요하다는 신호다.

2부

훈련

아름다움을 찾을 때,

우리는 주의를 기울이는 법을 배운다.

6장

주의를 기울이며 부드럽게 해 보기

이봐요, 그렇게 실낱같은 숨을 쉬면서
살아 있다고 말하는 거예요?

메리 올리버, "저 검고 긴 나뭇가지들 사이로 들어가 본 적 있나요" *Have You Ever Tried to Enter the Long Black Branches*

몇 년간 이차성 난임으로 극심한 고통을 겪고 있던 어느 날, 우리 부부는 임신 사실을 확인하며 환희로 가득 찼다. 그전까지 우리는 내 임신 가능성이 겨우 1퍼센트 정도라는 이야기만 듣고 있었다. 나는 시상식에 상을 받으러 가는 사람처럼 들뜬 마음으로 7주차 초음파 검사를 받으러 갔다. 하지만 병원에서 나오는 내 마음은 절망에 휩싸였다. 의사는 매우 조심스럽게 전하려 애썼음에도 내게는 청천벽력 같았던 소식은, 우리 아기가 자라고 있지 않다는 것이었다.

우리가 할 수 있는 일은 오직 아기가 다시 자라는 기적이 일어나는지를 지켜보며 기다리는 것뿐이었다. 그래서 우리는 기다렸다. 한 주를 기다렸고, 다시 두 주를 기다렸다. 우리에게 희망이 다시 솟은 것은 두 번째 초음파 검사에서 아기가 살짝 자란 것을 확인하고서였다. 우리는 기도가 응답받았음을 확신했다. 그러다 3주 후 우리는 다시 아기가 자라지 않는다는 이야기를 들었고, 그다음 초음파 검사에서도 더 이상의 변화는 없었다. 언젠가는 내 품에서 숨 쉴 아기를 초조하게 기다리는 24일간의 매 순간이, 진창에서 발을 질질 끌며 걷고 있는 느낌이었다. 나는 당시 네 살이었던 첫째를 매일 돌보면서, 현재에 머물려 했지만 해리와 혼미함과 싸워야만 했다. 그리고 마침내 우리는 답을 얻었다. 우리 아기는 어쨌든 이 땅에서는 살지 못할 것이다.

찢어지는 마음으로 자궁긁어냄술 예약을 잡았다. 그리고 바로 그때였다. 수술 전날, 이 세상에 존재하는 새로운 방식을 배우기 위해 그간 해 온 모든 작업이 꽃을 피웠다. 나는 스스로에게 물었다. **오늘 내가 할 수 있는 가장 부드러운 일은 무엇일까? 이 고통을 지나는 동안 나에게 필요한 건 무엇일까? 내일은 충격적인 날이 되겠지만, 그것이 해결되지 않은 트라우마로 남지 않게 하려면 무엇을 해야 할까?**[1] 그리고 나 자신을 넘어서 친구들과 교회 그리고 예수님께 도움을 요청했다.

그러니까 나는 난생처음으로, 가장 힘들고 암울한 경험 중 하나를 통과하면서 스스로를 너그럽게 대하는 것을 허용했다. 그날 아침 나는 마티아를 베이비시터에게 맡기고 혼자 영화를 보러 갔다. 코미디 영화를 보면서 눈물을 흘렸고, 간혹 웃기도 했다. 영화가 끝난 후에는 잠시 무작정 이곳저곳을 걸어 다녔다. 찬양을 들었고, 기도했다. 언니와도 이야기했는데, 언니는 내가 온화한 태도를 유지하도록 다시 일깨워 주었다. 그리고 일찍 잠자리에 들었다. 그날 나는 자신을 너그럽게 대했다.

다음 날 나는 내 생애 처음이자 유일한 수술을 하면서, 태어나지 못할 아이에게 작별 인사를 했다. 작별은 몇 주, 몇 달이 걸렸고 부드럽게 해 보기 작업도 그렇게 지속되었다. 하지만 마침내 소망을 회복하면서 내 영혼의 비통함도 풀려나갔다.

독자들이여, 나는 당신이 내 이야기에 어느 정도는 공감하는지 궁금하다. 나는 당신 역시 이런 비통함 그리고 삶이란 좀처럼 잘 풀리지 않는다는 사실에 이미 익숙해져 있으리라는 생각을 떨칠 수 없다. 아마도 당신은 오랫동안 생존 모드로 살며 그저 매 순간을 헤쳐 나오느라, 그 순간에 존재하는 법을 잊어버렸는지도 모른다.

부드럽게 해 보기를 배운다고 해서 자동적으로 수치심이나 불안, 트라우마의 고통이 삭제되지는 않는다. 사람들이 당신을 다른 방식으로 사랑하게 만들어 주는 것도 아니다. 이미 받은 상처를 제거한다거나 다른 식의 유년기를 경험하게 해 주지도 못할 것이다. 하지만 당신이 고통을 통과하는 **방식**을 바꿔 줄 수는 있다. 당신은 지금쯤 역경을 헤쳐 나가는 방식이 매우 중요하다는 사실을 알게 되었을 것이다. 우리는 부드럽게 해 보기를 통해 어떤 일이 우리의 경험에 통합되어 그 강도가 상쇄될지, 아니면 그 일이 우리를 압도해 버릴 만큼 너무나 큰 힘을 가졌는지 예측할 수 있다.

만약 내가 5년 전에 유산했다면 상당히 다르게 이 일을 경험했을 거라고 생각한다. 나는 상실을 가지고 유난 떨지 않고 겉으로 괜찮아 보이고 싶어서 아픔을 어떻게든 견뎠을 것이다. 그렇게 내면에서 차오르는 두려움과 슬픔을 무시하려고 노력하다가 결국은 엄청난 불안이 새 나오고, 이어서 결코 무시될 수 없는 것들을 무디게 만들려 했을 것이다. 하지만 이번에는 괜찮은 척하지 않고 내 몸과 영에 친절해지기 위해 최선을 다했다. 그렇다고 내가 슬프지 않았던 것은 아니다. 나는 산산이 부서졌다. 아기를 유산한 느낌은, 아이를 가지고 싶다는 꿈이 영원히 무너지는 듯한 느낌이었다.

고통을 존중하는 법(가슴과 마음과 영혼에 귀 기울이는 법)을 배우면서, 비로소 나는 친절하게 반응하며 치유를 향해 나아갈 수 있었다.

그런데 왜 이런 친절함을 배워야 하는 걸까? 만약 우리가 자기 경험에 주의를 기울이는 것은 이기적인 태도라고 인지하며 자라 왔다면(아마도 환경을 고도로 의식해야 했거나, 수치심을 느꼈거나, 우리가 나쁘다는 말을 듣곤 했기에) 우리 자신을 관찰하거나 돌보는 일은 불가능하기 때문이다. 그런 우리는 결코 진정으로 치유될 수 없을 것이다.

치료사로 일하다 보면, 때로 내담자들이 자신이 겪은 고통이나 학대에 대한 가슴 찢어지는 이야기를 들려줄 때가 있는데, 그들은 감정을 설명해 달라는 내 요청에는 응하지 못한다. 자신이 느끼는 바를 말로 내뱉기가 불가능한 것이다. 또 엄청난 눈물을 쏟아 내거나 분노가 폭발하면서 이야기를 시작조차 할 수 없는 경우도 있다. 심리학자이자 작가인 크리스틴 네프Kristin Neff는 이런 사람들이 감정에 대해 "과잉동일시된"overidentified 것이라고 설명한다.[2] 이런 과잉동일시 경향은 사람들을 조절 곤란 상태에 빠뜨리는데, 이는 그들이 인내의 창 한계에 다다랐다는(혹은 거의 바깥으로 나갔다는) 말의 다른 표현이다. 내 말을 들어 보라. 두 경향 모두 나쁜 것이 아니다. 이것들은 자신에게 귀 기울이는 건강한 방식을 배우지 못했을 때 나타나는 자연스러운 대응이다.

겉으로 드러나는 표현은 다를지 모르지만, 이 내담자들에게는 자신에게 자비롭게 주의를 기울이지 못한다는 공통점이 있다. 자신의 감정을 관찰하기도, 자신을 친절하게 대하려는 마음을 갖기도 어렵다. 네프는 말한다. "'불굴의 정신'에 집착하는 사고방식으로 고통을 무시하지 말고, 멈춰 서서 자신에게 이렇게 말해 주라. '지금 정말 힘들어. 이 순간 어떻게 나 자신을 위로하고 돌봐 주지?'"[3]

우리 모두는 정말이지 자신에게 너그러워질 필요가 있다.

마음챙김: 뇌와의 연결 장치

우리가 지금까지 배운 것처럼 부드럽게 해 보기의 핵심은 자신에게 자비롭게 주의를 기울이는 태도를 개발하는 것이다. 그리고 자신을 친절하게 대하는 길로 들어서는 훌륭한 입구는 바로 마음챙김mindfulness이다. 이것은 "매 순간의 의식"moment-by-moment awareness으로 정의되기도 한다.[4] 연구에 따르면 그라운딩처럼 마음챙김이라는 도구가 강력한 효과를 가지는 이유는 주의를 기울이는 행위가 심지어 성인기에도 실제로 뇌를 형성하기 때문이다.[5] 부드럽게 해 보기를 배우기 위해서는, 뇌와 몸의 기능 방식을 재배선rewire(오랫동안 일정한 패턴으로 자극에 반응한 것을 변화시켜 새로운 뇌 신경 회로를 따라 정보가 흐르게 하는 것—편집자)하기 위해 자비롭게 주의를 기울이는 것을 일차적 도구로 사용해야 한다.

일반적인 마음챙김 훈련은 판단 없는 주의nonjudgmental attention라는 개념에 기반하며, 많은 그리스도인이 하나님과 연결되려는 의도로 마음챙김을 한다.[6] 시편 123:1-2(메시지)을 살펴보자.

> 하늘에 계시는 하나님, 주님을 바라봅니다.
>   도움을 바라며 주님을 앙망합니다.
> 주인의 명령을 기다리는 종처럼,
>   마님의 시중을 드는 하녀처럼,
> 우리, 한시도 눈을 떼지 않고 숨죽여 기다립니다.
>   주님의 자비의 말씀을 기다립니다.

수 세기 동안 기독교 신비가들과 관상가들은, 자신뿐 아니라 하나님의 매 순간의 현존에 주의를 기울이기 위해 향심 기도centering pryaer(관상 기도의 일종—편집자), 호흡 기도(호흡과 함께 '주님 내게 자비를 베푸소서'라고 말하며 드리는 기도—편집자), 성경 묵상, '렉시오 디비나'*lectio divina* 같은 다양한 영성 훈련을 했다. 예수님도 그분 안에 머무르는 것을 통해 현재를 살아가도록 우리를 초청하신다(요 15:4을 보라). 그리고 우리 마음이 걱정으로 가득해지기 시작할 때, 하나님이 우리를 영원히 돌보고 관심 가지신다는 사실을 상기할 수 있도록 주변의 새와 꽃들을 의식하라고 말씀하신다(마 6:26-28을 보라).

마음챙김에서 의식하는 대상은 외적인 것 **그리고** 내적인 것을 모두 포함한다. 이것이 바로 기독교적 관상 훈련과 세속적/비기독교적 훈련의 의미가 서로 겹치는 한 가지 이유다. 서구적/세속적 마음챙김 수행가들은 그저 있는 그대로를 수용하려고 한다. 그렇다고 해서 우리 그리스도인이 이런 관찰 훈련을 두려워할 필요가 없는 것은, 하나님이 이 모든 것을 붙들고 계심을 알기 때문이다. "만물이 그에게서 나고, 그로 말미암아 있고, 그를 위하여 있습니다. 그에게 영광이 세세에 있기를 빕니다. 아멘"(롬 11:36).

가톨릭 사제 리처드 로어는 이렇게 설명한다. "당신이 존재한다면present 결국은, 그리고 항상 그분의 현존the Presence을 경험할 것이다."[7] 어떤 식으로 현존과 주의력을 이해하든지, 이것이 인간이 이 세상에 존재하는 데 유익한 방식이라는 것은 명백하다.

그렇다면 어떻게 뇌에서 민감하게 반응하는 주의력을 기르게 할 것인가? 수많은 고차원적 사고와 마찬가지로, 주의를 기울이는 일에서 단순한 대응reactive이 아닌 반응responsive을 유도하기 위해서는 전전두엽 피질의 역할이 중요하다. 전전두엽 피질은 무엇이 유익하고 무엇이 그렇지 않은지를 판독하도록 돕기 위해 내면에서 잘 조율된 부모 역할을 한다.

피질의 기능 중 하나가 "생각에 대해 사고하는 것"임을 기억하라.[8] 어떤 의미에서 피질은 주의를 기울이는 능력을 얻는 곳이다. 무언가를 택해서 그것을 관찰할 때 우리는 뇌의 꼭대기 부분을 개입시켜 주의력을 사용한다. 예를 들어 나는 특정 종류의 통화를 하려고 마음먹을 때마다 어떤 공포감을 경험한다는 사실을 주의를 기울여 알아차릴 수 있다. 만약 내가 인내의 창 안에 있고 전전두엽 피질이 작동 중이라면, 경험에 압도되지 않고도 몸에서 느끼는 감각을 관찰할 능력이 있다.

페마 초드론Pema Chödrön은 다음과 같은 은유로 마음챙김의 역

일상에서 하는 마음챙김 훈련

- 수도꼭지 아래 손을 놓고 물의 온도를 의식해 보라. 손을 씻으면서 다양한 감각을 의식하라.
- 바깥으로 나가 잔디 위에 맨발로 서 보라. 그 감촉과 색조 등을 의식하라. 나무에 달린 잎사귀들을 의식하고, 그 수를 세 보라. 각각의 모양과 색을 인식하라.
- 5초 동안 사랑하는 사람을 껴안아 보라. 당신의 호흡과 심장 박동, 그에 따라오는 어떤 감정을 인식해 보라.
- 다음 성경 구절을 묵상하라. "내 사는 동안 날마다 주님의 아름다움과 사랑이 나를 따르리니, 나, 하나님의 집으로 돌아가 평생토록 그곳에서 살겠습니다"(시 23:6, 메시지).

동을 설명한다. "당신은 하늘이다. 다른 모든 것은 그저 날씨일 뿐이다."[9] 편도체의 반응에 "정서적으로 장악되지 않고"[10] 무언가를 관찰하는 능력은, 경험이 불러일으키는 강렬함에 압도되지 않고서 천천히 주의를 기울이는 법을 배우게 한다.

연구에 따르면 뇌의 한 부분을 활용하고 강화하면 그 부분의 회백질이 증가한다고 한다.[11] 마음챙김을 많이 할수록 그것은 더 쉬워지고, 그에 따라 전전두엽 피질과 뇌의 다른 영역들의 회백질도 증가한다.[12] 아마도 이런 이유로 치료적 관점에서 볼 때 일반적으로 마음챙김 훈련이 정신 건강에 중대한 유익을 끼친다고 할 수 있을 것이다. 그 유익은 다음과 같다.

- 스트레스 감소
- 만성 통증 감소
- 정서 조절 능력 향상
- 연민의 확장
- 호기심 증가

우리는 주의를 기울이도록 창조된 존재

이며, 주의를 기울이는 것은 뇌가 온전히 통합되도록 돕는 훈련이다. 하늘, 보도에 생긴 작은 틈, 꽃들의 강렬한 색에 주의 기울이는 법을 배우는 일은 호흡의 빈도나 몸 전체에서 느끼는 감각에 귀 기울이는 일로 넘어가는 가교 역할을 한다.

작년에 마음챙김이 포함된 훈련 프로그램에 참여했는데, 그날의 강사는 다양한 유형의 의식 훈련을 진행했다. 우리는 처음에는 방 전체를 의식하다가, 다음에는 주의의 초점을 아름다운 붉은 꽃 한 송이에 두었다. 그리고 나서 강사가 몸의 한 지점에 집중하도록 지시하자, 나는 어깨에서 중립적으로 느껴지는(통증이 없는) 특정한 위치를 알아차렸다. 그리고 마지막으로 마음속으로 몸 전체의 그림을 그리면서 모든 부위에서 어떤 일이 일어나고 있는지를 의식하려고 노력했다. 내 경우는 꽃에 그리고 몸의 한 부분에 초점을 맞추는 일이 가장 쉬웠다.

성공적인 마음챙김의 비결은 판단 없이 의식하는 자세로 관찰의 대상을 수용하는 것이다. 우리 의식 안에 있는 내용에 대응하기보다는 그저 그것을 알아차리면서 말이나. 내 경험상 이 지점이 매우 힘들다. 하지만 친구여, 이것이 부드럽게 해 보기로 나아가는 핵심 단계다. 주변의 모든 것들에 고도로 비판적인 자세를 유지하는 한, 자신과 타인을 향한 연민으로 나아가는 일은 요원하다.

다양한 훈련들을 검토하는 가운데 자신의 인내의 창을 고려하는 것도 중요하다. 몸에 주의를 기울이는 것만으로도 불쾌한 생각과 감정이 일어날 수 있기 때문에, 이 기술은 안전하고 숙련된 임상가와 함께 사용할 필요가 있다. 내 남편은 얼마 전부터 좀 더 주의 깊게 자신의 삶에 접근하려고 시도하고 있다. 그러면서 우리는 경험하는 내용들을 즉각적으로 판단하거나 바로잡는 태도를 버리기가 얼마나 힘든지를 두고 많은 대화를 나누고 있다. 한 예로 브렌던은 우리 집 식탁에서 좋아하는 커피를 마실 때보다 교통 체증이 심한 도로 위에서 마음챙김을 할 때 더 많은 집중이 요구된다는 사실을 발견했다. 정말이지 그렇지 않겠는가? 두 상황 모두에서 마음챙김은 유익하지만, 한 상황이 다른 상황보다 더 많은 훈련이 요구된다. 특정 형태로 의식하는 것이 다른 경우보다 더 쉽고 편안하다고 느끼는 것은 매우 정상적이며, 중요한 것은 주의를 기울인다는 사실 그 자체다.

주의를 기울이는 접근 방식을 취하는 것은 좋은 훈련이다. 뇌가 학습을 통해 발달시키는 모든 것이 그렇듯, 이 태도를 기르는 데도 시간이 걸린다. 하지만 이 기술은 근육처럼 키워 갈 수 있다. 그러니 계속 매진하기를 바란다.

가만히 있어 알지어다: 주의의 힘

콜린은 어린 시절에 심각한 관계적 트라우마를 겪었다. 겨우 여섯 살이었을 때 엄마가 교통사고로 돌아가셨고, 이후 아빠는 재혼을 했다. 함께 살게 된 새엄마는 그녀가 하는 모든 행동을 비난했다. 콜린은 아빠에게 여전히 친밀함을 느꼈지만, 고압적인 새엄마의 존재로 인해 시간이 갈수록 아빠마저 잃은 듯한 느낌이 들었다. 그녀와 함께 작업하는 동안 나는 자신에게 주의를 기울이고 자비롭게 대하기를 배우는 것이 얼마나 중요한지 설명했다. 처음에는 자신이 이미 너무 자기만 아는 사람이라며(이것은 새엄마가 늘 그녀에게 한 말이었다) 내 제안을 거절했다. 하지만 사실은 그녀의 인내의 창이 좁아서 상황이 인내할 수 있는 것에서 인내할 수 없는 것으로 급격하게 바뀌었을 뿐이다. 그래서 결과적으로 때때로 그녀를 압도하는 강렬하고 감당하기 힘든 감정에 사로잡히고, 그로 인해 자기 몰입이 심하다는 느낌이 든 것이다. 이것이 수치심을 불러일으켰고, 그다음에 어떤 일이 일어났는지 알겠는가? 그녀는 감정을 무시하고 무감각해지고자 훨씬 더 열심히 노력했고, 그러다 결국 다시 밀려오는 감정에 잠겨 버렸다. 그리고 이 순환은 끝없이 반복되었다.

우리는 특히 어린 시절에 양육자와 맺은 관계가 타인과 하나님과 세상을 대하는 방식에 극적으로 영향을 미친다는 사실을 안다. 만약 당신이 자신에게 주의를 기울이는 것이 이기적인 태도라고 배웠다면, 혹은 불안정 애착이 형성되었거나 관계적 트라우마를 견뎌야 했다면, 자신의 경험은 중요하지 않다는 신념이 내면화되었을 가능성이 크다.

나는 젊은 여성으로 교회에 소속되면서 의도적이든 그렇지 않든 이런 신념을 강화하는 메시지를 많이 들었다. 자신에 대해 죽어야 한다는 말을 들으면 나는 즉각 그 말을 나의 내적 세계를 이해하려는 노력이 이기적인 행동이라고 이해해 버렸다. 하지만 솔직히 나는 내가 이미 죽었다는 말을 상상할 수 없듯이 자신에 대해 죽었다는 말 또한 이해할 수 없었다.

나는 늘 내 안에 있는 무언가에게서 끊겨 있다는 느낌을 받으며 살았다. 많은 사람과 함께 있거나 강렬한 감정이 일어나는 장소에 있다가 돌아오면, 다시 나 자신처럼 느껴지기까지 혼자 오랜 시간을 있어야 했다. 이런 현상이 뭔가 중요한 것을 가리키는 신호임은 알았지만, 그것이 무엇인지 정확히 짚어 낼 수는 없었다. 그러는 동안 다른 사람들에게서 발견한 입력 신호는, 내가 나에 대해 신경 쓰지 말아야 한다는 것이었다. 나는 너무 과했다.

내게 정말로 필요했던 것은 내가 나에게 너그러워질 수 있도록 (이것은 또 하나의 중요한 성경의 사상이다), 내 안의 겁먹은 어린 소녀가 늘 힘들게 밀어붙이지 않도록 달래는 것을 도와줄 누군가였다. 그리고 그 누군가는 수년 후에 비로소 만난 나의 치료사(치료사에게도 치료사가 필요하다)였다. 그는 내가 얼마나 오래 내면의 경험과 단절되어 있었는지 이해하도록 도와주었다. 나는 주변 환경에 귀 기울이는 식의 대처 기술을 너무 과도하게 사용한 탓에, 나의 경험과 연결이 끊어진 채 평생 이를 악물고 버티는 삶을 살아왔다. 이런 과민증으로 신경계가 탈진되면 종종 불안과 공포와 목의 통증에 시달리곤 했고, 이런 내가 너무 싫어서 다음에는 더 열심히 밀어붙이곤 했다. 이런 면을 과연 극복할 수 있을까 회의하고 시종일관 타인의 기대에 초점을 맞추면서 말이다.

나에게 신경을 *끄는* 것이 답이 아님을 나는 배웠다. 도리어 나의 가장 진실한 부분에 귀 기울이는 법을 찾는 것이 내게 필요했다. 자신이 아닌 타인을 섬세하게 의식하는 것은 선하고 숭고한 일처럼 보이지만, 사실 그렇지 않다. 자신의 내적 세계에 주의를 기울이지 않으면 정서적 소진과 탈진, 정서 조절 곤란, 만성 통증에 취약한 상태가 되고 만다.[13] 뇌는 우리가 의식하는 것을 중심으로 형성되기 때문에, 마음과 몸이 우리에게 말해 주는 바를 더 효과적으로 잘 듣고 반응하는 일이 무엇보다 중요하다. 이것이 바로 부드럽게 해 보기의 여정이다.

주의를 기울이며 살아가는 법

콜린과 함께 한 작업의 목표는, 강렬한 감각을 단순히 의식하는 것과 그것에 대해 주의 깊은 태도를 유지하는 것은 다르다는 핵심을 이해하는 일이었다. 바깥에 나가 폭풍우 한가운데 꼼짝 없이 서 있는 상황과 안전한 집 안에서 다가오는 폭풍에 대한 기상 예보를 시청하는 상황의 차이를 상상해 보라. 폭풍을 맞고 있다면(게다가 우산도 없이) 당신이 취할 수 있는 것은 대응뿐이다. 하지만 폭풍이 다가오고 있음을 아는 상황이라면, 집에 머물러 있거나 나가는 길에 비옷을 챙기면서 위협 상황에 반응할 수 있다. 단순한 대응이 아니라 의도를 가지고 반응하는 것이다.

점진적으로: 진자운동

만약 당신이 이렇게 삶에 주의를 기울이며 현존하는 접근법을 취하기 시작했다면, 과정이 좀 버겁게 느껴져도 괜찮다는 사실을 아는 것이 중요하다. 당신은 자비롭게 주의를 기울이며 부드럽게 해 보기를 배우는 가운데, 자기에게 맞는 속도를 찾아가야 한다. 진자운동pendulation은 자유롭게 그 속도를 찾을 수 있게 도와주는 훈련이며, 콜린에게도 이것을 지도해 주었다.

몇 년이나 함께 작업했지만, 콜린의 인내의 창은 여전히 너무 좁았다. 하지만 그녀는 배가 조여 오고 마치 진흙탕을 걷는 듯 몸이 무거워지는 것을 알아차리면서 자신이 인내의 창 바깥으로 기어 나가고 있음을 인지하는 법을 배웠다. 그리고 상담 도중에 내 말을 중단시키고 불쑥 그라운딩 훈련을 하자고 말을 꺼낸 것은 상당한 진전이었다. 그만큼 자신에게 귀를 기울이고 있다는 의미였기 때문이다. 때로 그녀는 그저 안전하고 연결되었다는 느낌을 얻기 위해 어떻게 반응해야 할지 알고 싶어서 자리에서 일어나 상담실 안을 돌아다니기도 했다.

그녀의 일상에서 가장 중요한 주제는 거절이었다. 그 주제에 대해 몇 분간 이야기를 나눌 수는 있었지만, 고통스러운 애착 형성의 역사로 인해 그녀는 몸과 단절되는 법을 학습한 상태였다. 이야기를 더 깊이 파고들수록 그녀는 여전히 자신을 괴롭히는 고통의 무게로 인해 계속 자기 안으로 비집고 들어가는 모습을 보였다. 그렇게 올라온 감정을 그녀는 '블랙홀'이라고 불렀다. "주의를 기울이고 싶어요. 그런데 그렇게 하는 순간 기분이 더 엉망이 돼요!" 그러고는 서럽게 울었다.

자신에게 자비롭게 주의를 기울이고자 하는 콜린에게, 이 불안감을 주는 문제가 발생할 때 사용할 접근법으로 진자운동을 소개해 주었다. 한 회기에서 그녀는 분홍색 난초를 선택해 초점을 맞추면서 그 꽃의 질감과 밝은 색깔을 수용하는 시간을 가졌다. 그러면서 얼마나 가볍고 자유로운 느낌이 드는지를 인식했다.

이후로 그녀는 깊은 상실의 문제를 처리해야 할 때 진자운동을 훈련했다. 처음에는 분홍색 난초(진정 효과가 있고 힘을 불어넣어 주는 구체적 사물)에 주의를 집중했다가, 현재 삶에서 느껴지는 거절감이나 그

거절감을 생각할 때 가슴이 조여 오는 느낌 같은 불안으로 초점을 옮기는 것이다. 그녀는 이 힘든 작업을 하면서 난초라는 자원을 '가져올' 수 있었고, 너무 압도되는 순간에는 얼마든지 이 자원으로 초점을 옮겨 올 수 있다는 사실을 기억했다.

콜린은 난초라는 자원과 연결되는 시간을 먼저 가짐으로써, 불편한 감각과 일시적으로 연결되는 순간에도 인내의 창 안에 안정적으로 머물 수 있었다. 두 목표물 사이를 오가며 몇 분을 보낸 그녀는 가슴 통증의 강도가 약해졌다고 말했다.

자신에게 자비로운 주의를 확장하는 일이 다소 버겁게 느껴진다면, 콜린처럼 스스로를 너그럽게 대하면서 편안하고 불편한 감각이나 정서 사이를 오가는 훈련을 해 보라. 부드럽게 해 보는 작업은 이 악물고 버티는 방식으로 이루어지지 않는다. 이야기의 가장 힘든 부분을 수용하는 법을 점진적으로 배워 가다 보면, 어느새 고통의 강도는 약해지고 당신은 앞으로 나아가게 **될 것이다**. 삶의 어두운 영역에 있을 때 붙잡아야 할 진실은, 그 안에서도 당신은 선함과 어렴풋한 빛을 발견할 수 있고 그래야 한다는 것이다.

아름다움 찾기

우리의 관계가 시작되던 무렵부터 남편은 내가 얼마나 노을을 사랑하는지 알고 있었다. 노을은 바로 눈앞에서 펼쳐지고 있는 선함을 알아차리도록 우리를 초대하며 늘 나를 매료시켰다. 나는 자라면서 저녁마다 우리 집 테라스에 앉아 웅장한 컬럼비아강이 흘러가는 모습을 지켜보곤 했다. 내가 어릴 적 살던 동네는 가파른 언덕 위에 있었고, 그중에서도 우리 집은 환상적인 경관이 펼쳐진 곳에 자리 잡고 있었다. 태평양을 향해 세차게 흐르는 강 위로 해가 질 때, 하늘빛은 점점 짙어지다가 온통 금빛이 되었다.

지금 이 글을 쓰면서 그 아름다운 노을빛을 떠올리니 눈물이 날 것만 같다. 마치 물감이 번져 나가듯 하늘은 너무도 눈부신 붉은빛과 분홍, 주황빛으로 물들었고, 나는 그 다채로운 색들을 모두 병에 담아 간직하고 싶었다. 어느덧 노을이 사라지면 황혼이 깊은 청록색과 진녹색으로 주변 산맥의 윤곽을 그려 냈고, 시간이 더 흐르면 다이아몬드가 박힌 듯 별들이 밝게 빛났다. (나는 누구든 해안가의 깨끗한 밤하늘을 한 번이라도 본다면 하나님에 대한 신앙이 되살아날 거라고 장담할 수 있다!) 우리 가족은 황혼의 하늘을 볼 때마다 농담을 주고받는다. 나는 길을 걷다가 갑자기 멈춰 서서 기가 막히게 아름다운 노을을 보라고 말한 적이 몇 번 있었다. 이제 브렌던은 아이들에게 이렇게 묻곤 한다. "밤 중에 이때가 엄마가 가장 좋아하는 시간인 거 너희 알고 있었니?" 그러면 다들 뭔가 안다는 표정으로 킥킥 웃는다. 하지만 이제는 일곱 살짜리 우리 집 꼬마도 노을이 질 때면 경이로운 마음으로 멈춰 서서 하늘을 바라본다.

실은 그랬다. 마음챙김이나 정서 조절 같은 것을 배우기 오래전부터 나는 아름다움에 대해 알고 있었다. 그것은 항상 내가 하나님과 연결되고 자기감을 획득한 방식이었다. 난초의 매력이 콜린에게 휴식을 주었듯이 아름다움은 우리 모두에게 하나의 초대이자 자원이다.

아름다움을 찾을 때, 우리는 주의를 기울이는 법을 배운다. 우리는 선함과 틈 사이로 비치는 빛을 찾으려 눈을 크게 뜬다. 나는 작고

한 아일랜드 시인 존 오도너휴John O'Donohue가 아름다움의 복잡성을 설명한 방식을 흠모한다.

> 아름다움은 단순히 멋지고 매력적인 것만을 의미하지 않는다.… 아름다움은 더 크고 단단하게 통합되어 가는 것과 관계가 있다. 그런 의미에서 나는 아름다움이란 새로이 드러나는 충만함, 우아함과 기품에 대한 더 위대한 감각, 깊이에 대한 더 깊은 감각, 펼쳐지는 생의 풍요로운 기억으로 돌아가는 일종의 귀향이라고 생각한다.[14]

내 주의를 끌고 나를 이 세상과 연결해 주는 것들은 인공적인 완벽함과는 거리가 멀다. 오히려 그런 것들은 복잡하고 다소 신비로운 측면이 있다. 내가 자비롭게 주의를 기울이는 작업을 돕는 또 다른 자원으로 아름다움 찾기를 제시하는 이유는 바로 이 때문이다. 우리가 부드럽게 해 보기를 하면서 느끼는 것은 소방 호스에서 나오는 거센 물줄기를 맞는 듯한 통증이 아니다. 오히려 당신은 아름다움을 찾는 가운데 귀향을 경험하게 될 것이다.

추적

자비롭게 주의를 기울이는 여정을 돕는 또 하나의 자원은 추적tracking 기법으로, 감각과 감정의 변화를 의도를 가지고 인식하는 것이다.[15] 예를 들어 긴장되는 회의 도중에 목의 통증이나, 어떤 사람의 슬픔에 관한 이야기를 듣는 중에 가슴 압박을 알아차린다면, 추적은 자리를 옮기거나 자세를 바꾸는 등 여러 방식으로 자신을 돌보면서 언제 통증이 경감되는지를 알도록 도와준다. 또한 추적은 목적을 가지고 이런 감각들에 반응하게 한다.

몇 년 전부터 나는 종일 내담자를 만나고 돌아올 때 긴장성 두통이 생긴다는 사실을 점점 깨달았다. 몇 년이나 지속된 통증인데도 가방을 싸서 퇴근하기 전까지는 그것을 전혀 알아차리지 못했다.

훌륭한 트라우마 치료사 밑에서 훈련을 받으면서 그 이유가 내담자를 만나는 동안은 단 한 순간도 나 자신의 경험을 추적하지 않기 때문임을 이해하게 되었다. 나는 사람들과 마주 앉아 그들에게 깊이 조율되었지만, 그 과정에서 나 자신을 잃어버리곤 했다. 실제적으로 이것은 내가 목이나 몸의 자세를 유지하는 방식을 줄곧 의식하지 못하고 몸이 나에게 보내는 허기나 갈증의 신호를 무시한다는 의미였다. 시간이 지나면서 이런 패턴은 분명히 표현하기 힘든 방식으로 큰 타격을 입혔다. 나는 내 일을 사랑했지만, 매 순간 지쳐 갔다.

이 역동에 호기심을 가지면서 마침내 나는 어린 시절에 학습했던 패턴을 단순히 반복하고 있었던 것임을 깨달았다. 그 시절 우리 가정은 대혼돈의 상태였고, 나에게는 그 혼란을 견디기 위해 외적 경험에 귀 기울여 몸의 감각을 무시하거나 해리 상태로 들어가는 것이 최선이었다. 나는 주의를 기울여야 했다. 다만 지금까지 논의해 온 방식이 아니라, 겁에 질려 이를 악물고 버티는 방식으로 말이다. 아무리 강조해도 지나치지 않겠지만 이것은 결코 당신과 내게 의도된 삶이 아니다. 그리고 이런 방식이 우리에게 끼치는 영향 또한 만만치 않다.

많은 사람이 삶의 어느 지점에서 자신을 인정하거나 자신에게 주의를 기울이는 것은 잘못이라고 배운다. 만약 내가 자기 몸의 경험에 귀 기울이는 것이 나쁘다고 말하는 사람을 만날 때마다 동전을 모았다면 엄청난 부자가 되었을 것이다. 정확히 해 두자면 내 말은 우리가 경험하는 것이 다른 사람의 경험보다 **더** 중요하다는 뜻이 아니라, 우리 경험도 다른 사람의 경험**만큼** 중요하다는 것이다. 사도 바울은 "[우리가] 스스로 마땅히 생각해야 하는 것 이상으로 생각하지 말[라고]" 격려하는데(롬 12:3), 그렇다면 우리는 자신을 어떻게 생각해야 할까? 우리는 성경에서 그 답을 얻는다. 예수님을 따르는 제자인 우리는 하나님의 형상을 지닌 자들이다. 창조주는 우리가 엄마의 자궁에 있을 때부터 우리를 아셨다. 우리는 성령이 거하시는 성전이고, 거룩한 나라의 백성이다. 그리고 (내가 가장 좋아하는 표현대로) 사랑받는 자다. 그러므로 자신의 욕구를 정직하게 가늠하는 것이야말로 자신을 "마땅히 생각해야 하는" 바대로 생각하는 것일 테다.

그렇기에 나는 심리학자이자 영성 지도자인 데이비드 베너David Benner의 다음과 같은 탁월한 표현에 감탄을 금할 수 없다.

기독교 영성에서 자기를 빼 버리면, 결과적으로 경험에 기반하지 못하는 영성이 되고 만다. 따라서 그런 영성은 현실에 기반하지 못한다. 자신에 대한 깊은 이해 없이 하나님께 초점을 맞추는 태도는 경건의 외적 형식을 낳을 수는 있겠지만, 외양과 현실 사이의 간격은 결코 좁혀지지 않을 것이다.[16]

여기서 베너는 수십 년 동안 수많은 치료사가 해 온 이야기를 잘 표현해 주고 있다. 즉 어떤 것에 대해 아는 것과 그에 대해 체화된 지식을 갖는 것은 다르다. 부드럽게 해 보기의 여정에서 호기심과 자기 인식이 너무도 중요한 이유는 바로 그런 태도가 우리 자신의 가장 깊은 곳에 있는 것들을 드러내기 때문이다.

이웃을 너 자신처럼 사랑하라

조율

내적 경험에 섬세한 주의를 기울이는 것은 자기 자비를 훈련하는 과정으로 한 걸음 내딛는 일이다. 그리고 그것은 마침내 우리를 조율된 상태, 자기 욕구에 민감한 상태로 이끌어 준다. 조율은 주의를 기울이는 것에서 시작하지만, 그것이 전부는 아니다. 조율은 하나님께서 부모들이 자녀에게 주도록 의도하신 사랑과 수용을 자신에게 제공하는 것을 포함한다. 하늘에 계신 우리 아버지는 친절하시고 민감하시며 한결같으시다. 그리고 우리를 만드실 때 우리가 혼자가 아니며 사랑받을 자격이 있는 존재라는 진실을 내면화하는 능력을 부여해 주셨다. 우리 마음의 어떤 부분에서는 이미 하나님의 선하심을 믿지만, 우리는 부드럽게 해 보기 작업을 통해 그분이 이미 우리를 바라보고 계신다고 믿는 방식을 따라 스스로를 대하고, 그럼으로써 우리 자신이 사랑받는 존재라는 실재를 더 깊이 경험할 수 있다. 나는 내 아이들이 그들을 향한 나의 사랑을 내면화하기 원한다. 그와 마찬가지로 하나님도 우리가 존재의 가장 깊은 곳에서 그분의 사랑을 알기 원하신다.

자신에게 조율하는 법에 대해 배우는 것이 본질적으로 부드럽게 해 보기의 정점에 있다. 즉, 우리의 목표는 뇌를 재배선해서 어렸을 적에 뇌가 필요로 했던 것들을 받을 수 있게 하는 것이다. 이는 자신을 재양육하고 하나님의 선한 계획에 동참하는 작업이다. 그분의 선한 계획은 우리가 사랑받고 가치 있는 존재라는 진실을 체화하도록 돕는 훈련들로 우리의 도구 상자를 채워, 우리와 가장 가까운 사람이 물리적으로 존재할 수 없을 때에도 회복되고 풍성한 삶을 살도록 하는 것이다. 우리는 다른 사람뿐 아니라 우리 자신과도 관계 맺도록 창조되었다. 따라서 우리 내면의 작업에 조율되는 것은, 부드럽게 해 보기의 다른 모든 부분을 해결하는 열쇠가 된다.

뇌는 우리가 인식하는 것을 중심으로 형성되기 때문에, 자기 조율은 우리가 자기 인간성의 심장 박동 소리를 더 잘, 더 효과적으로 듣게 해 준다. 그리고 하나님의 설계 가운데 내가 정말 좋아하는 지점이 있는데, 이는 바로 우리가 자신의 내적 작업을 해 나갈수록 이전보다 훨씬 온전하게 타인을 사랑하고 타인에게 귀 기울이는 능력이 개발된다는 것이다. 하지만 이제 우리는 **오직** 타인을 더 잘 사랑하기 위해서만 이 작업을 하는 것은 아니라고 말할 수 있다. 비록 그것이 너무나 아름다운 유익일지라도 말이다. 사실 내적 세계와 연결되고 그 세계에 반응하도록 초대받고 있는 이유는 우리가 하나님께 사랑받는 정말로 소중한 존재이기 때문이다. 그리고 이것이 진실이기에 우리는 자신의 욕구가 중요하다는 사실을 편안하게 받아들일 수 있다.

때로 나는 사람들이 얼마나 서로 깊이 연결되어 있는지와, 자신의 치유를 통해 타인의 치유를 도울 수 있다는 사실을 생각할 때마다 기쁨이 터져 나온다. 자신에게 조율하는 법을 배우는 과정은 내가 내담자들이나 가족, 친구들에게 줄 수 있는 가장 좋은 선물이 지식이나 그들에게 해 줄 수 있는 무언가가 아님을 가르쳐 주었다. 그보다 중요한 것은 체화된 자기embodied self와 연결됨으로써 가족이나 친구들과도 더 깊게 연결될 수 있다는 사실이었다. 나는 우리 사이에 자비로운 주의가 춤추게 함으로써 그들과, 그리고 나 자신과 함께할 수 있음을 배웠다.

이것이 어떻게 가능할까? 우리는 감정을 느낄 때 다른 사람에게 **공감**할 능력 또한 가지게 된다는 사실을 신경과학에서 배웠다. 이것은 대니얼 시겔 박사가 '공명 회로'resonance circuits라고 부르는 회로 복합체 내에서 일어난다.[17] '섬엽'insula이라 불리는 뇌 경로는 (5장에서 말한 거울 뉴런을 이용해) 몸에서 일어나는 내용과 타인에게 조율하는 뇌의 부위를 연결하는 역할을 한다. 그리고 나서 이 정보를 전전두엽 피질로 전송하면, 정보가 우리 의식으로 전달되는 것이다. 울고 있는 사람 옆에서 상대의 상황을 전혀 모르는데도 눈물이 나는 것을 경험한 적이 있는가? 이것은 당신의 거울 뉴런이 그 사람의 몸을 추적하고 있다가 그의 몸 안에서 일어나는 일을 당신의 몸 안에서 느끼도록 만들었기 때문이다. 자신의 내적 경험과 연결되어 있으면, 말이 개입되지 않아도 상대에게 일어나는 일의 '지도'를 만들 수 있다.

예수님은 우리에게 이렇게 말씀하셨다. "네 이웃을 네 몸과 같이 사랑하여라"(마 19:19). 이 말씀을 문자적으로 읽어 보면, 우리가 자신과 조화를 이루어 살지 못할 때 그 영향으로 타인의 경험과도 연결되기 어렵다. (물론 자신을 사랑하듯 타인을 사랑하는 신성한 작업을 수행할 때 긴장 속에서 한계를 설정해야 한다. 우리는 유한한 존재이기 때문이다.) 그리고 타인과 연결되는 이 능력을 발휘할 때 당신은 상상치 못한 아름다움을 발견할 것이다.

공간 만들기

나의 내담자 데브라는 내 눈을 똑바로 보면서 이렇게 말했다. "하지만 선생님은 이런 경험은 절대 못 해 보셨을 거예요. 그건 정말이지 나쁘고 추악한 일이었어요."

그녀의 말이 옳았다. 나는 정확히 그녀가 겪은 것과 같은 일은 경험해 본 적이 없었으니까. 하지만 살면서 다른 엄청난 충격을 주는 일들을 경험했고, 더 중요한 것은 나는 그녀가 느끼는 감정이 두렵지 않다는 사실이었다. 너무나 격렬한 감정들을 내 삶 속에서 숱하게 느껴 보았기 때문이다. 그래서 그녀에게 안전하게 느껴지는 방식으로 그녀의 고통을 증언해 주는 것이 내 역할의 한 부분이었다.

우리 모두에게는 팔을 벌려 우리가 존재할 공간을 만들어 주는 누군가가 필요하다. 가장 엉망인 상태에 있든, 최상의 상태 혹은 가장 아름다운 상태에 있든 상관없이 우리 삶을 지켜보고 우리를 아는 누군가가 필요하다. 알려짐에 대한 근본적인 욕구가 바로 우리가 함께 하도록 하는 하나님의 한 가지 방법이다.

우리는 자신의 작업을 수행함으로써 타인에게 공감할 수 있고, 이것이 타인에게 **공간을 만들어 주는** 틀이 된다. 이런 이유로 치료사들 또한 (바라건대) 훈련을 위해 치료를 받을 필요가 있다. 그래서 지도자나 부모, 목사들이 **자신의** 상처를 의식하고 감정을 다루는 작업을 하는 일이 중요한 것이다.

공간을 만든다는 것의 의미에 대한 분명한 정의는 없지만, 나는 그것을 설명할 때 사람들에게 수치심을 주거나 고치려 하지 않고 그들이 필요한 것은 무엇이든 경험하게 하는 신성한 공간을 만드는 과정으로 말하기를 좋아한다. 우리는 삶이라는 여정을 함께 떠나는 동반자임을 기억하면서 말이다.

특별히 그리스도의 몸으로서 우리는 공간을 만드는 거룩한 작업으로 초대받고 있으며, 사도 바울은 고린도후서에서 이 개념에 대해 이렇게 다룬다.

우리 주 예수 그리스도의 아버지이신 하나님을 찬양합시다. 그는 자비로우신 아버지시요, 온갖 위로를 주시는 하나님이시요, 온갖 환난 가운데에서 우리를 위로하여 주시는 분이십니다. 따라서 우리가 하나님께 받는 그 위로로, **우리도 온갖 환난을 당하는 사람들을 위로할 수 있습니다.** (고후 1:3-4, 저자 강조)

역설적이게도 우리가 자신의 깊은 감정을 다루는 작업을 해 나갈수록 더 생명력 있고 공감하는 방식으로 타인을 사랑하게 된다. 우리 앞에 있는 사람을 과제나 의무가 아닌 '이마고 데이'*imago Dei*(하나님의 형상)로 대하며 그들을 보고 공감할 수 있다.

아주 오래 나는 내가 이런 공간을 제공하는 것과 동일하게 나 자신 역시 그것을 받을 자격이 있다는 사실을 믿기 힘들어했다. 하지만 어떤 변화가 꿈틀대는 것을 느낀 적이 있는데, 우리 부부가 우리에 대한 험담을 늘어놓는 부부와 관계가 틀어지면서 오해와 외로움에 시달리던 때였다.

그때 나는 공원에서 친한 친구를 만나 아이들이 노는 것을 지켜보면서 내 아픔과 혼란을 솔직하게 털어놓았다. 그녀가 내 이야기를 받아 주었을 때, 마치 누군가가 내 영혼이 기대서 쉴 수천 개의 베개를 펼쳐 놓은 듯이 느껴졌다. 그녀는 조언도, 판단도 하지 않았다. 그냥 나를 바라보았고 내 슬픔을 존중했다. 그녀는 너그럽고 다정한 방식으로 내 느낌을 인정해 주었고, 이는 모든 것을 변화시켰다.

내 친애하는 독자들이 자신의 마음과 몸과 가슴과 영혼의 울부짖음에 (아마도 처음으로) 귀 기울이게 하는 풍성한 자유를 느끼기를 기도한다. 그리고 나서 가능하다면, 타인들이 자신에게 귀 기울일 수 있는 공간을 마련해 줄 수 있기를 기도한다. 성 아우구스티누스가 이렇게 기도했듯이 말이다. "주님, 제가 저 자신을 알게 해 주시고, 당신을 알게 해 주십시오."

부디 그렇게 되기를 나도 바란다.

부드럽게 해 보기

아름다움을 찾는 진자운동

1. 바로 곁에 있는 사물 중에서 당신을 진정시키고 힘을 준다고 느껴지는 것을 찾아보라.[18]

2. 몇 분간 그것을 관찰하라. 그것의 모양, 색깔, 질감, 냄새는 어떠

한가? 어떤 부분이 당신에게 즐거움을 주는가? 관찰하면서 스스로를 당신을 진정시키는 이 자원과 연결된 상태로 침잠해 들어가게 하라. 즐거움을 주는 이 사물과 연결되어 경험하는 것들에 뭐라고 이름을 붙이고 싶은가? 이 상태로 원하는 만큼 시간을 보내라. 만약 굳이 다른 불편한 것들로 초점을 옮기고 싶지 않다면, 다른 기회에 도전해도 된다.

3. 다음으로 당신이 누렸던 그 즐거운 경험을 놓아 주라. 이제 불편하게 느껴지는 감정이나 몸의 부위가 있는지 알아차려 보라. 이 경험이 압도적으로 느껴지면 언제든지 그만두고 그라운딩 훈련을 할 수 있음을 기억하라(132쪽을 보라).

4. 마음의 눈으로 몸 스캔을 하고(132쪽을 보라), 어느 부위에서 여타 감각이나 감정을 느끼는지 알아차려 보라.

5. 앞 단계에서 어떤 감각이나 감정을 확인했다면, 어떤 질감과 색과 크기를 가졌는지 인식해 보라. 단순히 그것을 알아차리고 그와 함께 머물며 잠시 시간을 가지라(대략 30초 이하). 이 감각에 뭐라고 이름을 붙이고 싶은가?

6. 이제 당신의 자원으로 돌아오라. 호흡하며 위로를 주는 그 사물에 온전히 집중하라. 불편한 감정/감각을 놓아 주는 당신을 의식하라.

내수용감각(내면 들여다보기)

1. 편안하게 앉은 자세를 취하라. 이 연습은 5-10분 정도 소요된다. 어떤 이유로든 힘들어질 때 언제든지 그만둘 수 있음을 기억하라. 중립적인 상태로 돌아오는 데는 그라운딩이 도움이 될 것이다(132쪽).[19]

2. 시작 단계에서는 부드럽게 응시하거나 눈을 감는 것 중에서 더 편한 쪽을 선택하면 된다. 호흡을 인식해 보라. 통제하지 말고 그저 관찰하라. 호흡이 얕은가, 아니면 깊은가?

3. 어깨뼈와 등 위쪽에 주의를 기울이라. 열이 나거나 차가운 감각이 느껴지는가? 욱신거리거나 따가운가? 굳어 있는가, 부드러운가? 같은 방식으로 이두박근과 겨드랑이, 팔뚝 그리고 손을 관찰하라. 이 공간에 하나님이 함께하심을 인식하면서, 당신이 관찰하는 것들을 단순히 인식하라.

4. 다음으로 목과 얼굴과 머리로 주의를 옮기라. 목과 얼굴을 부드럽게 움직여 보고, 호흡을 지속하라. 다시 느껴지는 감각들을 관찰하라.

5. 이제 복부와 등 아래쪽, 골반 주변, 허벅지와 다리로 주의를 옮기라. 편안하게 느끼는 만큼 빠르게 혹은 느리게 속도를 조절할 수 있다. 계속해서 발과 발가락으로 주의를 옮기고 단순히 그

감각들을 관찰하라.

6. 가능하다면 잠시 일어서 보라(가능하지 않다면 앉아서 해도 된다). 몸 전체의 왼쪽 부분에 주의를 기울여 보라. 그리고 나서 오른쪽 부분에 주의를 기울이라. 어느 한쪽이 다른 쪽보다 더 무겁게 느껴지는가? 어느 한쪽이 더 많이 의식되거나 더 잘 연결되어 있다는 느낌이 드는가?

7. 준비되었다면 다시 호흡에 주의를 기울이고 호흡의 질을 관찰하라. 이렇게 해서 당신은 자기 몸 내부의 삶을 살피는 연습을 마친 것이다.

8. 더 나은 자기 이해self-understanding를 위해 다음 질문들에 대해서도 생각해 보라.

   • 이 연습을 하면서 무엇을 알아차렸는가?
   • 연습 과정이 힘들었는가?
   • 중립적이거나 긍정적인 느낌이 들었던 부위는 어디인가?
   • 아픈가? 배고픈가? 목이 마른가? 균형을 잃었는가?
   • 연결되기 힘들었던 부위가 있는가?

   이제 당신은 자기와 조율되기 위한 더 많은 정보를 얻었다. 예를 들어 배가 조이거나 불편한 느낌을 발견했다면 자신을 지지할 한 가지 방법으로 배에 손을 얹는 것을 고려해 보라. 어깨가 조이는 느낌이 든다면 어깨를 늘어뜨리는 것도 생각해 보라. 팔에서 힘을 좀 털어 버리고 싶다면 그렇게 하라. 그렇게 함으로써 당신은 몸이 표현하는 욕구에 조율하고 있는 것이다.

몸을 나와 분리된 무언가로, 상품으로,

승인받아야 할 무언가로 대하지 않겠다고 약속한다.

내가 사랑받는 자이듯 몸도 그렇다.

7장

몸에 대해 부드럽게 해 보기

사랑받는 자가 된다는 것은, 자신이 사랑받는 존재라는 진리가
우리가 생각하거나 말하거나 행하는 모든 것 안에 육화된다는 의미다.
헨리 나우웬, 『이는 내 사랑하는 자요』

열두 살의 나는 녹색 원피스 수영복을 입고 내 방의 얼룩진 거울 앞에 서 있다. 다른 사람들의 기준으로 볼 때 내 몸은 그리 나쁘지 않은 편이다. 하지만 나는 내 몸매가 결코 이상적이지 않음을 이미 알고 있다. 곡선미 없는 직사각형 몸매. 나이에 비해 몸집은 작으면서도 배 둘레로 살이 모여 있다. **나도 허리가 잘록했다면…**. 잡지 표지에 나오는 그런 아름다운 몸이 주목과 인정을 받는다는 사실을 나는 잘 알고 있다. 그리고 아름다운 몸을 가지면 내가 한 번쯤은 받고 싶은 그 사랑에 한층 가까이 다가갈 수 있을 것만 같다.

그래서 나는 다른 몸을 갖고 싶다.

스무 살의 나는 실력 있는 대학 농구 선수이고, 하루도 빠짐없이 운동에 전념한다. 나는 뼛속 깊이 새겨진 끈기와 강인한 신체를 가지

고 있다. 그렇지만 내 몸은 이상적이지 않다. 전형적인 여성성과 거리가 있기 때문이다. 내 몸은 날씬하거나 유연하지 않다. 그보다는 벽 스쿼트와 방어 자세 훈련으로 다져진 네 갈래근이 눈에 띄는 근육질 몸매다. 나는 내 몸을 사랑하면서도 동시에 증오한다. 쉼 없는 운동은 (그리고 죄책감과 수치감, 식단 조절은) 사람들이 칭송하는 가냘픈 몸매를 만들어 주지 않는다. 입고 싶은 옷을 멋지게 소화할 수 있는 몸이라면 얼마나 좋을까.

나는 다른 몸을 갖고 싶다.

이제 나는 30대 중반이다. 17개월 된 아들의 손을 잡고 동네 수영장으로 걸어가는 길, 발밑 콘크리트 보도가 뜨겁다. 덴버의 먼 교외 지역으로 막 이사 온 나는 대부분의 이곳 엄마들이 항상 잘 꾸미고 다닌다는 사실을 알아차린다.

그런데 나는 내가 좀 촌스럽게 느껴져서 다른 사람들의 시선을 너무도 의식하게 된다. 피부는 하얗게 질렸고 배도 지나치게 불룩하다. 한편으로는 당장이라도 달려가 몸을 꽁꽁 싸매고 싶다. 내 몸은 인터넷에서 돌아다니는 유명인들의 출산 후 사진과는 전혀 다르다. 다른 한편으로는 우리 여성들이 자신도 미처 인식하지 못한 채, 광고 모델 오디션을 앞둔 사람들처럼 살고 있다는 생각이 들어 슬퍼진다.

나는 꽤 오랫동안 내가 사랑받는 자라는 사실을 믿어 왔다. 그런데 이날 수영장에서 나는 내 몸의 모든 부분이 그 사실을 믿고 있는 건 아님을 깨달았다. 그래서 이제부터 나는 내가 사랑받는 존재라는 진실을 이 영역에서도 살아 내고자 노력할 것이다. 그리고 나는 그토록 많은 것을 견딘 내 몸에 **정말** 고맙다. 그것이 이루어 온 것들에,

나를 붙들어 주고 내 아이들을 사랑해 주며 나를 지혜로 이끌어 준 과정에 감사하다. 나는 주로 내 몸과 함께 있을 때 평화를 얻고, 이제는 그동안 늘 해 온 방식과 같이 몸을 밀어붙이지 않는다. 이제 나는 몸에 귀를 기울려고 노력한다. 그동안 자기비판과 자기 의심으로 고통받던 몸의 모든 부분에 친절을 베풀기 위해서다. 나는 내가 알게 된 것, 즉 몸은 바로 나 자신이라는 진실을 살아 내려 노력한다.

우리 집 꼬마와 나는 어느덧 아이들을 위한 물놀이장에 도착했고, 내 호흡은 안정을 되찾았다. 갑자기 어떤 생각 하나가 머릿속에 떠올랐는데, 일종의 합의 같은 것이었다. 나는 몸에게 이렇게 약속했다. 내 몸이든 주변 사람들의 몸이든 결코 그것을 대상화하는 일에 가담하지 않겠다고. 외모를 통해 다른 사람을 기쁘게 해 주어야 할 의무가 있는 것처럼 자신을 대하지도, 다른 여성들 역시 그런 의무가 있는 듯이 대하지 않겠다고 말이다.

몸을 나와 분리된 무언가로, 상품으로, 승인받아야 할 무언가로 대하지 않겠다고 약속한다. 내가 사랑받는 자이듯 몸도 그렇다. 내 정신이 사비로운 주의를 입을 자격이 있듯, 몸도 그렇다. 몸이 곧 나이기 때문이다.[1]

᛫ᛁ|ᛁ᛫

너무나 많은 사람이 몸을 두려워하거나 혐오하고, 몸과 단절되라는 메시지를 학습한다. 그 결과 몸을 학대하거나 무시하는 경향을 띤다. 하지만 온전함을 추구하고 자신과 타인 그리고 하나님과 연결된 통합된 삶을 살고 싶다면, 궁극적으로 몸 안에서 사는 법을 배워야 한다. 우리는 몸에 어떤 일이 일어나고 있으며 우리가 자신에게 무슨 일을 하고 있는지와 관련해 몸이 들려주는 이야기를 들어야만 한다. 부드럽게 해 보기 위해서는, 몸을 너그럽게 대하고 그것에 주의를 기울이면서 몸 안에서 살아가는 여정을 지속해야 한다. 이것이 왜 중요할까? 우리의 전 존재를 끌어안기를 배우는 것은 단순히 영적이거나 정신적인 노력만이 아니고, 또한 성육신적 노력이기 때문이다. 우리는 자신에게로 귀향해야 한다.

내가 걸어온 여정을 돌아보며, 몸이란 그저 나에게 봉사하기 위해 존재하는 것이라는 생각에서 몸은 '나'의 물리적 확장이자 표현이라는 생각으로 전환된 과정이 떠오른다. 몸에 대한 그런 관점은 단지 관념에 그치지 말고 구체화된 실천으로 살아 내야 한다. 나는 그러기 위해서 몸에 대한 생각을 다시 검토하고, 몸이 너무나도 귀중하고 사랑받기 합당한 것이기에 예수님이 이를 위해 자신을 내어 주셨음을 기억해야 했다.

> 여러분의 몸은 여러분 안에 계신 성령의 성전이라는 것을 알지 못합니까? 여러분은 성령을 하나님으로부터 받아서 모시고 있습니다. 여러분은 여러분 자신의 것이 아닙니다. 여러분은 하나님께서 값을 치르고 사들인 사람입니다. 그러므로 여러분의 몸으로 하나님을 영화롭게 하십시오. (고전 6:19-20)

성경이 몸의 가치와 탁월함에 대해 이렇게 분명히 말하는데, 왜 우리는 이 성육신적 삶을 피하려 하는가?

실제적 영지주의

신학교에 다니면서 가장 많은 것을 배운 수업 중 하나는 교회사 수업이었다. 초기 교회가 직면한 여러 도전에 대해 배우면서 그들이 분투한 문제들이 오늘날 우리의 문제와 어떤 면에서 크게 다르지 않음을 깨달았다.

초기 교회 당시의 주요 이단 중 하나는 영지주의였다. 본질적으로 영지주의는 영적인 것(혹은 영혼과 관련된 것)은 무엇이든 거룩하고, 물질적인 것은 무조건 나쁘다고 가르쳤다. 그 결과, 이 거짓 가르침에 끌린 많은 이가 예수님의 성육신과 몸의 부활을 의심했다. 2세기에 이르러 교회 지도자들이 영지주의를 논박하는 작업을 시도했지만, 오늘날까지도 영지주의가 끼친 영향은 교회에 여전히 남아 있다.

사실 영지주의의 많은 부분이 기독교 신앙과 통합되지 못하는데, 아마 그중에서도 예수님이 인간으로 이 땅에 오신 이유에 대한 이해가 가장 합치하지 못하는 부분일 것이다. 하나님의 구원 계획에는 예수님이 온전한 인간이 되시는 일이 **반드시 필요했다**.

예수님은 아기의 모습으로 이 세상에 오심으로써 그리고 온전한 하나님이심에도 온전한 인간이 되기로 선택하심으로써, 우리의 인간성을 얼마나 소중히 여기는지를 보여 주셨다. 그리고 우리를 구원하기 위해서라면 무엇이든, 심지어 십자가 죽음이라도 감당하겠다는 뜻을 보여 주셨다. 그분은 10대 소녀의 자궁을 통해 취약한 모습으로 세상에 오셔서 인간 됨의 위험과 불편, 고통을 감수하기로 선택하셨다. 이를 통해 우리의 인간성이 그저 도구가 아니며 몸도 단순한 대상이 아님을 증명하셨다.

예수님의 몸은 그저 그분께 봉사하는 것이 아니었다. 몸은 그분 자신**이었다**. 예수님은 그분의 몸이었다. 물론 그분은 이후에 고난받으시고 죽으셔서 몸이 땅에 묻힌 후, 부활하여 다시는 인간적 한계에 구속당하지 않으셨다. 하지만 이 땅에서 사셨던 33년이라는 세월을 너무 급히 넘겨 버리지 말자. **그분의 몸**에서 일어난 죽음과 희생을 급히 지나치지 않도록 하자. 왜냐하면 이 땅에서 그분의 삶은 고통받는 인류를 향한 연애편지이고, 우리는 그 편지를 읽으며 어떻게 우리 자신을 너그럽게 대할 수 있는지 알 수 있기 때문이다.

예수님의 지상의 삶이 던지는 메시지는 이런 것이다. **나는 내 몸을 희생했고, 따라서 너희는 자신의 몸을 존중하고 자비로운 주의를 기울일 수 있다. 이것으로 너희는 내가 너희를 향한 사랑 때문에 무엇까지 할 수 있는지를 확인했다.** 누가복음에서 그분은 제자들과 마지막 만찬을 나누며 그분의 삶과 죽음이 가지는 의미를 보여 주셨다. "예수께서는 또 빵을 들어서 감사를 드리신 다음에, 떼어서 그들에게 주시고 말씀하셨다. '이것은 너희를 위하여 주는 내 몸이다. 이것을 행하여 나를 기억하여라'"(22:19).

예수님은 인간이 되는 가장 진실하고 최선의 방식, 곧 그분의 인간성을 부정하지 않고 끌어안으시는 것을 보여 주기 위해 오셨다. 인간성을 입고 살아가심으로써, 인간성을 입고 죽으심으로써 그리고 마침내 영화로워진 몸을 입고 부활하심으로써 그렇게 하셨다. 예수님은 우리의 인간성을 사랑하신다.

그리고 예수님의 지상의 삶은 하나님이 우리의 뼈와 살을 가치 있게 여기신다고 확신을 가지고 말할 수 있는 이유가 된다. 그분은 우리가 흘리는 눈물과 우리 안에서 뛰는 심장을 소중히 여기신다. 마음의 상처와 몸에 난 상처를 보신다. 예수님은 우리 인간성을 다정하게 대하신다. 그분이 인간성을 창조하셨고, 그것이 가하는 제약 안에서 사셨다. 그리고 그분은 우리를 사랑하시듯이 우리 몸도 사랑하신다. 우리는 영지주의자들이 말하는 영적인 것과 물질적인 것 사이의 위계란 없다는 사실을 그분에게서 배운다. 사랑하는 이여, 이 모든 것이 신성하다.

내가 아이들을 출산한 날들은 지금까지 드린 그 어떤 기도 못지않게 소중하다. 밤마다 아이들의 침대 옆에 앉아 이마를 쓰다듬고 필요한 것들을 채워 준 행위들도 모두 신성하다. 남편과 함께한 식사, 친구들과 커피를 마시던 일, 슬픔 한가운데 있는 내담자와 함께 앉아 있던 시간들, 문장을 만들기 위해 단어들을 나열하는 작업, 강가를 산책하며 흘러가는 물의 리듬과 내 호흡을 일치시킨 일, 그 모든 것이 소중하다. 여기에는 어떤 위계도 없다. 이것은 모두 체화된, 삶을 너그럽게 대하는 태도다.

그리고 몸 안에서 존재하면 몸이 우리에게 말해 주는 요구들을 들을 수 있다. 나는 많은 친구와 내담자에게서, 충분한 신앙을 가지고 충분히 기도하면 신체적이거나 정신적인 문제들도 해결될 거라는 이야기를 들어 왔다. 하지만 이는 이 악물고 버티기의 영적 버전이라 할 수 있다. 통합된 삶을 살게 되면, 우리 문화나 교회 내에서 물질적인 것보다 영적인 것에 더 가치를 매기려는 사람들의 시도를 쉽게 감지할 수 있다.

많은 이가 깨닫지도 못한 채, 일종의 실제적 영지주의를 여전히 추종하고 있다. 우리는 하나님이 우리를 사랑하신다고 말하면서도, 몸이 특정 기준에 미치지 못하면 벌을 주어야 한다는 신념을 내면화하고 있다. 우리는 인간성을 무시하거나 수치를 주거나 묵살한다. 결과적으로 우리가 하나님의 사랑을 말할 때 그것은 그분이 우리의 모든 부분을 사랑하신다는 뜻이 아니라 우리의 영을 사랑하신다는 뜻이 된다. 우리는 마치 자신의 살과 뼈를 가치 있게 여기는 듯 기도하지만, **몸으로** 경험하는 고통이 전 존재에 영향을 미친다고 생각하지는 않는다.

영적 세계는 선하고 물질적 세계는 나쁘다는 암묵적 서사를 내면화한 채 우리는 살아간다.[2] 이는 여러 차원에서 중요한 의미를 지니지만, 트라우마 인지적 신앙의 시각으로 볼 때 이런 현상의 결과는 처참하다. 결국 우리 인간이 맞닥뜨리는 모든 문제는 어떤 식으로든 몸에 저장되는 이야기에 영향을 미치기 때문이다.

우리는 단순히 걸어 다니는 몸이 아니다. 우리는 **곧** 몸이다. 몸이 우리의 전부는 아니지만, 그것은 우리의 본질적인 부분이다. 따라서 몸과 분리된 삶은 언제나 대가를 치르게 마련이다. 우리가 느끼고 싶지 않은 비통함이나 두려움, 마음의 고통 등은 반드시 다른 방식으로 표출될 것이다. 2장에서 이야기한 대로 우리 몸은 치유를 갈망하고 또 치유를 향해 나아가도록 창조된 체계다. 만약 몸이 자신의 경험을 처리하게 하지 않으면, 그것은 어떤 식으로든 우리에게 말을 건넬 것이다. 심지어 공황 발작, 만성 질병, 우울증 같은 것을 통해서라도 말이다. 아마도 이것이 베셀 반 데어 콜크Bessel van der Kolk가 쓴 적절한 제목의 책 『몸은 기억한다』 The Body Keeps the Score, 을유문화사가 엄청난 유명세를 얻고 수많은 사람에게 반향을 불러일으킨 이유일 것이다. 우리는 몸이 가진 지혜와 경험으로부터 얼마든지 달아나려 할 수 있음을 잘 알고, 그래서 결국 불편한 관계와 경험을 헤쳐 나가는 방법으로 단절을 선택한다. 하지만 사실상 기억과 경험은 단순히 사라지지 않는다. 좋든 싫든 몸이 그것들을 보관하기 때문이다.

기도와 치료 모두 필요하다

우리 가족이 가장 힘든 시간을 보내던 어린 시절에, 부모님은 우리 집에서 사람들과 함께 기도 모임을 시작하셨다. 가장 큰 목적은 두 사람의 지속적인 다툼에 영향을 주거나 우리 가족이 하나님의 평안을 경험하는 것을 방해하는 영을 대적하고 쫓아내는 데 있었다. 부모님은 모임이 있는 날 성령이 우리 모임에 오시도록 거실 의사를 둥글게 배치하셨다. 그 모임에 참여하면서 나는 물리적이라고도 혹은 영적이라고도 할 수 있는 어떤 무게감을 느꼈다. 분명히 기억하는 한 가지는, 우리 가족의 고통을 이해하는 누군가가 곁에 있었으면 하는 마음이 너무나 간절했다는 것이다. 그리고 우리 가족의 역기능이 치료될 것이라는 실낱같은 소망에 매달렸다.

그 저녁의 기도 모임은 여러 면에서 아름다웠다. 때로는 이렇게 생각한 적도 있었다. **마침내 우리는 온 마음으로 믿게 되었고, 하나님**

은 우리를 치유할 준비가 되셨어. 하지만 내 생각과 달리 치유는 일어나지 않았고, 회복과 평화에 이르는 다른 길을 제안해 주는 사람도 없었다.

그런데 오랜 시간이 지나고 돌아보니, 하나님은 우리 가정의 역기능을 다루기 위해 치료나 약물 같은 더 구체적인 도구를 사용하신 것 같다. 이런 도구들이 나쁘다고 겉으로 표현한 적은 단 한 번도 없지만, 깊은 내면에서는 충분히 강한 신앙이 있으면 하나님이 우리를 즉각 치료해 주실 거라는 신념을 기저에 품고 있었다. 내가 마침내 깨달은 것은 하나님이 현대 의학을 통해 암을 치료하시는 것처럼 우리 뇌를 재배선하기 위해 상담 같은 도구를 사용하실 수 있다는 사실이다. 우리 가족이 매우 심리학적이고 생리학적인 문제에 오로지 영적 해답만을 구했음을 이제 나는 안다.

연구에 따르면 트라우마와 정서 조절 곤란이 몸의 기능 방식을 완전히 변화시킨다.[3] 어렸을 때 나는 만성 통증과 극심한 불안, 깊은 외로움을 하나님이 내게 화가 나셨거나 나를 벌하시는 신호로 생각했다. 하지만 이제는 그때의 내가 극도로 역기능적 가정의 구성원으로서 기능 항진 상태 hyperfunction로 살려 애쓴 것이었음을 안다. 나는 사실 트라우마를 겪은 아이였고, 내게 필요한 것은 따라야 할 긴 체크 리스트가 아니라 안전과 돌봄이 담긴 애정 어린 표현들이었다. 나는 함께 부드럽게 해 보기 작업을 해 줄 누군가가 필요했다.

나는 예수님이 이 땅에 계실 때, 우리에게 다른 방식의 삶을 보여 주고자 의도적으로 인간의 육체와 상호 작용하셨다고 믿는다. 요한복음 9장에서 예수님과 제자들이 마주친, 태어날 때부터 눈이 먼

한 남자가 생각난다. 그 남자의 필요를 보신 예수님은 땅에 침을 뱉고 진흙을 개어 그의 눈에 바르셨다. 그리고 이렇게 말씀하셨다. "실로암 못으로 가서 씻으라." 남자는 그렇게 했고, "눈이 밝아져서 돌아갔다"(7절).

이 사람이 치유받기 위해서는 예수님의 물리적 방식에 **동참**해야 했음을 눈치챘는가? 이를 보면서 나는 우리가 자신에게 자비롭게 주의를 기울이며 하나님께 **동참**하는 방식을 생각한다. 만약 그 눈먼 사람이 진흙을 씻어 내라는 예수님의 말씀에 이렇게 대답했다면 어땠을까? '감사합니다. 하지만 저는 하나님이 저를 치유하실 때까지 기다리겠습니다. 아시잖아요? 그게 하나님이 일하시는 **단 하나의 진정한 방식**이라는 것을요.' 세상에, 그 눈먼 사람이 이렇게 행동하지 않아 얼마나 다행인지 모르겠다.

하나님이 당신의 삶에 허락하신 자원들을 끊어 버린 적이 있는가? 당신의 물리적 경험들을 완전히 무시해 버린 적이 있는가? 나는 특히 어렸을 때 그런 적이 많았고, 그때마다 이렇게 생각했다. **내가 만약 이런저런 것들을 하거나 내 직관에 따라 움직인다면,**

몸이 당신에게 말을 거는 방법들

- 체온 변화
- 열이나 따끔거림
- 움직이거나 도망가고 싶은 충동
- 심장 박동 수 증가
- 설명할 수 없는 불안감
- 설명할 수 없는 중압감
- 갑작스러운 각성
- 갇혔거나 옴짝달싹할 수 없다는 느낌

그건 내가 나를 치유하실 만큼 충분히 크신 하나님에 대해 불신하는 행동은 아닐까?

정말 어이없는 생각이었다.

기억하라. 예수님은 즉각적으로 그 눈먼 사람을 치유할 능력이 충분히 있으셨지만, 그렇게 하지 않으셨다. 그분은 그가 어떤 **과정**을 밟게 하셨고, 그건 철저히 물리적이었다.

우리는 몸도 소중히 여기도록 초대받았다

당신은 어떤가? 몸은 무가치하거나 나쁘다는 무의식적 서사가 내면화되어 있지 않은가? 만약 그렇다면 자신을 대상화하거나 무시하거나 둔화시키거나 벌하는 데 익숙할지 모른다. 왜냐하면 솔직히 당신은 몸을 중요하게 여기지 않기 때문이다.

저런 거짓말에 넘어가지 말자. 우리의 몸은 소중하다. 몸은 우리의 기쁨과 고통에 관한 이야기를 들려준다. 그리고 우리는 몸이 들려주는 서사를 듣도록 창조되었다. 몸의 감각과 단절되고 그것이 중요하지 않은 듯이 행동하면, 이는 정신 건강에 끔찍한 영향을 미친다.

그렇다면 결국, 몸이 중요하다는 사실을 그저 인정하면 되는 걸까? 그렇기도 하고, 아니기도 하다. 부드럽게 해 보기에 관한 모든 이야기와 마찬가지로, 단순한 지식 그 이상이 필요하다. 우리는 진리에 대한 체화된 경험이 필요하다.

하나님의 방식으로 몸을 가치 있게 여기기 위해 우리 몸이 얼마나 통합되어 있는지 이해하려면, 뇌가 단순히 머리 안에만 있는 것이 아님을 깨달을 필요가 있다.[4] 우리 뇌는 문자 그대로 몸 전체에 엮여 들어가 있다. 도대체 어떻게 이것이 가능할까? 연구자들은 사람들이 오랫동안 알고 있던 사실에 대한 증거를 발견했다. 그것은 바로 몸의 기능이 그저 뇌를 운반하는 데 국한되지 않는다는 사실이다. 몸은 고도로 상호 연결된 체계다. 그리고 피질이 중요한 부분이긴 하지만 지혜와 통찰을 제공하는 유일한 곳은 아니다.

대니얼 시겔 박사는 『마음을 여는 기술』*Mindsight*에서 뇌/마음/몸의 복잡성에 대해 이야기한다. "뇌를 두개골을 벗어나 몸 전체에 퍼져 있는 체계로 볼 때에야, 뇌와 마음과 인간관계가 춤추듯 이루는 친밀한 상호 작용을 제대로 이해할 수 있다."[5] 이 말이 보여 주듯 뇌는 두개골을 넘어 손가락 끝까지 확장된다. 또한 시겔은 자궁에서의 초기 발달 단계부터 다양한 신경 세포군이 장차 척수와 뇌가 될 부분을 만들기 시작하는 것에 주목한다. 그런데 그 신경 세포들의 일부는 (근육, 심장, 피부와 같은) 몸을 이루는 조직이 된다.[6] 한마디로 뇌를 구성하는 신경 세포가 몸의 나머지 부분을 형성하는 데도 쓰이는 것이다.

몸의 감각을 의식하고 주의를 기울이는 것은 체화를 실천하는 일이다. 아리엘 슈워츠Arielle Schwartz와 바브 메이버거Barb Maiberger는 우리가 몸 안의 세 가지 감각 피드백 체계에 의존한다고 말한다.[7]

외수용감각Exteroception은 몸 외부의 감각적 경험을 의식하고 상호 작용하는 인식을 말하며 시각, 청각, 촉각, 후각, 미각을 포함한다. 앞에서 소개한 그라운딩과 아름다움 찾기가 외수용감각 훈련의 예시라 할 수 있다. 산책하며 방금 깎은 신선한 잔디의 냄새를 맡고, 뺨을 스치며 지나가는 바람을 알아차릴 때 우리 몸은 외수용감각을 이용해 이 정보들을 받아들인다. 우리는 몸과 주변 세계와의 이 같은 상호 작용을 통해 지지받는 느낌을 얻고, 타자와 연결되며 정서적으로 조절된 상태가 된다. 그리고 이런 상호 작용은 세상 가운데 계시는 하나님을 경험하도록 돕는다.

고유수용감각proprioception은 의식적으로 생각하지 않아도 몸의 방향을 인지하는 인식을 말한다. 이 감각은 몸이 누워 있는지, 어딘가에 기대어 있는지, 서 있는지, 균형을 잡고 있는지 등 몸이 위치하는 방식을 고려하고, 물리적 세계 안에서 몸이 어떤 식으로 공간을 점유하고 있는지를 인지한다. 아이들과 한 발로 껑충껑충 뛰거나 공을 던지며 놀 때, 나는 사고하는 뇌에 의지할 필요 없이 이 고유수용감각을 이용해 나의 몸이 무엇을 해야 할지 알 수 있다.

내수용감각interoception은 내적 상태를 의식하는 것과 관계된 인식이다. 몸 전체에 퍼진 뉴런들은 허기, 갈증, 통증, 긴장, 체온, 각성 같은 감각 정보들을 뇌로 전달한다. 하루를 보내면서 가슴의 중압감이나 배가 부글거리는 느낌, 심지어 춤을 추고 싶어 하는 감각을 인식할 때 우리는 내수용감각을 경험하는 것이다. 우리는 앞 장에서 이 용어를 명시적으로 사용하지 않았지만, 부드럽게 해 보기의 핵심 부분으로서 내수용감각에 대해 먼저 논의한 바 있다.

본질적으로 이 모든 것이 의미하는 바는 정신이 물질보다 우위에 있다는 오래된 생각이 잘못되었다는 것이다. 정신 **그리고** 물질 사이에는 어떤 구분도 없으며, 오직 우리가 있을 뿐이다. 이 내용들을 이해하는 기술적 용어들을 잊어버릴 수도 있겠지만 그건 상관없다. 중요한 것은 몸을 존중하고 자비롭게 주의를 기울여야 함을 기억하는 것이다.

·¦¦··

아홉 살 무렵 나는 내가 학교 운동장에서 벌이는 농구 시합에서 남자아이 대부분을 이길 수 있다는 사실을 깨달았다. 그러면서 농구 코트에서 더 많이 뛰고 싶어졌고, 운동 실력을 타고난 언니 오빠와 피터팬 파크에서 벌이는 즉석 농구 경기에도 푹 빠져 버렸다. 이미 고등학생이었던 그들과 시합을 하는 일은 꽤나 대단했다. 함께 나갈 준비가 되면, 나는 내 자존심이자 기쁨이었던 찰스 바클리 나이키 운동화 끈을 단단히 묶고 닳아빠진 농구공을 챙겼다. 손으로 공을 쥐고 어린 소녀가 하지 못할 거라 생각되는 슛을 날리는 경험은, 나도 세상에 드러날 수 있고 오직 남자아이들과 성인 남성들만 차지하던 공간을 나도 점유할 수 있다는 사실을 가르쳐 주었다.

나는 내가 이런 경험을 한 것을 무척 다행이라 여긴다. 그리고 불안정감과 자기 회의가 느껴질 때마다 그 시절을 떠올리며, 사실은 내

몸에게 말을 건네는 방법

- 나를 지탱해 줘서 고마워.
- 필요한 만큼 공간을 차지해도 괜찮아.
- 피드백해 줘서 고마워.
- 네가 나에게 들려주어야 하는 말을 듣고 싶어.
- 넌 좋은 것을 받을 자격이 있어.
- 네 안에 상처가 된 아픔을 풀어내도 괜찮아.
- 너를 안전하게 지켜 줄게.

가 얼마나 강하고 유능한 사람인지를 상기한다. 대학 시절에는 엄마가 늘 들려준 성경 구절을 농구화에 써 두기도 했다. "내가 너에게 굳세고 용감하라고 명하지 않았느냐! 너는 두려워하거나 낙담하지 말아라. 네가 어디로 가든지, 너의 주, 나 하나님이 함께 있겠다"(수 1:9). 지치고 두려워하던 때마다 나는 성공하는 순간에 느꼈던 기분을 기억하면서 힘을 내곤 했다. 용감해지기 위해 자신에게 무엇이 필요한지를 헤아리는 이런 행동은, 자신에게 자비로운 주의를 기울이는 일의 의미를 보여 주는 또 하나의 예시다. 그리고 이것은 세상 속에서 말 그대로 자신의 공간을 차지할 수 없다는 암묵적이거나 노골적인 메시지를 수용하며 살아온 이들에게 특별히 중요하다.

　나는 상담가이자 여성으로 살아오면서, 특히 여성이 자기 능력과 힘과 열의를 존중해서는 안 될 것 같은 느낌이 얼마나 흔하게 퍼져 있는지를 봤다. 나는 언니와도 종종 이 주제로 토론한다. 우리는 통화하면서 삶이 힘겹게 느껴질 때 두려움을 느껴도 된다고 번갈아 가며 서로를 격려한다. 하지만 그렇다 해도 우리 내면 어딘가에는 농구 코트와 세상 속에서 공간을 차지하는 법을 알고 있는 유능한 젊은 여성이 존재한다. 그래서 우리는 하나님이 우리의 협력자가 되도록 몸을 창조하셨고, 그것이 계속해서 유익한 정보를 전해 준다는 사실을 신뢰할 수 있음을 서로에게 일깨워 주는 시간을 가지려 노력한다.

그럼 우리가 몸을 신뢰하려면 어떻게 해야 할까?

감각느낌 기르기

체화의 핵심 개념은 '감각느낌'felt sense을 개발하고 그것에 귀 기울이기 시작하는 것이다. 우리는 무언가를 본능적으로 **알기** 위해서 그리고 온전한 자기의 내부에서 무슨 일이 일어나는지에 대한 더 큰 그림을 그리기 위해서 몸이 주는 모든 감각을 수집할 때 이런 감각을 경험한다.[8] 감각느낌은 물리적 몸 안에 더 깊이 머물고 몸의 메시지에 귀 기울이는 방법에 대해 피드백을 줌으로써 체화된 삶을 살아갈 능력을 키워 준다.

친구들이 모여 있는 방에 들어가는 순간, 그저 그곳에 있다는 이유만으로 따뜻함을 느끼고 들뜬 상태로 전환되는 경험을 한 적이 있는가? 그리고 누군가의 상황을 전혀 알지 못하는데도 방금 나쁜 소식을 들은 상대와 함께 있으면서 마음이 같이 슬퍼지는 경험을 한 적이 있는가? 이것들이 바로 감각느낌을 보여 주는 사례다. 몸이 보내는 이 같은 정보에 귀를 기울이면 그다음에 무엇을 해야 하는지 아는 데 도움이 된다. 예를 들어 첫 번째 사례에서는 미소를 짓고 친구들에게 손짓을 보낼 수 있다(두 행동은 모두 그 순간을 더 온전히 경험하게 해 주는 체화의 표현이다). 두 번째 사례의 경우, 만약 자기 내면의 괴로움과 슬픔을 알아차렸다면 아파하는 사람에게 안부를 묻거나, 얼굴 표정으로 상대방의 슬픔을 반영해 주거나, 혹은 심지어 안아 주어도 되는지 물어봄으로써 그 사람과 연결되기를 시도할 수 있다. 어떤 면에서 감각느낌은 몸과 뇌와 영을 현 상황에 잘 맞추고 곤경을 직관적으로 처리하는 방법을 알도록 돕는다. 부드럽게 해 보기 작업에서 체화를 통해 표현된 감각느낌은 온전한 자기에게 귀 기울이고, 회복시키고, 필요를 채우도록 돕는다.

트라우마, 불안정 애착, 수치심 등 지금까지 우리가 논의해 온 모든 이유 때문에 많은 이가 자신의 감각느낌에 귀 기울이는 기술을 익히지 못했다. 어쩌면 이런 방식의 앎을 경험해 보았지만, 몸을 의심하고 싫어하도록 학습된 탓에 그것이 들려주는 정보에 귀를 닫아 버렸는지도 모른다.

자신처럼 이웃을 사랑하는 것과, 타인과 연결되기 위해 자신의 정서적 경험과의 연결을 유지하는 것이 얼마나 중요한지를 다룬 6장을 기억해 보라. 신경생물학의 관점에서 볼 때 우리는 섬엽을 통해 내부의 신체적 자기를 의식하는 것을 배운다.[9] 그것은 몸과 아래쪽 뇌, 거울 뉴런에서 얻은 정보를 전전두엽 피질 중앙부로 연결하는 '초고속 도로'라고 여겨진다.[10] 부드럽게 해 보기와 관련한 모든 작업이 그렇듯, 전전두엽 피질은 우리가 본능적으로 경험하는 것을 이해하는 곳이며, 이 체계는 체화 작업에서 핵심 부분이 된다.

전통적으로 지능은 세계를 이해하는 논리적이고 선형적인 방식이라고 여겨졌다. 하지만 몸의 감각과 감각느낌에 열려 있는 능력은 자신과 타인, 환경 그리고 심지어 성령이 말씀하시는 내용까지 더 깊이 직관적으로 이해하게 해 준다. 몸이 제공하는 이런 정보는 단순히 미래에 어떻게 느낄지를 예측하는 것이 아니라, 바로 지금 여기 세계 안에서 경험하는 바를 통찰하게 한다. 이런 인식을 통해 우리는 앞으로 나아가도록 지지해 주는 더 많은 도구와 정보를 얻을 수 있다.

한 예로 나는 몇 년 전에 내 개인 훈련 방식을 바꿀 필요가 있다는 사실을 알았다. 쿡쿡 찌르는 두려움이 복부에서 시작해 목구멍까지 올라오면서, 내 몸은 당시 나의 상황이 그리 좋지 않다는 사실을 알려 주고 있었다. 나는 더 많은 휴식 시간을 만들고 더 강하게 경계를 구축하고 하루를 더 일찍 끝낼 필요가 있음을 깨달았다. 사람들이 그저 내 편의를 위해 이런 변화를 꾀한다고 생각하지는 않을까 싶었지만, 내 온전한 자기를 존중하기 위해서는 매일의 실제적인 측면들을 조정해야만 한다는 내면의 생각을 감지할 수 있었다. 그리고 몸에 귀를 기울이고 스스로에게 숨 쉴 공간을 주는 작은 조치들을 취하기 무섭게, 우려는 사라지고 새로운 희망이 솟아오름을 느꼈다.

몸에 단순히 수행할 것을 요구하기보다 몸 을 사랑하기를 배우는 일은 내게 하나의 여정이었다. 솔직히 말해 그것은 결코 우연히 일어나지 않았다. 내 여정의 가장 근본적인 부분은 이런 식으로 나를 너그럽게 대하는 것이었는데, 왜냐하면 몸은 나를 품어 주는 집이기 때문이다.

우리가 집에서 평안을 느낄 수 없다면 도대체 어떻게 성장하고 변화될 수 있겠는가? 생리학적으로 자신에 대해 안전을 느끼지 못한다면 어떻게 그 과정 가운데 있으면서 학습할 수 있겠는가? 이것은 우리 모두를 향한 초대다. 우리는 모두 가능한 한 가장 진실한 방식으로 삶을 경험하기 위해 몸으로 귀향하라는 초대를 받고 있다.

부드럽게 해 보기

몸과 분리되어 살아가면 몸이 들려주는 정보를 인식하지 못한다. 체화된 삶을 향해 나아가는 한 가지 방식은 감각느낌에 귀 기울이는 자세를 기르는 것으로 시작할 수 있다. 나는 내담자들과 함께 몸에 기반한 훈련을 할 때 다음과 같은 질문들을 곰곰이 생각해 보게 하는 것이 유용했다. **자신이 아는 것을 어떻게 아는가? 무엇이 당신의 경험에 대해 말해 주는가? 무엇을 '직감'이라고 말할 수 있는가?** 다음 훈련들은 이 질문들에 답하고 감각느낌을 심화하는 데 도움을 줄 것이다.[11]

1. 잡지에서 두세 장의 사진을 찾아 앞에 펼쳐 두라. 먼저 하나를 고르고, 그 사진에 대해 가장 먼저 나오는 반응을 알아차리라. 유쾌한가, 불쾌한가? 그것을 어떻게 아는가? 몸에서 어떤 감각이 일어나는지 알아차리라. 잠시 그 감각을 관찰하라. 긴장감이 드는가, 아니면 편안한가? 연결된 느낌인가, 아니면 단절된 느낌인가? 몸이 가벼운가, 아니면 무거운가? 조마조마하거나 쑤시는가, 아니면 신나는가? 그 감각은 어떤 색인가? 호기심이 생기는가, 아니면 구역질 나는가? 당신이 아는 것을 어떻게 아는지, 그리고 몸의 어디에서 그 감각들을 경험하는지 자유롭게 관찰하

라. 가능하다면 잡지에서 한두 장의 사진을 더 찾아 이 작업을 해 보고, 한꺼번에 일어나는 모든 감각을 알아차리는 작업을 계속하라(이 모든 것이 그 특정 잡지 사진에 대한 감각느낌이다).

2. 이제 가족이나 친구들의 사진을 가지고 같은 작업을 해 보라. 가장 처음 나오는 반응은 무엇인가? 몸의 어느 부위에서 감각을 느끼는가? 긴장감이 드는가, 아니면 편안한가? 그 감각은 어떤 색인가? 호기심이 생기는가, 아니면 구역질이 나는가? 당신이 아는 것을 어떻게 아는지 자유롭게 관찰하라. 이 작업을 할 때도 늘 그렇듯 인내의 창을 염두에 두라. 만약 너무 압도적인 반응이 나타나면, 아름다움 찾기(151쪽)나 그라운딩(132쪽)을 하면서 좀 더 유쾌한 쪽으로 주의를 돌릴 수 있다.

3. 가족이나 친구의 사진으로 감각느낌 훈련을 하면서 다루기 힘든 감각이 몸에서 느껴진다면, 몇 분간 그 감각과 함께 머물 수 있는지 확인해 보라. 6장의 추적 기법을 사용하여(153쪽), 감각이 느껴지는 부위에 손을 얹고 감각이 변한다면 그것을 관찰해 보는 것도 좋다.

    감각과 함께 머무는 동안 울고 싶거나 호흡을 변화시키고 싶은 충동이 일어날 수 있겠지만, 인내의 창 안에 있다면 모두 유익한 것들이다. 감각느낌과 함께 머물면서 경험하는 변화들은 몸이 경험을 처리하고 있다는 신호다. 하지만 당신이 경험하는 내용에 의식을 가져오는 것 자체가 이미 부드럽게 해 보기의 한 부분임을 기억하라. 왜냐하면 존재하는지도 모르는 것에 귀 기울이고, 그것을 회복시키고 보살필 수는 없기 때문이다.

이 경험을 통해 얻는 이해가 바로 당신의 감각느낌이다. 그리고 시간이 지나면서 이것은 몸으로부터 얻는 통찰을 의도적인 방식으로 통합하도록 도와줄 것이다. 당분간 이 훈련의 주된 목표는 당신의 몸이 무언가를 아는 **방식**을 의식으로 가져가는 것이며, 감정에 대해 부드럽게 해 보기를 배우면서 당신은 이 정보가 필요할 것이다.

무엇보다 체화의 정의가 몸의 감각을 알아차리고 귀 기울이는 것임을 기억하고, 하나님이 당신의 살과 뼈를 만드시고 그것을 좋다고 선언하셨음을 아는 것이 중요하다. 우리는 체화된 방식으로 무엇이든 할 수 있으며, 가장 중요한 것은 그것에 **주의**를 기울이는 일이다.

호기심과 연민을 가지고

우리의 고통스러운 감정에 다가간다면,

하늘로 날아오르는 법을 터득할 것이다.

8장

감정에 대해 부드럽게 해 보기

많은 이가 고통을 인식하고 거기에 이름 붙이고 그것과 함께하는 법을 배우지 못했다.…하지만 이제 우리는 감정을 부정하면 그것이 우리를 소유해 버린다는 사실을 안다. 우리가 우리 감정을 소유할 때 우리는 고통을 뚫고 나아가는 우리의 길을 재건하고 찾을 수 있을 것이다.

브레네 브라운, 『진정한 나로 살아갈 용기』*Braving the Wilderness*

키라가 고통받고 버림받은 경험에 관한 강렬한 이야기를 들려주는 동안 내 방은 감정이 짙게 깔린다. 처음에는 천천히 뺨을 타고 흘러내리던 눈물이, 결국은 봇물 터지듯 그칠 줄을 모른다.

선풍기가 계속 돌아가고, 나는 그녀의 말을 기다리고, 듣고, 귀 기울여 그 고통에 조율하기 위해 할 수 있는 모든 것을 한다. 나는 키라의 맞은편에서 천천히 호흡하며 그녀에게 필요한 공간을 만들기 위해 열중한다. 그리고 지금껏 단 한 번도 자신의 가족 중 그 누구도 감정을 말하는 것이 허용되지 않았다는 키라의 설명을 들으며, 나는 이런 상호 작용에 거룩한 경외감을 느낀다. 그녀의 가정에서는 누구든 감정을 말하거나 그러려고 시도만 해도 수치와 비웃음을 당해야 했다고 한다.

"우리는 감정에 관한 이야기는 안 했어요." 키라는 속삭였다. "감정 따위에 방해받지 않게 한 거죠."

7학년이 끝나 갈 무렵, 키라의 아빠는 미국 땅 반대편에 있는 본사로 발령이 났고 엄마도 즉시 그곳에서 새로운 일을 구했다. 당시 살던 곳에서 아주 오랫동안 소속감을 얻지 못하다가 막 새 친구를 사귀게 된 키라는, 다시 그곳을 떠나야 한다는 생각에 망연자실했다. **이번에는 친구 사귀는 데 몇 년이나 걸릴까?** 그녀는 몇 시간을 애원한 끝에 부모님을 설득했고, 부모님은 학교를 마칠 때까지 친하게 지내던 가정에 키라를 맡기기로 했다. 부모님은 5월 초에 새집으로 이사했고, 키라는 학기를 마무리하고 며칠 후에 비행기를 타고 가기로 했다.

키라는 비행기를 타 본 적이 없었기 때문에 날짜가 다가올수록 점점 두려워졌다. 아빠가 자신에게 공감해 주리라고 생각한 키라는 얼마나 두려운지 털어놓았다. 하지만 아빠는 웃으며 이렇게 말했다. "아기처럼 왜 그러냐! 그냥 쉽게 생각해! 네 엄마랑 아빠는 정말 운전하기 힘든 트럭을 렌트해서 며칠을 운전한 적도 있어. 넌 몇 시간이면 여기 도착할 거야." 아빠의 말을 들으면서 키라는 품었던 소망이 수치심 아래서 무너져 내리는 것을 느꼈다.

엄마도 공감해 주지 않기는 마찬가지였다. 머뭇거리면서 엄마에게 자신을 데리러 와 줄 수 있는지 물었을 때, 엄마는 한숨을 쉬며 이렇게 말했다. "키라, 네가 좀 생각해 봐야 할 문제가 있는데 말이야,

엄마는 아직도 풀 짐이 산더미처럼 쌓여 있어. 그리고 지금까지 한 번도 쉬지 못하고 일하는 중이야. 도대체 뭐가 그렇게 두려운 거니?"

그때 키라는 두려움과 공포를 억누르고 비행기를 타기 위해 할 수 있는 것은 무엇이든 하겠다고 결심했다. 공포에 질려 좌석에 앉아 있는데 비행기가 난기류를 만나 심하게 흔들리자, 그녀의 머릿속에는 이런 생각이 들었다. **오늘 이 비행기가 추락한다고 해도 엄마 아빠가 신경이나 쓸까?** 이 일은 키라의 부모님이 그녀의 감정을 축소하거나 무시한 숱한 사례 중 하나일 뿐이다. 부모님의 태도에 대한 반응으로, 키라는 모든 힘든 일을 이 악물고 참는 법을 배웠다. 결국 더 이상 그럴 수 없는 때가 찾아왔지만 말이다.

수년간 키라는 음식, 관계, 운동 등 자신이 할 수 있는 모든 것으로 감정을 억눌렀다. 나중에 그녀는 감정과 분리된 느낌이 들었다고 말했다. 감정이 표면으로 올라올 때마다 그와 단절되도록 도와주는 약물로서 알코올에 의지했다. 그것이 감정을 느끼는 것보다는 쉬운 일이었기 때문이다. 하지만 술을 끊으려고 시도하자 곧 감정에 압도되어 버렸다.

너무 오랫동안 감정을 다루지 않았기 때문에, 자신이 다루고 싶은 근본 문제가 무엇인지를 규명하는 데도 몇 회기가 걸렸다. 고통을 처리하고 가슴에 있는 것들을 꺼내면서, 그녀는 정서적으로 너무 지칠 뿐 아니라 깊은 수치심을 느낀다고 이야기했다.

"전 저를 사랑해 주는 남편도 있고, 저를 아주 좋아하는 예쁜 아이들도 있어요. 그런데 여전히 이 비통함에서 벗어날 수가 없어요. 저보다 나쁜 상황에 처한 사람들이 많고 내가 감사해야 한다는 것도 알아요." 그녀는 계속해서 말했다. "그래서 어떤 순간에는 이렇게 이기적인 저 자신에게 끔찍하게 화가 나요. 그러다가 곧장 감정의 물결에 휩싸여서 다시 옴짝달싹할 수 없는 느낌이 되죠. 저는 제가 싫어요. 제가 이렇게 약하다는 사실이 너무 싫어요. 그 일들은 30년 전에 일어난 일이잖아요! 용서하고 싶고 용서했는데, 제 가슴이 아직도 산산이 부서져요. 왜 그 일이 아직도 저를 힘들게 하는 걸까요?"

나는 키라가 자신의 고통을 나눌 때 몸과 마음에서 아픔을 느낀다. 동시에 자신의 정서적 경험이나 비통함을 멸시하는 그녀의 태도가 하나도 놀랍지 않다. 나는 내 삶이나 내담자들의 삶 속에서 그런 자기 정죄의 목소리를 누차 들어 왔다.

감정에 수치를 주다

기독교 상담에 몸담고 트라우마 치료와 정서 조절 심화 훈련을 하며 몇 년을 보낸 후(실은 그저 이 세상 속에서 한 사람의 인간으로 살면서) 한 가지 경향을 의식하게 되었다. 바로 사람들은 감정을 비판하기를 **좋아한다**는 사실이었다. 어떤 일에서든 잘못된 것을 찾을 때 자신의 것이든 타인의 것이든 감정을 희생양으로 삼는다.

다음의 말들이 꽤 익숙하지 않은가?

당신의 감정에 귀 기울이지 말라. 감정은 언제나 당신을 잘못된 곳으로 이끈다.
당신의 감정은 죄악된 것이다.

당신은 그런 식으로 느끼면 안 된다.

감정은 당신을 약하게 만든다.

자신에게 자비로운 주의를 기울이지 못하게 하는 한 가지 방법은, 감정과 단절되거나 그 감정을 무시할 수 없을 때 자신에게 수치를 주는 것이다. 예수님을 사랑하는 사람으로서 나에게는 늘 이런 고민이 있었다. 내가 깊은 부분까지 정서적이고 민감한 사람이라는 사실과, 감정을 존중해서는 안 된다는 일반적인 서사를 어떻게 화해시킬 수 있을까?

곤란한 감정은 죄악된 것인가? 우리는 그저 감정을 침묵시켜야 하는가? 그렇지 않다면 우리는 어떻게 해야 하는가?

다윗, 모든 감정을 느꼈던 사람

하나님이 우리를 정서적 존재로 지으셨다는 사실은, 성경 연구를 그렇게 열심히 하지 않아도 알 수 있다. 그리고 감정을 깊이 느낀 인물을 이야기한다면 다윗왕을 떠올리지 않을 수 없다. 그는 야웨를 사랑했던 사람이자, 추악한 죄를 저지른 사람이기도 했다. 그리고 이 복잡한 인물은 "[하나님의] 마음에 드는 사람"으로 알려져 있기도 하다(행 13:22).

많은 시편을 지은 저자로서 다윗은 하나님께 강렬한 감정을 자주 토로했다.

내 마음은 진통하듯 뒤틀려 찢기고,
죽음의 공포가 나를 엄습합니다.
두려움과 떨림이 나에게 밀려오고, 몸서리치는 전율이 나를
　덮습니다.
나는 말하기를 "나에게 비둘기처럼 날개가 있다면,
그 날개를 활짝 펴고 날아가서 나의 보금자리를 만들 수
　있으련만." (시 55:4-6)

내가 주님을 바라보며, 내 두 손을 펴 들고 기도합니다.
　메마른 땅처럼 목마른 내 영혼이 주님을 그리워합니다.
주님, 나에게 속히 대답해 주십시오.
　숨이 끊어질 지경입니다.
주님의 얼굴을 나에게 숨기지 말아 주십시오.
　내가 무덤으로 내려가는 자들처럼 될까 두렵습니다.
내가 주님을 의지하니, 아침마다 주님의 변함없는 사랑의
　말씀을 듣게 해 주십시오. (시 143:6-8)

다윗왕이 감정을 지어내거나 억누르는 사람처럼 보이는가? 정확히 말하면 나는 모든 사람이 다윗이 그랬던 것처럼 **똑같이** 감정을 느껴야 한다고 주장하는 것은 아니다. 하지만 나는 하나님이 우리에게 이런 거대한 감정이 표출되는 텍스트를 읽도록 허용하실 때 어떤 의도가 있지 않으셨을까 하는 생각이 든다.

감정의 가치를 상기시켜 주는 또 하나의 소중한 본문은, 예수님

이 형제 나사로를 잃은 마리아와 마르다를 만나러 가셔서 나누신 대화다. 나사로의 무덤 근처에서 애도하고 있는 사람들에 대한 예수님의 반응은 성경에서 가장 짧은 구절에 요약되어 있다. 성경은 이렇게 간단히 말한다. "예수께서는 눈물을 흘리셨다"(요 11:35).

예수님은 앞으로 무슨 일이 일어날지를 전적으로 알고 계셨다. 그분은 자신의 친구가 죽었지만 금세 되살아날 것을 알고 계셨다. **그런데도** 예수님은 우셨다. 우리는 이 사실을 절대 간과해서는 안 된다. 그분은 어떤 하나님이신가? 그분은 친구들이 느끼는 현재의 비통함을 존중하고 그 안으로 들어가셨다. 그들은 막 형제를 잃었으며, **당연히** 그들은 울었다. 예수님은 그런 그들에게 수치를 주지 않으셨고, 그들의 인간성을 인정하셨다.

예수님이 친구들과 함께 애도하실 때, 그분은 그들의 감정을 처리하도록 용납하셨다. 친구들의 비통함에 동참하신 예수님은, 그들이 감정을 경험하는 것이 힘겨운 경험들을 통합하는 몸의 타고난 능력을 활용하게 한다는 사실을 아셨을 것이다. 나는 그들의 신경생물학적 구조의 창조주이신 그분이, 그들의 변연계가 감정을 다루며 나아가야만 그 고통이 트라우마가 되지 않으리란 사실도 아셨으리라 생각한다. 몸을 입고 오신 이 하나님이 마리아와 마르다를 다그치기보다 공감하며 기다려 주셨음을 주목하라. 이것은 자신의 경험에 자비롭게 주의를 기울이고자 하는 우리가 따라야 할 본이다.

대부분의 사람들에게는 좀 이상하게 들릴지 모르겠지만, 예수님이 우신 일은 내가 정말 즐겨 이야기하는 주제다. 이분이 바로 내가 알고, 섬기고, 삶을 바친 예수님이다. 한 손으로는 구속 이야기를 붙잡고, 다른 한 손으로는 깨어지기 쉬운 인간적 감정을 붙잡고 계시는 분. 그리고 둘 모두를 사랑하시는 분이다.

감정은 생명을 준다

다윗과 예수님의 사례를 통해 우리는 체화되고 살아 있는 사람들은 감정을 느끼고, 또 수용한다는 사실을 알 수 있다. 부드럽게 해 보기 위해 우리는 감정이 주는 정보가 필요하며, 그럼으로써 자신에게 어떻게 반응해야 할지를 알 수 있다. 『정서적으로 건강한 영성』*Emotionally Healthy Spirituality*에서 피터 스카지로Peter Scazzero는 이렇게 말한다.

> 느낀다는 것은 인간이 된다는 것이다. 느낌을 축소하거나 부인하는 것은, 우리가 인격적인 하나님의 형상을 가진다는 사실의 의미를 왜곡한다. 감정을 표현하지 못하는 정도만큼 하나님과 타인과 자신을 잘 사랑하는 능력이 손상되었다고 볼 수 있다.[1]

연구자들은 아직도 몸이 감정을 만들어 내게 하는 요소들을 이해하려 노력한다. 감정에 이름을 붙이거나 심지어 경험하는 방식 중 상당수가 상황적이고 문화적이다.[2] 예를 들어, 예수님도 그분이 몸담으신 유대 문화와 가족이라는 특정 배경 안에서 친구 나사로를 향한 비통함의 감정을 인지하고 경험하셨을 것이다. 따라서 보편적인 감정이라도 그것이 표현되는 뉘앙스는 다양할 수 있다. 우리는 모두 환경, 역사, 양육자 같은 요소를 바탕으로 감정을 학습하거나 구성하며 이는 애착에 대해 설명하는 과학적 사실에 잘 들어맞는다. 어떤 면에서 감정의 반응은 몸이 자신 안에 있는 이야기를 표현하는 하나의 방식이라 할 수 있다. 이것을 이해하면 감정emotion과 느낌feeling을 임상적으로 구분하는 이유를 아는 데 도움이 될 것이다.

몸 안에서 경험하는 **감각과 신경계의 상태** = 감정
그런 표현들에 부여되는 **이름** = 느낌[3]

이제 감정과 느낌의 차이를 좀 더 상세히 들여다보자. 앞서 살펴보았듯이, 부드럽게 해 보기와 인내의 창 안에 머무는 법을 배우는 과정에서 몸은 생각보다 훨씬 중요한 역할을 한다. 하지만 이 악물고 버티는 삶을 학습해 온 우리에게 감정과 느낌은 그저 우리에게 닥치는 것으로 여겨지기 쉽고, 결과적으로 그것들이 먼저 우리 몸 안에서 발생한 것이라는 사실을 인지하기가 어렵다. 내가 대학생이었을 때 복통과 고질적인 목의 통증이 내 감정과 처리되지 않은 트라우마 때문이있음을 알았다면, 내 몸에서 무슨 일이 일어나고 있는지를 더 잘 이해할 수 있었을 것이다. 그때 나는 단순히 느낌이란 몸과 철저히 분리된 채 뇌에서만 경험된다고 이해했다. 하지만 이제 우리는 (감정을 포함하는) 의식적 마음conscious mind에서 무슨 일이 벌어지는지를 알기 전에 몸이 먼저 그것을 경험한다는 사실을 이해한다. 신체적 경험과 감각을 의식적 마음으로 가져가면, 그때 비로소 무슨 일이 일어나고 있는지 이름을 붙일 수 있고, 나아가 그것과 관련하여 행동할 능력을 얻는다.

따라서 당신이 **감정**과 **느낌**이라는 용어를 구별 없이 쓰고 있더라도(나 역시 아직도 그렇게 쓸 때가 있다) 감정을 건강한 방식으로 느끼기 위해서는 계속해서 몸과 통합되어 있어야 한다. 몸과 분리되면 감정과도 분리되고 만다는 사실을 반드시 기억해야 한다. 우리가 부드럽게 해 보기 작업을 계속해 나가려면, 건강하게 감정을 의식하는 과정에는 항상 몸이 포함된다는 사실을 반드시 인정할 필요가 있다.

여기서 잠시 시간을 내어 정서적 경험이 없다면 삶이 어떤 모습일지 생각해 보라. 몸 안에서의 울림이 없다면 교향곡은 어떻게 들릴까? 아름다움을 느끼고 감사를 표하고자 잠시도 멈추지 않을 때 아이들과 함께하는 하루는 어떨까? 통증을 일으키지 않는 상심의 의미는 무엇일까? 어떤 반응도 돌아오지 않는다면 우리가 한 말이나 행동이 상처를 주었다는 사실을 어떻게 알 수 있을까? 감정이 연결되어 있지 않다면 사랑은 어떤 느낌일까? 우리가 답례로 미소 짓지 않는다면 아기가 계속 그렇게 까르르 웃을 수 있을까?

감정은 우리 삶에 질감을 더한다. 그것은 우리가 나누는 상호 작용에 대한 피드백이다. 그것은 우리의 이야기, 생리학적 조건, 환경 등 우리가 누구인지를 결정하는 삶의 부분들에 대한 반응이다. 감정은 지적인 뇌에 균형을 맞추어 주며, 우리는 그것이 제공하는 정보가 필요하다. 정서적 경험에 이름을 붙이고 그것과 친숙해지는 법을 배우지 않으면 우리가 경험한 바를 설명할 어휘를 얻을 수 없다. 그렇게 되면 방향을 잃은 듯 혼란에 빠지고, 뇌의 각 부분은 서로 단절되고 말 것이다.[4]

우리에게 감정이 필요하고 심지어 그것을 **원해야** 할 이유에 대한 이토록 많은 증거가 있다면, 왜 많은 이가 감정을 끊어 버리려고 애쓰는 걸까?

느낌의 목록

50여 년 전에 심리학자 폴 에크먼Paul Ekman은 모든 문화권의 사람들이 공유하는 여섯 가지 감정을 정리했다. 아래의 목록은 그 기본 감정에서 파생한 다양한 변형을 보여 준다. 완결된 것은 아니지만(어떤 느낌은 여러 범주에 걸쳐 있다), 이 목록을 참조하면서 자신의 감정을 확인해 볼 수 있을 것이다. 왜 이 작업이 중요한가? 감정에 이름을 붙임으로써 변연계를 진정시키고 뇌를 통합시킬 수 있다는 사실이 연구를 통해 밝혀졌기 때문이다.[5]

행복한	슬픈	분노하는	두려운	놀라운	역겨운
즐거운	울적한	약 오르는	겁나는	깜짝 놀란	냉소적인
걱정 없는	부담스러운	흥분되는	불안이 엄습하는	혼란스러운	환멸
쾌활한	침체된	쓰라린	안절부절 못 하는	궁금한	불편한
흥분되는	낙담한	음울한	불안한	기쁜	당황스러운
들뜬	실망한	짜증 나는	음울한	황홀한	격분한
아찔한	허탈한	언짢은	조심스러운	섬뜩한	지긋지긋한
감사한	진 빠지는	방어적인	절망적인	믿을 수 없는	굴욕적인
기쁜	암담한	좌절한	무서운	감명받은	싫증 난
사랑받는	비통한	격노한	무력한	호기심 어린	질투하는
유쾌한	절망적인	적대적인	망설이는	흥미로워하는	불쾌한
낙관적인	외로운	견딜 수 없는	불안정한	어리둥절한	격노한
편안한	우울한	반항적	과민한	당혹스러운	울렁거리는
만족스러운	수심에 잠긴	분개한	난처한	충격받은	메스꺼운
황홀한	후회스러운	멸시받는	스트레스받는	회의적인	분개한
평화로운	걱정되는	퉁명스러운	긴장한	놀란	물리는
명랑한	지친	속상한	걱정되는	경계하는	우쭐한

치료사가 되기 전의 나는 느낌을 향해 제발 좀 그만하라고 소리치는 사람이었고, 이것이 한때 나의 통상적 반응이었다. 사실 트라우

마 생존자인 나는 왜 우리가 느끼지 않으려 하는지에 대해 공감한다. 나는 고등학교 때 시험을 앞두고 불쑥 떠오르는 슬픔과 두려움 때문에 좌절에 빠지곤 했다. 그것들은 나를 산만하게 만들 뿐이라는 생각에, 스스로에게 이렇게 말했다. 그만해! 정말 형편없네. 지금은 네가 **슬픔/분노/좌절/불안 따위를 느낄 만한 시기가 아니야. 넌 할 일이 있다고.**

그때의 내가 감정이 골칫거리라고 학습한 탓에 느낌에 귀 기울일 가치가 없다고 생각했음을 이제 나는 안다. 몸이 내가 소진되고 피곤한 상태라고 신호를 보낸 거라는 사실을 알았다면, 그때의 경험을 다르게 바라볼 수 있었을 것이다. 내 몸은 성공을 가로막으려고 애쓰고 있던 게 아니었다. 단지 내 몸은 내 감정에 자비롭게 주의를 기울일 필요가 있고, 실패하면 나는 가치 없는 사람이 될까 봐 두려워한다는 사실을 말해 주고 있었을 뿐이다.

물론, 감정을 건강한 방식으로 억눌러야 할 때가 있음은 분명한 사실이다. 이는 사후에 그 감정으로 다시 돌아와, 거기에 귀를 기울이며 처리하는 과정을 위해서 그렇게 할 뿐이다. 내담자를 만난 어떤 날들에는 늦게 잠자리에 들거나 남편과의 말다툼으로 낙담하기도 한다. 이 사실도 중요하지만 그렇다고 해서 내담자들을 만나는 동안을 **내 감정을 느끼는 시간으로 사용해서는 안 된다.** (만약 당신의 치료사가 그렇게 한다면 새로운 사람을 알아보라!) 또한 일상에서 생기는 모든 감정을 그때그때 처리하기란 불가능하다. 식료품 가게에서 아이와 함께 줄을 서 있는데 앞으로 비집고 들어오는 사람에게 소리를 지르고 싶은 충동이 들더라도, 그 순간에는 속으로 나의 불만을 인정하고 나중에 왜 그렇게까지 격분했는지를 스스로에게 물어보는 것이 더 적절하다. 솔직히 살다 보면 발생하는 모든 일을 처리할 능력이 항상 우리에게 있지는 않음을 인정해야 하기도 한다. 하지만 이런 태도는 마치 감정이 존재하지 않는 듯이 혹은 중요하지 않은 듯이 살아가는 것과는 다르다. 사실 아주 짧은 시간을 들여 경험에 이름을 붙이는 것만으로도, 뇌의 우반구와 좌반구가 통합되고 자극받은 변연계가 진정된다는 사실이 밝혀졌다.[6] 대니얼 시겔 박사는 이 현상을 "이름을 붙여서 길들이기"name it to tame it라고 부른다.[7]

감정은 약한 것이라거나 허용해서는 안 되는 것이라고 믿도록 사회화되면, 자신을 더 잘 조절할 수 있는 신경 회로를 만들어 낼 수 없다. 우리 감정의 존재를 부정하면서 어떻게 우리 자신에게 친절해지고 우리가 느끼는 바에 대해 너그러워질 수 있겠는가?

감정이 우리를 돕는다

당신이 어느 날 아침 매우 평온한 마음으로 일어났다고 상상해 보라. 커피를 한 잔 마시려고 주방으로 가는데, 뒷문이 열린 것을 본 순간 불안이 엄습한다. 누군가가 당신의 집으로 몰래 들어온 것 같다. 갑자기 심장이 뛰기 시작하고 두려움과 긴박감과 극심한 공포에 사로잡힌다. 이것은 통합된 신경계가 와해 상태로 전환되었음을 보여 주는 신호다. 생리학적으로 설명하자면 뇌의 특정 부위로 흐르던 혈류가 멈춤으로써 뇌가 그 안에서도 이미 온전히 연결되지 못한 것이다.

그때 한 친구에게 전화가 와서 '아, 괜찮아. 걱정하지 마'라는 말을 듣는다면, 당신의 공포가 사라질까? 두려움이나 걱정은? 당연히 그럴 리 없다!

그런데 왜 우리는 매일의 상황에서 슬픔이나 비통함, 분노 같은 다른 여러 감정에도 그런 식으로 접근하고 그 전략이 통하기를 기대하는 걸까?

느끼기를 **멈추는** 것은 생리학적으로 불가능하다.

그보다는 통합 혹은 뇌의 온전성의 회복으로 나아가는 것이 감정이 우리에게 주는 신호를 존중하는 길이고, 그렇게 함으로써 더 적절하게 반응하는 능력을 얻을 수 있다. 때로 우리는 두려움을 느낄 때 119에 전화할 수 있다. 어떤 때는 위협 상황이 지나갔고 지금은 안전하다는 사실을 스스로 상기할 필요도 있을 것이다. 친구와 함께 있다면, 그 친구를 통해 우리는 혼자가 아니며 강렬한 느낌을 경험하는 것은 지극히 정상이라는 사실을 확인하고 안심할 수 있다. 어떤 경우든 자신 안에서 일어나고 있는 일에 귀를 기울이는 것은 아주 중요하다.

이것은 위급 상황뿐 아니라 난감한 이메일을 받았거나 친구의 힘든 소식을 들었을 때도 마찬가지로 중요하다. 앞서 이야기한 것처럼 그 순간의 감정을 충분히 처리하지 못하더라도 무엇을 느끼고 있는지를 알아차리고[8] 내면에서 벌어지고 있는 일에 기꺼이 이름을 붙이고 존중해 준 뒤, 나중에 다시 그 감정으로 돌아오는 것이 중요하다. 이런 단계를 밟으면서 감정의 강도가 완화되는데, 감각을 억누르지 않으면 그것이 가지는 힘도 실제로 약화되기 때문이다. 무슨 일이 일어나고 있는지를 일단 의식적으로 확인하고 나면, 그것에 귀 기울일 시점과 방법에 대한 선택지도 늘어난다. 이런 작업을 자주 할수록 우리의 온전한 자기는 더욱 능숙하게 부드럽게 해 보기를 해 나갈 것이다.

극단의 삶

진실은 이렇다. 우리가 감정을 부인하기로 선택하더라도 그것은 실제로 사라지지 않는다. 우리 몸은 인생의 여정에서 만나는 모든 것과 함께 감정 또한 기억한다. 우리가 감정을 무시하거나 둔화시키고 그것과 단절을 시도한다면, 지혜로운 몸은 우리와 소통할 다른 방법을 찾아낼 **것이다**. 로마서 8:22의 표현대로 모든 창조 세계는 신음하면서 치유를 향해 나아가기를 갈망한다.

정서적으로 건강한 삶을 살기가 힘들었던 사람들은 일반적으로 다음 두 경우 중 하나를 경험해 왔을 것이다. 하나는 감정과 단절된 느낌이고, 다른 하나는 감정에 압도되는 느낌이다. 앞서 다룬 내용을 상기해 볼 때 이것은 인내의 창 및 경험을 견딜 수 있는 생리학적 능력과 결부된다.

압도(예를 들어, 감정이 너무 크거나 과도하게 느껴질 때) = 과잉 각성
단절(예를 들어, 감정을 의식하지 못하거나 그것과 연결이 끊어질 때)
= 과소 각성

어떤 사람들은 감정을 편안하게 느낄 수 있는 중간 지대(인내의 창)를 찾지 못한 채, 두 극단 사이를 끊임없이 오가기도 한다. 이 장의

도입부에서 만난 키라의 사례가 바로 그런 경우다. 그녀는 때로 감정에 압도되다가, 어떤 때는 건강하지 못한 방식으로 감정과 분리되어 버린다. 둘 중 어떤 선택을 하든 그녀는 진정으로 경험을 처리하거나 충만하게 현존하며 삶에 뛰어들지 못한다.

그렇다면 이것이 당신과 나에게 의미하는 바는 무엇일까? 우리가 감정과 단절되었거나 감정에 압도되었다면 그 사실을 어떻게 알 수 있을까? 다음 목록을 통해 몇 가지 단서를 얻을 수 있을 것이다.

정서적으로 압도되었음을 보여 주는 몇 가지 신호들
- 자신이 실제로 생각하고 믿은 것들이 갑자기 사라지는 경험(예를 들어, 가족 모임에서 사촌이 아이비리그의 로스쿨에 합격했다는 소식을 들려주는 순간, 줄곧 학문적 성취를 이루어 왔음에도 자신은 원래 무능한 사람이라고 믿게 될 때)
- 감정을 **느끼는** 것이 아니라, 자신이 감정 그 **자체**라는 감각(예를 들어, 상사가 몇몇 분야에 대해서 칭찬했음에도 그가 던진 불편한 피드백 때문에 어떤 것에도 집중할 수 없고 오직 실망과 자기 경멸만 느껴질 때)
- 흥분을 가라앉힐 수 없는 상태
- 감정에 '집어삼켜진' 듯한 느낌
- 옳은 답이 무엇인지는 '알지만', 그것을 믿을 수 없음
- 온몸이 죄어드는 느낌

정서적으로 압도된 상태는 불안, 분노, 경직과 같은 모습으로 드러날 수 있다.

정서적으로 단절되었음을 보여 주는 몇 가지 신호들

- 감정이나 감각을 분간할 수 없음
- 명백히 감정이 고조될 상황에서 무심해지는 경험(예를 들어, 아무런 표정이나 느낌 없이 가슴 찢어지는 이야기를 하는 경우)
- 어떻게 '느껴야 하는지'를 알면서 그 느낌과 연결되지 못함(예를 들어, 어여쁜 아기를 출산한 당신에게 사람들이 행복하냐고 묻는데도 큰 감흥이 없음을 깨달을 때)
- 신체적으로 묵직한 느낌, 혹은 갑자기 탈진되는 느낌

정서적으로 단절된 상태는 우울, 동기 결여, 의식하지 않는 상태 등으로 드러날 수 있다.

어떤 면에서 압도와 단절은 모두 온전한 자신이 되지 못하게 한다. 해답은 감정이나 인간성을 폄하하기보다, 감정을 통과해 나아가는 법을 배우는 것이다. 감정을 견디기 위해서뿐 아니라 필요 시 휴식을 취하는 법을 배우기 위해서 말이다. 이 작업을 하면서 우리는 몸이 경험을 가지고 대사작용을 할 환경을 만든다. 그렇게 되면 몸이 감정과 경험을 처리하면서 그것들이 더 이상 강렬하거나 불안하게 느껴지지 않고, 반추 가능한 순간이나 생각, 기억 등으로 전환되어 우리가 학습한 내용 안으로 흡수된다.

나는 내담자들에게 이 과정을 파일들을 정확한 위치에 보관하는 작업에 비유해서 설명해 준다. 충분히 처리된 감정과 경험과 감각은 온전한 자기가 접근할 수 있는 뇌의 영역에 정리되어 보관된다. 반

감정을 처리하는 법

1. 마음의 눈으로 몸을 관찰하며 시작한다.
2. 어떤 감각이 느껴지면, 그 부위가 어디인지 알아보라.
3. 어떤 부위에서 힘이 나는 느낌이 들면, 그곳에 손을 얹으라.
4. 잠시 호흡하며, 판단하거나 교정하지 않고 단순히 그 감각을 의식해 보라.
5. 그 감각이 어떤 감정과 연결되어 있는지 알아차리라.
6. 감정의 강도가 파도처럼 정점에 이르렀다가 흩어지는 방식을 관찰하라.
7. 가능하다면 그 감정이나 경험을 교정하거나 판단하지 않고 이름을 붙여 보라. 필요하다면 201쪽으로 돌아가 "느낌의 목록"을 참조하라.

주의: 인내의 창을 벗어난 느낌이 든다면 언제든지 그라운딩이나 담아두기 훈련을 시작할 수 있다.

면 이 과정을 통해 제대로 처리되지 못한(주로 대문자 T 트라우마나 소문자 t 트라우마 때문에) 감정은 온전한 뇌에 접근할 수 없고, 계속해서 불안하거나 강렬하게 느껴진다.

감정을 견디는 법 배우기

나는 때로 감정이나 감각에 대한 인내력을 키우는 일을 근육을 강화하는 일에 비유한다. 비행을 두려워했던 키라를 떠올려 보자. 그녀는 단 한 번도 자신의 경험에 **이름을 붙이도록** 격려받거나 지지해 달라고 요청해도 괜찮다고 느끼지 못했기 때문에, 몸이 주는 신호를 철저히 매장해 버렸다. 그래서 마음의 동요와 불안을 무시하는 법을 학습하고 '물질보다 정신이 중요하다'는 접근 방식을 가지려 노력했다. 감정을 느껴도 괜찮다는 사실을 가르쳐 줄 양육자가 부재한 상태에서 감정에 대한 그녀의 인내력은 줄어들었다. 근육이 약화된 것이다.

움직이지 않으면 몸의 근육이 줄어드는 것과 마찬가지로, 감정을 무시하면 감정을 알아차리고 느끼며 살아가는 능력이 줄어든다. 감정을 견디는 법을 배우기 위해서는 (그리고 인내의 창을 늘 염두에 두기 위해서는) 느낌을 의식하는 일에 열려 있어야 한다.[9]

키라는 나와 함께 여러 회기를 거듭한 끝에 마침내 비행에 대한 강렬한 두려움을 다루기로 했다. 그녀는 수년 동안 비행기를 타야 할 때마다 파괴적인 불안 발작에 시달렸다고 한다. 어떤 면에서 그녀는 비행에 대해 '전혀 아무렇지 않다'고 말하면서도 왜 자신이 그와 다르게 느끼는지에 대해 스스로에게 연민을 갖지 못했다. 하지만 출장이나 휴가로 비행기를 타야 할 날짜가 다가오면 그녀의 몸은 떨리기 시작했고, 그녀는 이유를 설명하지 못한 채 울음을 터뜨렸다. 키라와 나는 점차 그녀 안에 있는 자비로운 증인(전전두엽 피질)과 연결되는 작업을 하면서, 자신에게 일어나는 정서적 경험에 이름을 붙이고 나쁜 느낌이란 없다는 사실을 인정했다. 작업을 해 나갈수록 더 큰 회복 탄력성을 경험했다. 우리는 비행의 두려움뿐 아니라 불안을 가중시킨 유년기의 다른 경험들(열두 살에 대륙을 가로질러 이주한 경험을 포함해)도 함께 다루기 위해, 안구 운동 민감 소실 및 재처리 요법eye movement desensitization and reprocessing, EMDR[10]이라 불리는 치료법도 사용했다.

하지만 이 모든 작업도, 키라가 정서적 자기emotional self가 자신을 인간으로 만들어 주는 한 부분이라는 생각을 수용하고 견디지 않았다면 아무런 효과가 없었을 것이다. 정서적 자기는 그녀를 온전하게 만들어 주는 한 부분이다.

우리도 정서적 건강을 위해 다음 원칙들을 따른다면 감정의 근육을 강화할 수 있을 것이다.

1. 경험에 이름을 붙이라. 앞서 논의한 대로 잠시 느낌에 주목하는 것만으로도 긍정적인 영향을 불러올 수 있다. 연구자 리사 펠드먼 배럿Lisa Feldman Barrett은 '감정 입자도'emotional granularity라는 용어를 만들어 냈는데, 이것은 자신의 경험과 가장 가까운 단어를 찾아내고 표현하는 능력을 말한다. 그녀는 우리가 경험을 정확하게 규명할수록 조절 역시 원활해진다고 말한다.[11] 예를 들어 최근 두 살배기 내 아들이 거실 한가운데서 발을 쿵쿵거리며 이렇게 소리친 적이 있다. "난 슬프다고요, 엄마!" 나는 아이가 사실은 화가 났음을 즉각 알아차릴 수 있었다. 왜냐하면 내가 아이스크림은 저녁 식사 후에 먹을 수 있다고 말했기 때문이다. 나는 그다지 완벽한 부모가 아니지만, 아이의 마음을 이렇게 반영해 주었다. "네 느낌은 좀 더 강한 것 같은데? 슬프기도 하면서, 화가 나지는 않니?"

"맞아요, 화나요!" 아이는 작은 가슴을 앞으로 삐죽 내밀며 소리쳤다. 감정이 즉각 누그러들지는 않았지만, 아이는 내 포옹을 받아 주었고 우리는 다음 단계로 나아갔다. 충분히 이해받은 감정은 우리의 가장 깊은 인간적 필요를 향해 말을 건다는 사실이 확증된 순간이었다. 이런 식으로 감정 입자도는 우리 모두에게 적용된다. 이는 마치 자신이 찾아야 하는 지점을 지도에서 정확하게 짚는 것과 같다. 스스로 느낌을 확인하든 다른 사람의 도움을 받든, 그 느낌에 이름을 붙이는 것은 큰 도움이 된다. 그에 더해 (6장에서 소개한) 추적 기법을 사용함으로써 감각과 그 감각을 경험하는 방식의 변화를 더 잘 이해할 수 있다. 기억하라. 좋은 느낌과 나쁜 느낌은 없다. 그저 그렇게 느낄 뿐이다.

2. **파도를 타라.** 얼마 전 친한 친구가 아이들을 함께 놀게 할 겸 우리 집에 왔다. 오랜만에 만나서 크고 작은 삶의 변화들에 관해 이야기 나누다가, 그녀가 내 눈을 똑바로 바라보며 이렇게 말했다. "오래전에 감정의 파도를 타는 것에 관해 이야기했던 거 기억나? 그건 내가 지금까지 배운 최고의 것 중 하나였어."

우리는 함께 숨을 내쉬고 웃었다. 당연히 기억하고 있었기 때문이다.

나는 그때 감정이란 파도 같은 거라고 이야기했었다. 즉 정서적 경험이 만들어진 뒤 정점에 이를 때까지 커지다가, 그러고 나서는 사그라진다. 우리가 감정과 함께 머무는 30초에서 1분가량의 시간을 견딜 수 있다면, 그것이 정점에 이르렀다가 소멸되는 것을 확인할 수 있을 것이다.

감정이 우리에게 정보를 준다는 사실과 그런 감정이 **변화**하고 적응하고 심지어 사라지는 현상이 정상적이라는 것을 깨닫는다면, 우리는 다른 방식으로 감정에 접근할 수 있을 것이다.[12] 이런 생각은 불안과 싸우는 사람들에게 특히나 유익하지만, 모든 종류의 감정에 적용될 수 있다.

3. **담아두기를 훈련하라.** 이 과정을 거치지 않으면, 계기가 생겼을 때 외상적 경험이 다시 활성화됨으로써 강렬한 감정과 감각

에 사로잡힐 수 있다. 사실 애초에 어떤 경험이 트라우마가 된 부분적 원인은 신경계와 몸이 거기에 압도되어서 그 경험을 충분히 처리하지 못했기 때문이다.

정서 조절을 배울 때 유념할 것은, 무언가가 너무도 크게 느껴질 때 그라운딩이나 담아두기(132쪽과 106쪽을 보라) 같은 자원을 이용하는 것은 단지 적절한 일이 아니라 필수라는 사실이다. 나는 감정 느끼기를 배우는 일을 적극적으로 옹호하는 사람이지만, 경험이 다시 트라우마가 되지 않도록 인내의 창을 항상 염두에 두어야만 한다.

담아두기 훈련의 목표는 고통이 줄어드는 감각느낌을 얻는 것이다. 그리고 고통을 처리할 필요는 다른 시점에야 나타나지만, 그 고통을 직접적으로 느끼는 정도는 더는 같지 않다.[13] 나의 내담자 한 명은 자신의 고통을 불길 속에 담아 두는 상상을 했다. 그것이 불타는 장면을 지켜보고 난 후 그녀는 남은 재를 비행기 위에서 흩뿌리는 상상을 했다. 그런 시각화 작업이 끝났을 때, 나는 그녀 안에 생겨난 본능적 평온함을 감지할 수 있었다.

4. **호기심을 가지라.** 감정과 함께 머물고, 자신을 진정시키는 방법을 배우고, 필요할 때마다 휴식을 취하는 것 말고도 호기심 어린 내적 자세를 갖추는 것도 유익하다. 호기심은 변연계나 편도체 같은 피질 하부 영역의 뇌가 피질과 다시 연결되도록 돕는다. 그렇게 되면 자신이 경험하는 감정이 궁극적 진실

은 아니라는 사실을 인정하고, 그 대신 그것이 우리에게 정보를 공유한다는 것을 인식한다. 그러면 우리는 이 높은 차원의 사고를 통해 자신에게 다음과 같이 다정하게 말을 건넬 수 있을 것이다. 음…거참 흥미롭네. 내가 실수에 대해 왜 그렇게까지 크게 반응했는지 궁금해지는데…. 그 사람이 가족 여행에 대해 이야기하는데 왜 내 심장이 그렇게 빨리 뛰었을까? 이런 접근을 통해 우리는 가능한 한 많은 정보를 얻고, 고통을 통과하는 자신을 자비롭게 대할 수 있다.

5. **현실에 기반하게 하는 진술을 선언하라.** 정서 조절 작업의 마지막 단계는, 우리가 감정을 느낄 수는 있지만 그 느낌이 우리 자신은 아님을 인정하는 것이다. 이 지점에서 우리는 다음과 같은 진술을 사용할 수 있다.

나는 안전하다.
나는 선택할 수 있다.
나는 유능하다.
나는 사랑스럽다.
나는 소중하다.
나는 과정 중에 있다.
나는 경계를 설정할 수 있다.

그리고 이 목록에는 당신이 감정을 통과해 앞으로 나아가도록 돕는 어떤 진술이든 추가할 수 있다.

깨어 있는 삶

많은 사람이 온전한 인간이 된다는 것이 항상 행복하다는 걸 의미한다고 생각한다. 하지만 이 땅에서의 삶은 좀처럼 그런 모습을 허락하지 않고, 삶은 늘 즐거운 감정과 불편한 감정 모두를 이끌어 낸다. 그런 가운데 자신의 감정을 의식하고 거기에 귀 기울이는 법을 아는 사람들이 있는데, 이들이야말로 진정으로 깨어 있는 사람들이라 할 수 있다. 그들은 힘든 경험 속에서도 자신을 자비롭게 대하는 법을 알기에, 자신의 감정에 압도되거나 그것으로부터 단절되지 않는다. 그리고 가장 놀라운 부분은, 다른 사람들도 이들 주변에 있다는 이유만으로 동일한 내적 평정에 대한 감각을 얻는다는 사실이다. 이것이 바로 부드럽게 해 보기를 통해 얻을 수 있는 값진 열매다.

스스로에게 감정을 경험하도록 허용하는 가운데 혼자 감당하기 너무 벅찬 감정을 마주한다면, 지지와 도움을 요청해도 된다(그리고 그것이 지혜롭다). 때로는 한 번에 아주 적은 양의 감정을 받아들인 후 휴식을 취할 필요도 있는데, 특히 만성적 트라우마를 안고 살아온 사람이라면 지극히 정상적인 조치다.

하지만 나의 가장 큰 바람은, 감정을 느끼는 당신이 결코 약하지 않다는 사실을 이해하는 것이다. 주변 세계에 반응한다고 해서 당신이 '모자란' 사람인 것은 아니다. 당신의 비통함과 기쁨, 분노, 혐오, 두려움은 당신을 규정하는 것이 아니라 당신 내면에서 일어나는 일들을 보여 주는 단서다. 그리고 이곳이 바로 아름다움이 피어나는 장소다. 자신의 경험을 존중할수록, 우리는 감정에 갇히지 않고 그것을 헤치고 앞으로 나아갈 더 많은 자유를 얻는다. 비행에 관한 생각만으로도 공포에 빠지고 몸을 떨었던 키라와 같이 호기심과 연민을 가지고 우리의 고통스러운 감정에 다가간다면, 우리 역시 하늘로 날아오르는 법을 터득할 것이다.

부드럽게 해 보기

느낌에 압도당하거나 그것과 단절되지 않을 때 우리는 정서적으로 건강해질 수 있다. 다음 훈련은 극단적 상태에서 평정을 되찾는 것을 돕고자 고안되었다.

압도된 리듬 다루기

(감정에 과잉동일시 된 이들을 위한 훈련)

감정을 통과하는 동안 반드시 인내의 창 안에 머물러야 함을 기억하라. 인내의 창 경계에 다다랐음을 감지하면, 그라운딩이나 담아두기 훈련을 통해 인내의 창을 벗어나지 않게 하라.

1. 정서적 경험에 이름을 붙이고 일기장이나 노트에 기록하라. 복잡하게 뒤섞인 감정들에 이름을 붙여야 할 수도 있다. (201쪽 '느낌의 목록'에서 도움을 받을 수 있다.) 느낌을 판단하려는 유혹을 떨치고, 그냥 이름만 붙이라.

2. 경험을 관찰하는 동안 몸을 스캔하면서 느낌에 동반되는 무슨 감각이든 알아차려 보라. 예를 들어 불안을 느낀다면 그 불안이 몸의 어느 부위에서 느껴지는가? 행복하다면 어느 부위에서 그 행복감이 나타나는가? 고통스러운 감정이 느껴진다면 (그것이 위안을 준다는 전제하에) 그 감각이 느껴지는 부위에 손을 얹어 보라. 손의 압력을 의식하고, 그것이 어떻게 느껴지는지 관찰하라.

3. 편안하게 느껴진다면, 당신의 정서적 경험 안으로 하나님을 초청하라. 당신의 감정에 영향을 끼칠 수 있는 지혜로운 방법이 있는가? 예를 들어 가까운 누군가에게 상처를 받아 마음이 힘들 때, 당신은 그 느낌에 이름을 붙이는 데서 더 나아가 과거 경험에 비추어 그 사람이 당신에게 으레 선의를 가지고 있음을 기억함으로써 조절된 상태를 유지할 수 있다.

단절 다루기

(감정과 단절된 느낌을 받는 이들을 위한 훈련)
정서적 반응을 해야 하는 상황에서도 때로 아무런 감정이 없거나 극미한 수준의 반응을 하고 있다면, 다음의 훈련을 시도해 보라.

1. 먼저 몸 스캔을 하면서 몸과 연결되었다는 느낌이 드는지 살펴보라. 연결되어 있지 않다면, 가슴으로 세 번 정도 짧고 얕게 호흡하라.[14] 호흡하면서 몸에서 느껴지는 감각을 의식하라. 정서적

감응을 일으키는 상황을 떠올리며 자기 안에서 느껴지는 감각을 관찰하고, 다음과 같이 질문하라.

- 이 감각은 모양이 있는가?
- 크기는?
- 색깔은?
- 이 감각이 말을 할 수 있다면 뭐라고 말하겠는가?

2. 이제 201쪽의 단어 목록(느낌들)을 읽으라. 읽으면서 어떤 감정이 당신의 몸에서 경험되는 감각과 연결될 수 있는지 생각해 보라. 당신의 경험과 연결되는 한 가지 이상의 단어가 있는가?

얼마나 열심히 노력하든,

스스로를 혐오하거나 자신에게

수치를 주는 방식으로는 결코 변화될 수 없다.

9장

내면의 비평가에 대해 부드럽게 해 보기

당신 자신을 극도로 너그럽게 대하라.

존 오도너휴, 『우리 사이의 공간을 축복하기 위하여』 To Bless the Space between Us

친절과 연민이라는 개념을 나는 오래전부터 좋아했다. 고등학교 시절 나는 오래된 우리 집 바닥에 누워 시편 145편에 멜로디를 붙인 노래를 듣곤 했다.

> 주님은 은혜롭고 자비로우시며,
>   노하기를 더디하시며, 인자하심이 크시다.
>
> 주님은 모든 만물을 은혜로 맞아 주시며,
>   지으신 모든 피조물에게 긍휼을 베푸신다. (8-9절)

노래를 따라 부르면서 내가 할 수 있는 최선으로 이 말씀을 믿었다.

하지만 그것이 진실인 것처럼 살아갈 수는 없었다. 나는 하나님이 베푸시는 친절을 받을 수 있음을 아는 데서 오는 자유를 만끽하고 싶었다. 나를 향한 하나님의 태도가 너그럽고 은혜롭고 자비롭다는 사실을 믿기를 바랐다. 하지만 내 안의 비평가가 너무 완강했기 때문에 나는 그 진실을 온전히 받아들일 수가 없었다.

나 자신의 엄격한 기대에 부응하지 못할 때마다 내가 스스로에게 한 말들은 다정함과는 거리가 멀었다. **어떻게 그렇게 어리석을 수 있지? 그걸 보고 있었어야지. 넌 너무 과해. 그건 네 잘못이야. 아무도 너랑 어울리고 싶어 하지 않아.** 내 행동으로 아빠의 화를 돋우었을 때든, 농구 시합에서 결정적인 슛을 놓쳤을 때든 나의 제일 처음 반응은 더 많이, 혹은 더 잘하지 못했다고 나를 맹비난하는 것이었다. 다른 사람에게서 느낀 판단을 내면화하고 때로는 확대하면서, 인간이라는 이유로 스스로를 처벌했다. 나는 슬픔과 고갈된 마음을 무시하려고 노력했고, 또 다른 실수를 하지 않기 위해 고도의 경계 태세를 유지하며 살았다. 하나님의 사랑은 선하다는 확신으로 살아가고 싶었지만, 그런 갈망만으로는 자기혐오를 이겨 낼 수 없었다.

수치심의 구덩이

혹시 당신도 이런 감정을 느껴 본 적이 있는가? 좌절과 분노와 스스로를 향한 비평의 끝없는 순환 속에 갇힌 적이 있는가?

내담자들을 만나면서 알게 되는 것은, 사람들이 이 악물고 참으려고 하는 가장 일반적 이유가 자기혐오 혹은 자기 경멸이라는 사실이다. 정확히 말하면 자신의 약점을 확인하고 그 부분을 개선해 가려는 시도는 전혀 나쁜 것이 아니다. 하지만 건강한 죄책감과 수치심 사이에는 큰 차이가 있다.

죄책감 = 나는 나쁜 짓을 했다.
수치심 = 나는 나쁘다.[1]

신앙의 관점에서 볼 때, 건강한 죄책감은 우리 행동을 뉘우치거나 변화시키는 동기를 부여하는 요인으로 생각할 수 있다. 이 과정은 성장과 부드럽게 해 보기를 배우는 일에 있어 아름답고 필수적인 부분이다. 이상적으로는 양육자들이 관계의 균열을 회복할 때 이 과정을 따르는 것이 좋다. 우리는 모두 타인을 잘 사랑하기 위해 건강한 개인적 책임감을 지닐 필요가 있다. 예를 들어 너무 큰 소리로 웃는 바람에 옆방에서 자고 있던 동생을 깨워 버린 딸을 다그친 후 즉각 후회하는 마음이 들 수 있을 것이다. 그때 나는 상처받아 얼굴이 붉어진 딸을 품에 안고 사과를 할 것이다. 내뱉은 말을 다시 주워 담기를 간절히 바라면서도, 동시에 나도 여느 바쁜 엄마들처럼 생각 없이 반응이 튀어나올 수 있는 인간임을 인정하면서 자신에게 은혜를 베풀 수 있다. 이것이 바로 건강한 죄책감이다.

건강한 죄책감은 우리가 불완전하지만, 여전히 사랑받고 가치 있는 존재임을 인식하게 해 준다. 부모가 자녀와의 상호 작용에서 사랑과 안전을 우선시할 때, 아이들은 연결되어 있다는 감각과 타인에 대한 공감 및 개인적 책임감을 내면화하고 신경계도 조절된 상태가 된다. 그런 아이들은 자신의 행동에 대한 피드백과 온화한 지적도 잘 수용한다.² 이것이 바로 하나님과의 안정적인 애착이 우리에게도 엄청난 자원이 될 수 있는 이유다. 아직은 자신의 애착 유형 때문에 자신을 너그럽게 대하기 어렵더라도, 얼마든지 하나님을 안전한 상륙지로 경험할 수 있다. 우리는 절망하지 않고 자신의 잘못을 다루는 데 필요한 안전을 그분이 제공해 주실 것을 알기에, 그분과 연결될 수 있다.

반면 수치심은 **우리 존재**가 귀하지 않고 사랑스럽거나 가치 있지 않으며, 연결된 자격이 없다는 비판적 평가이며 종종 양육자가 우리와 상호 작용한 방식에서 기인한다. 발달 과정에서 생기는 수치심은 흔히 "어린 시절의 트라우마에 동반된다."³ 수치심이 신경계에 미치는 영향을 감안하면, 그 수치심이 회복되지 않았을 경우 사실상 그것을 소문자 t 트라우마라 부를 수 있다. 내 경험을 통해 볼 때 죄책감과 수치심의 주된 차이는 이렇다. 죄책감은 행동(혹은 다른 어떤 것)을 진정으로 변화시키기 위해서는 사랑과 지지와 잘 조절된 신경계가 필요함을 인정한다. 하지만 수치심은 가르침의 방편으로서 관계적으로 추방시킬 수 있다는 위협을 사용한다(예를 들어, "계속 불평하려거든 여기 얼씬도 하지 마라"). 수치심의 문제 중 하나는 그것이 불러일으키는 어떤 변화도 결국은 일시적이라는 것이다. 수치심은 생존을 유일한 목표로 삼는 아래쪽 뇌에서 나오는 반응을 유도하기 때문이다. 진정한 성장은 언제나 우리의 온전하고 통합된 자기를 포함한다.

수치심에 대해 생각하다 보면, 나는 페기 오마라 Peggy O'Mara의 말이 떠오르곤 한다. "우리가 아이들에게 말하는 방식이 아이들 내면의 목소리가 된다." 어떤 면에서 우리 내면의 비평 중 많은 것은 어린 시절에 느낀 수치심 중 해결되지 않은 영역에서 만들어진다. 우리의 기능을 교란하는 많은 요인과 마찬가지로, 수치심 또한 심각한 결과를 가져온다. 심각하게 내면화된, 혹은 유독한 수치심을 가지고 성장한 사람들은 인내의 창이 좁아진 경우가 많다. 그렇게 되면 우리가 알듯이 온전히 통합된 뇌와 연결이 끊어진 상태에서 너무나 사소한 장애물에도 신속하고 강렬한 반응이 나타난다.

친구여, 이것이 바로 우리가 다른 태도를 가지려는 이유다. 수많은 사람이 자신을 꼼짝 못 하게 하고, 트라우마를 입히고, 불행하고 외롭게 만드는 내면의 목소리를 가졌다. 이 목소리는 우리가 충분하지 않고, 자격 없으며 너무 과하고, 너무 왜소하다는 메시지를 한꺼번에 쏟아 낸다. 이 목소리가 우리 매일의 일상에 어떻게 영향을 미치는지를 알기는 그리 어렵지 않다. 그렇지 않은가? 만약 우리의 핵심 서사가 **우리는 나쁘다**는 것이면, 우리의 어떤 행위도 충분하지 않을 것이고 아무리 행동 관리behavioral management를 하더라도 이 상처를 치유할 수 없을 것이다. 많은 내담자가 다르게 사는 '방법'에 관해서는 어마어마한 정보를 갖고 있지만, 사실 문제가 되는 것은 결코 정보가 아니다. 예를 들어 관계를 돈독히 하는 법에 대해 논의한 후 배우자와 무거운 주제를 가지고 대화를 시도할 수 있고, 거절당할 위험을 감수하고 새로 이사 온 이웃에게 다가갈 수도 있고, 무뚝뚝한 사춘기 아이의 말을 인내하며 듣겠다고 결심할 수도 있다. 그런데 일이 잘 풀리지 않으면 결국 자신이 충분하지 않았다고 비난하고, 심지어 타인과 더 잘 연결되려는 시도에 대해서까지 자신을 질책하기에 이른다.

부드럽게 해 보기를 위한 확언

- 나에게 선택권이 있다.
- 나는 경계를 설정할 수 있다.
- 사람들을 실망시켜도 괜찮다.
- 나는 유능하다.
- 어떤 경우에도 나는 사랑받는 사람이다.
- 나는 소중하다.
- 나는 지지를 요청할 수 있다.
- 도움이 필요해도 괜찮다.
- 감정은 나에게 정보를 준다.
- 몸은 나를 지지해 준다.
- 몸은 나에게 정보를 준다.
- 나는 오직 나 자신만 책임진다.
- 나 자신을 돌본다 해도 괜찮다.
- 이 감정은 일시적이다.
- 나는 사랑받는 자다.

부드럽게 해 보기는 옳은 일이 무엇인지에 대해 **알거나** 그것을 **행하는** 것이 아니다. 그것은 우리를 꼼짝 못하게 하는 고통 앞에서 자신을 너그럽게 대하는 것이다. 우리가 얼마나 열심히 노력하든, 스스로를 혐오하거나 수치를 주는 방식으로는 결코 변화될 수 없기 때문이다. 우리는 오직 사랑으로만 진정한 성장을 향해 나아갈 수 있다. 이 사랑은 너그럽고 친절하고 자비롭고 선하신 하나님이 우리에게 주신 것이고, 우리 역시 스스로에게 이 사랑을 주도록 초대받는다. 자기 자비라는 주제에서 선도적 연구자인 크리스틴 네프는 연민compassion이 공감empathy과 다르다고 지적한다. 공감은 타인과 함께 느끼는 것인데, 연민은 타인과 함께 고통받고 그 고통으로 인해 마음이 움직여 행동으로 나아간다는 점에서 그렇다.[4] 자신을 자비롭게 대하는 능력은 어린 시절에 이루어지지 못한 애착의 회복이 이루어지게 함으로써, 우리 안에 내면화된 안전 기지를 강화하고 신경계를 안정시킨다.

내 고유한 이야기를 살아오면서, 나는 자기 자비라는 개념이 치유에서 변화를 초래하는 지점이라는 사실을 깨달았다. 사실 연민은 이런저런 어린 시절 트라우마를 가진 이들뿐 아니라, 유독한 수치심이 성장을 가져온다고 생각했거나 그런 메시지를 들으며 양육받은 사람 모두에게도 변화를 일으킬 힘을 지닌다. 연민은 자기혐오의 틀에 갇힌 우리 모두를 위한 것이다. 그리고 성장을 위해 기도하지만, 도무지 그런 것이 일어나지 않는 모든 이를 위한 것이다. 이 연민은 우리가 이미 소유했음을 알고 있는 사랑과 수용에 올바르게 접근하고, 우리의 상처 입은 부분과 다정하고 너그러운 부분을 이어 주는 새로운 신경 경로를 통합하고 열어 내고 창조하도록 돕는 원료다.

자기혐오의 해체

치료사로 일하면서 나는 내담자들 내면의 비평가가 그들의 행복을 얼마나 극심하게 방해하는지를 보았다. 코트니의 사례를 살펴보자. 처음 내 상담실을 방문한 20대 후반의 그녀는 유행하는 옷을 차려입고 자신감 넘치는 모습이었다. 첫 회기를 신행하는 내내 나는 그녀가 삶의 어떤 부분을 다루고 싶은지가 궁금했는데, 그녀는 자기를 잘 인식하고 있었고 친절했고 무척 평온해 보였기 때문이다. 어린 시절의 일들과 여행을 다니며 경험한 재미있는 일들을 이야기하면서 그날의 회기가 끝날 즈음 그녀에게 물었다. "코트니, 우리 작업의 핵심 목표를 무엇으로 잡으면 좋을까요?"

갑자기 그녀의 표정이 바뀌고 앞서 보았던 자신감도 순식간에 사라졌다. "저기, 전 계속 관심 있는 남자와의 데이트를 일부러 방해하는 것 같아요."

"조금 더 이야기해 줄래요?" 내가 천천히 물었다.

"음, 최근까지 한동안 친하게 지내던 남자가 있었어요. 제가 커피 한잔하자고 했더니 그쪽도 좋다고 했어요. 그다음 날 문자가 왔는데, 기분이 날아갈 것 같으면서도 머릿속에서 이런 생각이 끊이지 않았어요. 이 남자는 나 같은 사람을 만나기엔 너무 괜찮은 사람이야. 시도해 봤자 소용 있겠어? 결국 문자를 무시했어요. 그게 저한테는 더 쉬운 일이었거든요. 어차피 그 사람은 날 차 버릴 거니까요. 어휴. 데이트에 관한 책을 최소 서른 권은 읽었지만, 소용이 없어요! 조언들은 아무런 도움이 안 돼요! 전 늘 같은 자리로 돌아오고 말죠. 내 안의 비평가는 늘 내가 허접하다고 말하거든요."

실제로 많은 사람이 자신에 대한 가장 혹독한 비평가가 되어야 하고 자신에게 엄격한 태도야말로 변화를 일으키는 최고의(아마도 유일한) 촉매제임을 믿으며 자랐다. 나는 혹독한 내면의 비평을 듣고 있는 내담자들에게, 다른 누군가에게도 그렇게 비판적으로 말한 적이 있는지, 혹은 다른 사람들이 자신에게 그렇게 말하도록 허용한 적이 있는지를 종종 묻는다. 물론, 대부분 그렇지 않다는 대답이 돌아온다. 훨씬 더 중요한 것은 이렇게 판단하는 마음은 은혜롭고 자비롭고 애정 어린 하나님의 성품과 모순된다는 사실이다. 자신에 대한 이런 강렬한 혐오가 우리의 가장 진실한 어떤 측면, 즉 우리가 사랑받는 자라는 사실을 수용하지 못하게 한다면 어떻게 할 것인가?

어떻게 자신에게 이런 연민을 나타낼 수 있을까? 네프는 마음챙김, 자기-친절, 보편적 인류애를 세 가지 주요 요소로 제시한다.[5]

1. **마음챙김 vs. 과잉동일시** 우리는 앞에서 마음챙김 훈련의 내용과 그것이 주의력을 개발하고 전전두엽 피질을 강화하는 방식에 대해 다룬 바 있다. 마음챙김의 또 다른 유익은, 감정에 갇히지 않고 고통을 존중하게 함으로써 판단 없이 무언가를 관찰하는 능력을 키워 준다는 점이다.

네프의 설명에 따르면 자기 자비와 마음챙김을 함께 사용하는 것이 자신을 부드럽게 대하는 능력을 얻는 비결이다. 마음챙김이 자신의 경험을 알아차리는 것과 관련된다면, 자기 자비는 경험과 과잉동일시 되지 않고 자신이 알게 된 사실을 가지고 무언가 행동하는 것에 관련된다. 예를 들어 코트니는 치료를 받으면서 자신이 데이트에 대해 생각할 때마다 몸이 어떻게 활성화되는지 관찰하는 법을 배웠다. 그녀는 목이 죄어드는 느낌을 알아차렸고, 가슴에 느껴지는 압박 때문에 숨이 가쁘고 절망적인 느낌이 들었다. 그러다가 경험을 판단 없이 추적할 수 있게 되면서, 치료 과정에서 배운 훈련을 통해 자신을 연민으로 대하기 시작했다. 그리고 시간이 가면서 단순한 대응이나 두려움에서 우러난 행동보다는, 진정한 자기와 일치하는 행동을 할 수 있는 인내력을 키워 갔다. 자기 자비를 통해 회복력이 생겨난 것이다.

마음챙김 훈련들을 할 때와 마찬가지로 이 작업의 목표 또한 인내의 창에 머무는 것이다. 그래야만 어떤 감정에 과잉동일시 되거나 압도되기 시작할 때 그라운딩을 시도하고 추후에 그 감정으로 돌아갈 수 있기 때문이다. 하지만 일단 감정을 관찰하는 인내력이 생기면 자기 자비의 다른 부분들이 강력한 힘을 발휘할 수 있다.

2. **자기 친절 vs. 자기 판단** 우리는 자기 자비를 실천하면서 낯선 사람이나 친구, 사랑하는 사람에게 준 연민을 자신에게도 적용한다. 타인보다 자신에게 더 가혹해야 한다고 생각하는 대신 자신에게 은혜를 베푸는 것이다.

나는 종종 자신에게 친절한 태도를 지니기 힘들어하는 사람들에게 그들이 사랑이나 연민을 느끼는 대상을 한번 생각해 보라고 조언한다. 그러면 그렇게 떠올린 느낌을 자기에게 적용하기가 한결 쉽기 때문이다. 신앙의 관점에서 우리는 하나님이 우리에게 엄청난 연민을 느끼고 계심을 안다. 그렇다면 그 연민을 스스로 경험하도록 허용해 보는 것은 어떨까?

최근 한 내담자에게 자신이 사랑을 느끼는 사람을 떠올리도록 요청했다. 그녀가 자신이 아끼는 다섯 살배기 조카 이야기를 꺼내자 내가 말했다. "당장은 자신을 너그럽게 대하기가 힘들 거예요. 혹시 조카가 외로움과 슬픔을 느끼는 장면을 상상할 수 있겠어요?"

"네." 그녀가 천천히 대답했다.

"좋아요. 누군가에게 쓸모없는 사람이라는 말을 들은 당신의 조카를 안아 주듯이, 자신을 안아 주는 거예요. 할 수 있겠어요?"

그녀는 한숨을 내쉬었다. "네, 한번 해 볼게요."

나는 그녀가 해 보려는 의지를 가진 것이 기뻤다. 신체 접촉은(심지어 자신이 하는 접촉일지라도) 뇌에서 옥시토신을 분비하게 하기 때문이다. 옥시토신은 엄마와 아기의 결속을 돕는 호르몬/신경전달물질로, 사랑에 빠질 때 분비되며 자신에 대해 더 깊은 애정을 느끼도록 돕기도 한다.[6]

우리는 이 장 말미에서 자신에게 친절을 베푸는 구체적 방식들을 탐구해 볼 것이다.

3. **보편적 인류애 vs. 고립** 고통은 고립된 곳에서만 발생하지 않고 전 인류에게 공통으로 일어난다. 이 세상은 깨어졌다. 죄는 존재한다. 우리는 연약하다. 자신만 특별히 고통을 경험하는 것이 아님을 인정한다면, 자신을 연민을 받을 자격이 있는 존재로 대하기가 쉬울 것이다. 또한 외롭다는 느낌보다는 인류의 경험과 연결되어 있다고 더 많이 느낄 것이다.

삶에서 만난 고통과 싸운 많은 친구를 떠올려 보면, 고통을 일으키는 원인이 제각기 다르지만 우리가 혼자가 아니라는 사실을 기억할 수 있다. 그리고 이는 큰 변화를 가져다줄 것이다.

이 세 갈래의 접근은 부드럽게 해 보기 작업에 엄청난 유익을 제공하는데, 그 부분적 이유는 이런 접근을 통해 느낌에 갇히지 않고 그것을 견디는 법을 배울 수 있기 때문이다.

친절하고 선하신 하나님

당신이 나와 비슷한 사람이라면 이런 질문이 생기기 시작할 것이다. **그렇다면 우리가 자기 자신을 무조건적으로 사랑하는 것이 하나님이 원하시는 바인가?** 이 사실은 너무나 좋아서 진실이라고 믿기가 힘들 정도다. 그렇지 않은가? 결국 수치심을 불러일으키거나 자신을 혹독하게 비판하지 않고서 우리가 어떻게 변화하거나 성장할 수 있을까? 어떻게 올바른 길을 찾아갈 수 있을까?

여기서 하나님이 그런 친절과 연민, 선함을 우리에게 **항상** 베풀어 주셨음을 기억하는 게 도움이 될 것이다. 히브리어 '헤세드' checed는 성경에 자주 등장하는 단어로, "스트롱 어휘사전" Strong's Lexicon에서 가장 일반적으로 번역되는 단어는 **자비** mercy, **친절** kindness, **자애** loving-kindness, **선함** goodness 등이다.[7] 하나님의 이러한 측면을 묘사할 뿐 아니라 사람들이 서로 관계 맺는 방식을 표현하기도 하는 '헤세드'는 구약에서 총 248회 등장한다.[8] 여기서 우리는 이것이 하나님의 성품 중 일시적으로 드러난 측면이 아니라 그분이 일관되게 드러내시는 성품이라는 사실을 명백히 알 수 있다.

이 번역어 중에서 번역자들이 그 뜻을 전달하기에 가장 큰 어려움을 느끼는 용어는 '자애'라는 개념이다. 어떤 번역자들은 그 의미를 세분해서, **행동하는 사랑**이라고 설명하기도 한다. 하나님의 사랑은 관대함과 세심한 반응을 겸비한다.[9]

ESV English Standard Version 성경은 시편 25:6의 '헤세드'를 "한결같은 사랑" steadfast love으로 번역한다.

오 주님, 당신의 자비를 그리고 당신의
　　한결같은 사랑을 기억해 주십시오.
　　이것들을 옛날부터 베푸셨습니다.

한편 AMP Amplified Bible 성경은 KJV King James Version 성경과 유사한 단어를 사용한다.

오 주님, 당신의 [다정한] 연민과
　　자애를 기억해 주십시오.
　　이것들을 옛날부터 베푸셨습니다.

하나님의 성품에 내재한 선함의 깊이와 그분의 사랑이 우리를 감싸는 방식, 친절이 그분 존재의 한 부분이 되는 방식을 언어로 표현하기란 정말 어렵다. 여기서 잠시 멈추고 나와 함께 이를 숙고해 보자. 하나님이 우리에게 베푸시는 친절은 우리가 감히 상상해 본 것만큼이나 사랑스럽다. 하나님이 우리를 다정하게 바라보시고 우리가 극도로 너그러운 그분의 사랑으로 나아가기를 기다리신다면, 더 이상 자기혐오의 서사를 가지고 살아갈 필요가 없다.

연민이라는 개념, 특별히 그리스도인의 삶과 관련된 연민을 떠올릴 때면 우리가 끊임없이 전복적인 삶의 방식으로 초대받고 있다는 생각이 든다. 이는 언제나 예수님 존재의 바탕이 되는 삶의 방식이었다. 높아지려는 길은 낮아지는 것이며 첫째가 되는 길은 가장 마지막이 되는 길이라고 말씀하신 하나님이다. 그리고 그분은 우리가 약할 때 강해질 것이며, 사랑으로 증오에 맞서야 한다고 말씀하셨다. 심지어 혹은 특히 당신이 스스로를 증오할 때도 말이다.[10]

독자여, 나는 당신이 자신을 영광스럽게 사랑받는 자로, 친절과 연민을 받을 자격이 충분한 자로 바라보기를 바란다. 모든 사람이 얼마간 자신이 하나님이 부르신 존재가 되기에는 역부족이라는 내면의 목소리 때문에 고투하고 있는 것이 사실이지만, 그렇다 해도 하나님은 다시 그리고 또다시 우리를 자애롭게 만나러 오신다. 그리고 그분이 오신 것이 바로 우리 때문임을 상기시켜 주신다.

그분 안에 있는 당신의 존재에 관한 진실을 향해 서서히 걸음을 내딛는 것, 아마도 이것이 당신이 평생에 걸어가야 할 믿음의 여정일 것이다.

더 어릴 적의 나를 사랑으로 대하기

나는 지금 부모님과 함께 살던 집 뒤편 뜰 한쪽에 서 있다. 부모님은 이 집을 10여 년 전에 팔았는데, 이 행동은 곧 우리 가족의 이별을 상징했다. 나는 여기 와 있는 것이 비현실적으로 느껴졌다.

이 집은 1901년에 빅토리아 양식과 크래프츠먼Craftsman 양식을 절충하고 일본풍의 요소를 가미해 지어졌다. 내가 마지막으로 이 집에 와 본 이후로 새 주인이 몇 가지 중요한 변화를 주기는 했지만, 뼈대는 그대로였다. 내가 24년 가까이 살았던 곳이라고 설명하자, 이 집의 가족들은 우리 가족에게 집을 둘러보도록 허락해 주었다. 집 안을 돌아보면서 비애와 소망이 뒤섞인 묘한 감각을 느낀다. 나무로 된

바다는 여전히 반짝거리지만, 부엌은 완전히 개조되었다. 그래서 오랜 기간 내 마음에 품었던 싱크대 앞에서 일하는 엄마의 모습이 그와 함께 흔들린다. 한 공간에서 과거와 현재를 동시에 경험하는 것은 다소 묘한 일이지만, 지금 나는 그러는 중이다. 그리고 나는 하나님이 가까이 계심을 받아들이면서 그것을 느끼고 있다.

집을 둘러본 후 뜰로 돌아온다. 짭짤한 공기의 냄새를 맡고, 힘겨운 시간 동안 내가 이 땅에 기반을 잡게 하고 나에게 힘을 준 풍경을 바라본다. 나는 아직도 내 앞에 180도로 펼쳐지는 세찬 컬럼비아 강의 경관을 보면 숨이 멎는다. 종일 날씨가 흐렸는데, 오리건의 작은 해안 도시에서는 늘 있는 일이다. 심지어 5월 말에도 이곳 사람들은 햇빛을 기대하지 않는다. 어떤 열기라도 느끼려면 몇 개월은 더 기다려야 할 것이다.

내가 살면서 크나큰 아픔과 기쁨을 느꼈던 이 집에 다시 주의를 기울인다. 마치 하나님이 원수 블레셋으로부터 이스라엘을 구원하셨을 때 사무엘의 반응을 재현하는 듯한 기분이다. 적어도 상징적으로는 말이다. 사무엘은 큰 돌을 기념비로 세우고 그것을 에벤에셀('도움의 돌')이라 불렀다(삼상 7:7-12을 보라). 나도 마음으로 그렇게 기념하는 돌을 세우고, 지금까지 이루신 하나님의 승리에 감사드린다. 어린 시절에 살던 집을 찾아온 것이 이제는 중대하고 상징적인 일로 느껴지는데, 마침내 내가 온전하고 사랑받고 귀중한 존재라는 느낌이 들기 때문이다. 완벽해졌다는 뜻은 결코 아니다. 사실 나는 그 어느 때보다 내가 불완전하다고 느낀다. 다만 어린 시절과 놀라울 만큼 달라진 부분은, 무엇보다 지금 내가 어린 시절의 자기younger self를 향해 깊은 연민의 감각을 가졌다는 것이다.

뒤돌아 강을 바라보면서 깊이 호흡하고, 그녀를 떠올릴 때 가슴으로 느껴지는 아픔을 알아차린다. 필사적으로 괜찮아야만 했고, 사랑받기를 갈망했고, 자신을 알리려고 치열하게 노력했으며 영혼은 좀처럼 평화를 경험하지 못했던 그녀다. 바로 이 순간, 손을 가슴에 얹고 어린 시절의 자기에게 이렇게 속삭여 준다. "두렵다는 거 알고 있어. 네가 너무나 외로움을 느꼈다는 사실도. 넌 더는 혼자가 아니야. 내가 널 도울게. 상상 이상으로 우린 하나님께 사랑받고 있어."

브렌던을 바라본다. 그리고 마음 깊은 곳에서 이 모든 것이 진실임을 인식한다. 나는 정말 먼 길을 걸어왔다. 그리고 나는 사랑받는 자다.

부드럽게 해 보기

훈련 1: 자신에게 자비롭게 말 걸기

이 훈련과, 그다음에 이어지는 훈련은 크리스틴 네프의 작업을 조금 바꾼 것이다. 첫 번째 연습을 통해 당신은 고통을 주는 영역에서 자기 자비의 세 요소를 따라가는 과정을 훈련할 수 있다.[11]

1. 가슴에 손을 얹고 숨을 들이쉬고 내쉬며, 어떤 느낌이 드는지를 단순히 알아차리라.

2. 자신에게 다음 문장을 들려주라.

- **나는 고통을 경험하고 있다.** (감정을 판단하지 말고 의식적으로 관찰하라.)
- **나는 혼자가 아니다.** (우리 곁에는 고통받았거나 고통받는 가운데 있는 수많은 이가 존재함을 기억하라.)
- **내가 나 자신을 너그럽게 대할 수 있기를.** (하나님은 우리에게 무척이나 친절하고 자비로우시며, 따라서 우리 역시 그런 방식으로 자신을 대할 수 있다.)

훈련 2: 타인을 통해 자신에게 연결되기

정서적으로 꼼짝할 수 없다는 느낌이 들고 자신을 자비롭게 대하기 힘들 때, 다음 훈련이 도움 될 것이다.

1. 먼저, 자신과 연결되어 있다는 느낌이 들거나 공감을 느끼는 누군가를 머릿속에 그려 보라. (가까운 친구, 배우자, 자녀를 떠올릴 수도 있고, 어린 시절의 자기를 머릿속에 떠올리거나 실제 사진을 사용할 수도 있다.) 몸의 어느 부위에서 연결되어 있다는 느낌이 드는지 알아차리고, 호흡의 질과 여타 떠오르는 감각들을 알아차려 보라.

2. 이제 이 사람이 당신과 똑같은 문제로 힘들어하는 모습을 그려 보라. 그에게 뭐라고 말하겠는가? 어떤 조언을 해 주겠는가? 내 경험을 예로 들자면, 얼마 전 아이가 학교 색깔에 맞춘 의상을 입고 등교해야 하는 날을 완전히 잊어버린 적이 있었다. 그것도 학교에서 딸을 내려 주다가, 다른 아이들이 색을 맞

추어 입고 온 모습을 보고 내 실수를 깨달은 것이다. 순간, 배 속에 깊은 구덩이 하나가 생기는 것 같았고 가슴이 점점 조이기 시작했다. 나는 내가 너무나 형편없는 엄마라는 생각, 아이를 위해 존재하는 엄마가 아니라는 느낌과 싸워야 했다.

하지만 무슨 일이 벌어지고 있는지를 점차 깨달으면서, 나와 같은 실수를 저지른 친한 친구의 모습을 머릿속에 그려 보기 시작했다. 일단 그렇게 하자 몸도 가벼워졌고 내 친구를 위로할 수도 있었다. 만약 그녀가 이 문제로 힘들어한다면, 나는 이런 실수에도 불구하고 그녀가 너무나 잘하고 있다고 말해 주었을 것이다. 나는 비로소 내가 느끼고 있던 수치심을 바라보았고, 항상 그렇듯 그것이 내게 전달하는 내용이 결코 온전한 이야기가 아님을 깨달을 수 있었다.

재미있는 사실은 그날 아침 차에서 내리며 살짝 실망한 딸아이가 학교가 끝날 무렵에는 그 일을 완전히 잊어버렸다는 것이다. 아이를 차에 태우며 다시 사과했는데, 아이는 심지어 내게 이렇게 말했다. "괜찮아요, 엄마. 실수는 누구나 하잖아요."

3. 이 훈련을 하면서 당신이 내면에서 느끼는 불편을 인식하고 공감한다는 의미로 배나 가슴에 손을 얹는 것도 좋은 방법이다.

훈련 3: 자애 명상

많은 사람이 자신과 세상을 더 자비롭게 대하며 의식적으로 다가가는 수단으로 자애 명상을 사용한다. 나는 하나님이 우리를 먼저 사랑하셨고, 우리가 그분과 우리 자신 그리고 사랑해야 할 타인들을 사랑할 수 있게 해 주신 분임을 믿기에 이 훈련을 기독교적 관점으로 변형했다. 당신도 필요에 맞게 얼마든지 이 훈련을 변형해 사용할 수 있다.

1. 의자나 바닥에 편안하게 앉아, 호흡을 의식하고 당신의 가슴에 주의를 집중시키라. 여기서 숨이 들어가고 나가는 모습을 상상하라. 마음을 진정시켜 주는 빛줄기가 몸의 이 부분을 똑바로 비추고 있는 모습을 그려 보라.

2. 이제 가슴의 중심부로 호흡하며 다음 문장들을 자신에게 들려주라.

    내가 그리스도의 사랑을 경험하기를.
    내가 그리스도의 평화를 경험하기를.
    내가 그리스도의 현존을 경험하기를.
    내가 그리스도의 연민을 경험하기를.

3. 이제 당신이 자애의 감정을 쉽게 느낄 수 있는 누군가를 생각하라. 이번에는 그 사람의 이름을 넣어 앞의 문장들을 들려주라.

    _____ 가 그리스도의 사랑을 경험하기를.
    _____ 가 그리스도의 평화를 경험하기를.

_____ 가 그리스도의 현존을 경험하기를.
_____ 가 그리스도의 연민을 경험하기를.

4. 마지막으로 당신이 편안하게 느낀다면 이 축복을 온 땅과 거기 거하는 모든 생명체로 확장하라.

온 창조 세계가 그리스도의 사랑을 경험하기를.
온 창조 세계가 그리스도의 평화를 경험하기를.
온 창조 세계가 그리스도의 현존을 경험하기를.
온 창조 세계가 그리스도의 연민을 경험하기를.

역경으로 인해 우리 안에 벌어진 틈은

기쁨과 회복 탄력성이 담기는 공간으로

창조될 가능성을 지닌다.

10장

회복 탄력성을 가지고 부드럽게 해 보기

나는, 양들이 생명을 얻고
또 더 넘치게 얻게 하려고 왔다.

요한복음 10:10

춥고 눈 내리는 12월의 어느 밤, 나는 눈을 뜨며 드디어 그날이 왔음을 느꼈다. 끔찍한 유산 이후 열한 달을 보내고, 임신한 지 38주가 다 된 시점이었다. 진통이 시작되리라는 걸 알았다.

깜깜한 침실에서 휴대폰을 보니 아직 새벽 세 시였다. 남편을 깨울까 하다가 아침 여섯 시 반에 회의가 있다는 사실이 떠올랐다. 몇 분 후, 진통이 온몸을 쥐어짜기 시작했다. 남편에게 손을 뻗어 깨우려는데 이렇게 중얼거리는 소리가 들렸다. "근데 여보, 이 회의는 일정을 조정하기가 힘들어요."

살짝 화가 나서는 남편의 어깨를 다시 건드렸다. "아니, 여보, 물론 힘들겠죠. 하지만 오늘 아기가 나온다고요. 그러니까…당신도 준비해야 해요."

이 말에 남편은 정신이 번쩍 들었다.

브렌던은 재빠르게 일어나더니 자상하게도, 내게 사과를 하고 필요한 물건들을 챙기기 시작했다. 다섯 시 반에 마티아를 돌볼 베이비시터가 도착한 즉시 우리는 병원으로 향했다. 그 겨울 덴버에 유일하게 눈이 내린 날 아침, 도로의 차들은 거의 움직이지 않았다. 나는 천천히 심호흡하며, 정체가 최대한 빨리 풀리기를 조용히 기도했다.

브렌던은 나를 보며 이렇게 말했다. "여보, 다 왔어요. 곧 도착해요." 완전히 확신에 찬 그 말을 듣는 순간, 한결 마음이 평온해지는 것을 느꼈다.

병원에 도착하자 진통이 현저히 느려지는 듯했다. 나는 내 몸이 창조되었을 때부터 자연스럽게 해 온 일들을 할 시간을 가졌다. 병원 복도를 걷고, 브렌던과 간호사들과 편안한 대화를 나누었다. 그러다 정오가 되기 직전에 극적인 변화가 일어났다.

통증이 빠른 속도로 밀려오자 나는 속으로 이렇게 생각했다. **계속해야 해. 호흡해.**

바로 그 순간 깨달은 것이 하나 있다. 몸의 긴장을 푼 상태를 유지하는 게 이론적으로는 괜찮아 보이지만, 막상 그것을 실천해야 하는 때가 오면 문제가 꽤 복잡하다는 것이다. 나는 최대한 오래 진통을 견디다가 필요한 시점이 오면 진통제를 처방받기로 미리 계획을 세워 두었다. 단 몇 분 사이에 통증이 3단계에서 10단계로 늘어나며 진통의 강도가 기하급수적으로 증가하자, 나는 경막외 마취제를 부탁했다. 밀려오는 진통으로 온몸을 뒤틀고 있을 때 시간은 마치 멈춘 듯했다. 그 순간 내가 경험하고 있는 것 외에는 나에게 다른 무엇도 존재하지 않았다. 그리고 그 진통은 지금까지도 내가 살면서 경험한 가장 강렬한 고통이었다.

미처 깨닫지 못한 채로, 내 몸은 내가(혹은 그 누구든) 예상했던 것보다 훨씬 빠른 속도로 진통의 단계를 따라가고 있었다. 마취과 의사 앞에서 가만히 있으려고 애를 쓰다가, 나는 갑자기 분만실 간호사에게 손을 뻗으며 소리쳤다. 내 안의 가장 깊은 곳에서 터져 나오는 신음이었다.

"저, 도저히. 못 하겠어요!"

브렌던은 나를 달래려고 이렇게 말했다. "여보, 당신은 할 수 있어요. 당신은 해낼 거야."

그다음에 찾아온 진통은 정말 최악이었다. 내 안의 어딘가에서 이런 대책 없는 비명이 들려왔다. "예수님! 제발요. 저 못 하겠어요." 나는 기도하며 울부짖었다. 하지만 그러다가 내 안의 무언가를 내려놓았다.

나는 고통을 받아들였다. 그렇다. 그것에 항복했다.

마취과 의사가 마취제를 투여하는 데는 성공했지만, 조그민 아이가 태어나기 전까지는 효과가 나타나지 않았다. 약간의 진통을 느끼며 병원 안을 조용히 걸어 다니다가, 세상을 향해 힘차게 나아온 사랑스러운 아기를 출산하기까지 걸린 시간은 35분이었다. 나는 땀에 젖은 채 멍하고도 기쁜 마음으로 이 기적을 내 품에 안았다. 나 자신에게 깊은 자부심이 느껴졌다. 내 몸은 강렬한 고통을 겪었지만, 여전히 살아 있었다. 예수님이 나와 함께 걸으셨고, 나는 결코 홀로 진통한 것이 아니었다. 하지만 나는 가장 중대한 진보가 일어난 것이 내가 항복하던 그 순간임을 알았다.

이것이 바로 고통이 최선의 일을 하는 때다.

·ıl|ı·

특히 살면서 무력감을 느껴 온 우리 같은 사람들에게 항복surrender은 다루기가 꽤 까다로운 개념이다. 선의를 가진 친구나 가족이 당신에게 이런 말을 한 적이 있을 것이다. **이제 그만 내려놓는**surrender **게 어때?** 이런 정서에는 얼마간의 지혜도 담겨 있겠지만, 잠재적 위험 또한 존재한다. 어쨌든 우리가 끊임없이 자신을 떠밀고 압도되다가 자신과 단절되는 패턴을 유지하는 것은, 이것이 삶을 살아가는 유일한 길이라는 신념 때문이다. 우리는 스스로 모든 것을 통제**해야 한다**고 생각한다. 우리는 너무나 위협적인 환경 속에서 살아왔기 때문에, 누군가가 '항복'이라는 말을 꺼내면 너무나 우스꽝스러운 임시변통의 처방처럼 느껴진다. 그것은 그냥 포기한다는 의미가 아닌가?

내가 항복이라는 단어를 쓸 때, 이 말은 충분히 안전감을 느끼기에 꽉 쥐고 있었던 손을 편다는 뜻이다. 항복은 우리가 자신과 타인을 좀 더 너그럽게 대하도록 이끌어 주고, 때로는 삶에서 불가피하게 몰려오는 고통의 파도를 탈 수 있도록 돕기도 한다. 내가 주드를 낳으며 진통할 때 예수님을 부를 수 있었던 이유는, 부드럽게 해 보기의 여정에 이미 들어섰고 그분과 안정 애착을 경험했기 때문이다. 만약 그런 방식으로 그분과 연결되어 있지 않았다면, 그 강렬한 고통의 순간에 하나님이 선하신 분이라는 확신을 결코 갖지 못했을 것이다. 내가 자연스럽게 그분께 울부짖은 것은 그분이 내 피난처요, 안전한 장소가 되셨기 때문이다.

역설적이게도 우리가 올바른 이유로 항복을 택하면 그것이 우리에게 능력을 부여한다. 너그러운 마음으로 항복하는 것, 그 자체가 힘의 표현이라는 진실을 존중하는 순간, 기이한 신비가 드러난다. 유연하고 열린 자세로 삶을 붙잡는 능력은 하나님의 능력이 우리 안에서 드러나는 계기를 만든다. 사도 바울의 다음과 같은 고백처럼 말이다. "그러므로 그리스도의 능력이 내게 머무르게 하기 위하여 나는 더욱 더 기쁜 마음으로 내 약점들을 자랑하려고 합니다.…내가 약할 그때에, 오히려 내가 강하기 때문입니다"(고후 12:9-10).

강제가 아니라 자발적으로 선택하는 항복은, 모든 것을 통제하려는 시도가 우리를 일으켜 세우기보다 고갈시킨다는 사실을 인정함으로써 스스로를 너그럽게 대하는 한 가지 방법이다. 이런 방식으로 스스로에게 부드럽게 해 보기를 허용하면 마음이 통합되고, 신경계가 인내의 창 안에 머물 수 있으며, 전전두엽 피질이 작동하기도 쉬워진다. 그러면 우리는 경험에 잘 조율된 상태가 되어 진정한 지기와 연결될 수 있다. 그리고 심리학적·생리학적 관점에서 보면 다가올 일들에 열린 상태로 통합과 온전함과 평화를 향해 나아갈 힘이 생긴다. 본질적으로는 회복 탄력성이 자라난다. 아기가 태어날 때 아픔을 통제하려는 시도를 내려놓는 바로 그 순간이, 고통에 갇히기보다 그 고통을 헤쳐 나갈 힘을 얻는 순간이었다.

부드럽게 해 보기 언어

- 오늘 내가 나에게 할 수 있는 가장 너그러운 일은 무엇일까?
- 어떤 말이나 선언이 나의 진정한 자기를 기억하게 할까?
- 더 작은 단계를 거치며 나아갈 수 있을까?
- 어떻게 해야 인내의 창에 머물 수 있을까?
- 이를 위해서는 어떤 종류의 지원이 필요할까?
- 압도되는 느낌이 들면 누구에게 연락할 수 있을까?
- 지금 내 몸이 안전함을 느끼려면 어떻게 해야 할까?
- 지금 나의 어떤 부분에서 지지가 필요한가?
- 격렬한 반응이 촉발되면 이를 진정시키는 데 무슨 활동이 도움이 될까?
- 내 몸을 움직여서 나 자신과 더 연결된 느낌을 얻을 방법이 있을까?

인간성의 한 부분

물론 부드럽게 해 보려는 갈망을 가진다고 해서 자동으로 삶이 쉬워지지는 않는다. 이는 단지 다른 태도를 추구한다는 뜻이다. 부드럽게 해 보기는 목적지가 아니라 삶을 헤쳐 나가는 여정이다. 그리고 회복 탄력성은 이렇게 노력하는 과정, (때로는 느리고 위태롭게) 앞으로 나아가는 과정 가운데 개발된다. 깨어지고 실망하는 일은 불가피하다. 이때 회복 탄력성은 자신을 일으켜 세워 굴하지 않고 앞으로 나아가게 하는 태도다.

내가 이 장을 쓰기 시작할 무렵은 우리 집 식구들이 돌아가며 장염을 앓고 있는 크리스마스와 새해 첫날 사이의 시기였다. 누구도 오늘이 무슨 요일인지, 혹은 연말연시에 느낀 흥겨움을 어찌해야 할지 도무지 알지 못하는 경계 공간liminal space에 처해 있다. 하지만 나는 이 버거운 시절을 끌어안기로 했다. 부드럽게 해 보기의 요소들이 내면화되는 것은, 보통 편안한 시절이 아니라 엄청난 압박이 내리누르고 사정없이 흔들리는 듯한 때에 이루어진다는 사실을 발견했기 때문이다. 그리고 이것이 바로 회복 탄력성이 결정적인 역할을 하는 이유다. 우리를 살아 있게 하는 능력은 힘든 일을 처리하고 헤쳐 나가는 법을 배우면서 길러진다.

우리가 비통해한 모든 슬픔, 우리가 느낀 모든 두려움, 우리가 겪은 모든 트라우마와 고통은 유효하다. 그리고 그 모두가 중요하다. 더 중요한 것은 역경으로 인해 우리 안에 벌어진 틈은 기쁨과 회복 탄력성이 담기는 공간으로 창조될 가능성을 지닌다는 사실이다. 몸과 감정에 주의를 기울이고 경청함으로써 자신을 너그럽게 대할수록, 우리 인간성의 충만한 경험을 붙잡을 능력이 향상되어서 우리는 점점 더 그랜드 캐니언처럼 광대한 존재가 될 것이다.

메리 올리버Mary Oliver는 "죽음이 다가오면"When Death Comes이라는 자신의 유명한 시에서 모든 사람과 생의 모든 순간의 아름다움에 충분히 현존하는 삶에 관해 쓰고 있다. 그녀는 이 시를 다음과 같은 연으로 끝맺는다. "이 세상을 그저 방문한 것으로 생을 끝내고 싶지 않다."[1]

올리버의 매혹적인 문장들은, 그저 생존을 넘어 예수님이 밀씀하신 풍성한 삶(요 10:10을 보라)을 갈망하는 우리 모두를 안내하는 불빛과 같다. 그리고 아마도 이런 풍성함은 부나 물질이 아니라 의식, 아름다움, 현존, 연결 같은 것들로 이루어졌을 것이다. 회복 탄력성은 심지어 삶이 우리를 완전히 쓰러뜨리고 난 뒤에도 우리가 이런 본질적인 것들로 돌아가게 해 준다.

다시, 미주신경으로

이 책 전체에서 우리는 지금까지 이 세상에 존재하는 더 너그러운 태도를 훈련함으로써 어떻게 인내의 창 안에 머물 수 있는지를 살펴보았다. 그런데 이제 동전의 다른 면을 들여다볼 차례다. 그것은 바로 일단 인내의 창 안에 머무는 법을 알면, 우리는 또한 그 인내의 창을 확장시킬 수 있다는 사실이다. 이 일은 말 그대로 체화된 뇌를 훈련함으로써 이루어진다.

인내의 창을 확장시키는 것이 어떻게 일어나는지를 이해하기 위해서 몸이 어떻게 스트레스를 다루도록 설계되었는지를 기억해 보자. 4장에서 우리는 뇌에서부터 심장, 폐, 장, 위 같은 기관까지 연결되는 몸에서 가장 긴 뇌신경인 미주신경에 대해 다루었다. 당신은 그것이 우리를 인내의 창 안에 머물게 하는 생리학적 요소라는 사실도 기억할 것이다.

몸의 다른 부분들을 건강하고 양호한 상태로 유지하려고 노력하는 것과 마찬가지 방식으로, 인내의 창에 머무는 몸의 능력을 키워 줌으로써 미주신경을 최적의 상태로 유지하기 위해 노력하는 것도 가능하다. 아리엘 슈워츠 박사는 건강한 미주신경 긴장도vagal tone를 "부교감 신경계와 교감 신경계 활동이 최적의 균형을 이루어, 회복 탄력성을 가지고 삶의 기복에 반응할 수 있는 상태"라고 설명한다.[2] 그러므로 미주신경의 건강 상태야말로 스트레스를 경험한 후 몸이 얼마나 빨리 정상적인 생리학적 상태로 회복될 수 있는지를 보여 주는 본질적인 척도다. 달리 말해서 미주신경 긴장도가 강할수록 인내의 창과 연결되어 그곳으로 돌아가기도 쉬워진다. 연구에 따르면 건강한 미주신경 긴장도는 정신 건강에서 상향 나선형을 그리는 선순환과 관계되어 정서 조절을 돕는다고 한다.[3] 미주신경 긴장도가 강하면, 우리는 언제 그리고 어떻게 우리 외부에서 지원을 받아야 하는지를 더 쉽게 알 수 있다.

그렇다면 핵심은 무엇일까? 본질적으로 건강한 미주신경 긴장도는 우리 몸을 압도했던 경험을 견디는(심지어 즐기는!) 법을 학습하는 과정 이면의 생리학적 근거다. 실질적으로는 이것이 바로 인내의 창이 확장되는 방식이다. 미주신경 긴장도는 미세한 차이들을 편안하게 받아들이고 심지어 무언가가 격앙되게 느껴질 때도 그것을 반드시 나쁘게 여길 필요가 없음을 인식하도록 돕는다. 우리는 격앙된 에너지의 방향을 즐거움이나 놀이 쪽으로 전환하는 법을 배울 수 있다. 그러면 지나치게 몸을 활성화시키거나 우리에게 너무 버거웠던 일들이 심지어 기쁨의 원천이 될 수도 있다.

혼란스러운 가정에서 자란 내 내담자 미아는, 성인이 되고 나서도 모든 형태의 자극에 격렬한 반응이 촉발되고 있었다. 하시만 미주신경 긴장도를 강화하는 동시에 자비로운 주의력을 함양함으로써, 인기 절정의 콘서트를 관람하거나 사랑스러운 친구들과 떠들썩한 저녁 시간을 보낼 때 느껴지는 섬세한 즐거움을 음미하는 법을 배웠다.

지금까지 다루어 온 부드럽게 해 보기의 여러 방식에 더해, 연구자들은 미주신경 긴장도를 개선하는 다음의 몇 가지 훈련을 찾아냈다.

- 흥얼거리거나 노래하기

- 긴장이 느껴지거나 활성화가 필요한 몸의 부위를 흔들어 털기
- 요가와 같은 심신 훈련이나 자애 명상(237쪽을 보라)
- 심신 치료(161-165쪽을 보라)
- 다이빙 반응 훈련: 숨을 참으며 찬물을 얼굴에 튀기는 행동을 반복한다. 이 훈련이 미주신경을 자극한다는 사실을 보여 주는 강력한 증거가 있다.[4]
- 의식적 호흡: 한 가지 예시로 108쪽의 호흡 기도를 참고하라.

부드럽게 해 보기를 훈련하면서, 당신은 자신 및 타인과 이전보다 더 많이 연결되었다는 느낌이 드는 상황을 인식하기 시작할 것이다. 이것은 미주신경 긴장도와 사회 참여 시스템, 인내의 창이 모두 함께 강화되었다는 신호다. 이제 당신은 기꺼이 위험을 감수하고자 하는 자신을 발견할 것이다. 그 위험이 더는 위협이 아닌 모험으로 느껴지기 때문이다.

이런 일이 정말 나에게 일어났는데, 처음에는 디즈니 월드에서 그리고 이제는 어디서나 일어난다.

회복 탄력성 기르기

마티아가 태어나고 얼마 되지 않았을 때, 브렌던과 나는 아이가 다섯 살이 될 때까지는 휴가를 즐길 수 있다는 생각은 깨끗이 접었다. 부모가 되는 것은 아름다운 선물이지만, 분명한 것은 아이를 키우는 일이야말로 지금껏 우리가 했던 것 중에 가장 힘든 일이라는 사실이다.

게다가 집단 속에 있는 것과 강도 높은 활동이 내게는 너무나 압도적일 때가 있다. 시간이 가면서 나는 내 과거로 인해 심지어 **즐거운** 상황에도 신경계가 활성화될 수 있다는 사실을 깨달았다.

그런데 둘째 주드가 겨우 4개월이었을 때, 오빠와 올케를 만나고 3월의 햇볕도 받을 요량으로 플로리다로 여행을 떠났다. 오빠네 집은 디즈니 월드에서 한 시간가량 떨어진 곳에 있었다.

"좀 힘들 것 같아요. 그렇죠?" 나는 브렌던에게 말했다. "음… 그러니까, 거기 사람들이 엄청나게 모여들 테니까요."

"물론이죠." 브렌던이 말했다. "정말 재밌을 거예요. 하지만 우린 절대 안 되죠."

우리의 생각은 확고했다. 여행 3일 차에 오빠가 디즈니 월드 이야기를 꺼내기 전까지는 말이다.

"그러니까 두 사람은 그날 차를 몰 생각이 없다는 거지?" 오빠가 눈을 반짝이며 물었다.

그 말이 먹혀들었다. 모험심 강한 내 남편은 그 말에 매수되었고, 나도 곧 설득당했다. 다음날 6시 5분, 우리 두 가족은 새벽같이 일어나 렌트한 승합차에 몸을 싣고 마법의 나라로 떠났다.

천으로 된 아기띠(이게 여행을 위해 가져간 전부였다)로 사랑스러운 주드를 가슴에 안고 놀이공원에 도착한 우리는 무엇이든 받아들일 준비가 되어 있었다. 정문에 다다르자 마티아의 눈이 즐거움으로 반짝거렸다. 주드는 내 가슴에서 곤히 잠들었지만, 익숙한 압도되는 느낌이 슬그머니 올라왔다. **만약에, 그러니까 만약에…**.

그러다가 브렌던을 보면서, 어떤 방식이든 우리가 원하는 대로 이 하루를 보낼 수 있다는 사실을 기억해 냈다. 즐거움을 누리는 정해진 규칙은 없었고, 원하는 만큼 창조적으로 시간을 보내면 되는 것이다. 그리고 우리는 그렇게 했다.

완벽한 날은 분명 아니었다. 하지만 서른네 살의 나는 호기심을 가지고 이 모험에 열려 있을 수 있었다. 스물두 살의 나는 꿈도 꿀 수 없는 방식으로 말이다. 꽉 쥔 손을 놓기가 수월했던 것은, 부드럽게 해 보기를 위해 시도할 수 있는 도구들의 사용법을 배워 둔 덕분이었다. 이 도구들 덕분에 나는 경험의 강도를 **과도한** 것이 아니라 **재미있는** 것으로 인식할 수 있었다. 이것이 바로 몸 중심의 작업을 수행하고 몸의 중추신경계와 사회 참여 시스템에 대한 이해가 커진 지속적인 과정이 내게 안겨 준 선물이었다.

과거의 상처를 치유하고 다른 이야기를 오늘의 현실에서 살아 내기 위해서는, 삶에 대한 새로운 접근이 필요하다. 나에게 디즈니 월드에서의 이 일은 격렬한 환경에서도 몸이 각성 상태를 다루고 본능적인 안전감을 찾아가도록 돕는 것을 의미했다. 내가 디즈니 월드의 경험을 이야기하는 것은 이 마법의 나라가 모든 사람에게 기쁨과 즐거움을 주는 장소라서가 아니라, 자기만의 작업을 계속해 나가도록 당신을 격려하고 싶어서다. 당신이 힘들게 느끼는 무언가를 즐거움이나 모험으로 재구성할 기회를 제공하는 상황은 무엇인가?

물론 당신을 인내의 창 바깥으로 밀어내는 강렬한 경험을 '재미있는 것'으로 재구성하기가 당장은 쉽지 않을 것이다. 그래도 괜찮다. 하지만 작은 것부터 시작할 방법이 있지 않을까? 몸으로 경험하는 안전을 의식하는 가운데,[5] 활동이나 훈련 혹은 재미있는 구식 댄스파

티 같은 것이라도 참여하면서 감정에 대한 인내력을 기를 기회를 찾아보라.[6]

그렇게 조금씩 회복 탄력성을 키워 나가다가, 언젠가는 전혀 꿈꾸지도 않은 일을 하게 될 것이다.

금덩이 캐기

당신에게 힘을 준 과거 경험과 연결되는 것 역시 회복 탄력성을 기르는 하나의 방법이다. 당신의 이야기가 별로 마음에 들지 않더라도, 생존을 위해 당신이 내린 선택을 두고 여전히 자신을 용서하는 과정에 있더라도, 이것은 가능하다. 당신은 트라우마를 견디거나 힘겨운 가정에서 생존하기 위해 발휘해야 했던 엄청난 용기에 찬사를 바칠 수 있다. 혹은 학위를 마치기 위해 투지를 불태웠던 자신을 인정해 줄 수도 있을 것이다. 직장을 찾거나, 홀로 아이를 키우거나, 정신적인 문제를 안고 살아가거나, 만성적 질병을 견디는 데 도움이 되었던 당신의 풍부한 사원을 인정할 수도 있다.

당신이 살아오면서 견뎌 낸 그 모든 것을 생각해 보라. 이런 순간들이 바로 당신의 에벤에셀, '도움의 돌'이다. 이 돌들은 당신이 걸어온 길과, 하나님이 당신의 모든 걸음마다 함께하시고 사랑해 주셨던 방식을 보여 준다. 그리고 사랑하는 이여, 당신이 계속해서 자라고 변화하는 중일지라도 이 돌들을 간직하며 당신이 얼마나 먼 곳까지 걸어왔는지를 계속해서 기억해 내기 바란다.

최근 나는 그 어느 때보다 끈끈해지고 있는 엄마와의 관계를 떠올리며 하나님께 감사하고 있다. 얼마 전 엄마는 아이들과 씨름하고 집을 청소하고 도저히 감당하기 힘든, 산적한 일들에 파묻힌 나를 도와주려고 콜로라도에 오셨다. 다시 돌아가는 엄마를 배웅하러 공항까지 운전해 가는 길에 엄마가 이렇게 말씀하셨다. "아운디, 이제 네가 이런저런 집안일보다 아이들한테 더 신경 쓸 수 있게 됐으니 기쁘구나." 요즘 엄마는 나에게 어떤 식으로든 사랑을 표현하면서 과거의 상처를 회복하기 위해 늘 애쓴다. 그리고 바로 그것이 중요하다.

엄마는 13년 넘게 술을 끊은 채 지냈고 그 효과가 나타나고 있다. 오랜 치료 끝에 이제 엄마는 꽤 안정적인 상태가 되었다. 알코올 중독 치료 모임에 나가고 자신의 부끄러운 이야기를 새롭게 바라보는 시간을 가지면서, 여전히 흔적이 남아 있는 내 어린 시절의 많은 부분에 대해 함께 이야기 나눌 수도 있다. 엄마가 우리 집을 방문한 동안 나는 내가 쓰는 책에 엄마의 이야기 일부와 엄마와 딸로서 우리의 여정도 담겨 있다고 말했다.

"엄마, 그때 일들을 이 책에 써도 괜찮겠어요? 그게 얼마나 복잡한 일인지 잘 알고 있고, 엄마가 더 상처받는 건 절대 원치 않아요. 솔직히 말하면, 엄마가 너무나 힘들었던 삶의 조각들을 자신의 것으로 만들어 온 방식이 저에게는 무척이나 큰 의미가 있어요. 저 역시 여전히 제 이야기의 여러 부분을 치유해 가는 중이지만, 엄마가 자기 작업을 해 나가기로 선택한 것에 정말로 감사해요."

그리고 엄마를 슬쩍 바라보았다. 내 눈을 정면으로 응시하는 엄마의 눈에 눈물이 고여 있었다. "아운디, 우리 이야기의 아주 작은 조각 때문에 누군가가 용기를 얻는다면, 그리고 그가 이 싸움에서 혼자가 아니라는 걸 알 수 있다면, 그저 괜찮은 정도가 아니라 아주 좋을 것 같구나.

우리가 너와 언니 오빠한테 그렇게 큰 상처를 준 게 얼마나 후회되는지 몰라. 내가 다르게 살았다면 얼마나 좋았을까…. 하지만 너희를 낳은 게 내가 지금껏 한 일 가운데 가장 잘한 일이야. 너희들이 그렇게 자랑스러울 수 없구나."

당신의 이야기는 나와 우리 엄마의 이야기와는 다를 것이다. 하지만 그저 살아남기 위해 당신이 발휘한 용기와 인내심은 다른 이 못지않게 아름답다. 그리고 당신은 계속해서 그 대담하고 강한 자신의 한 부분과 연결될 수 있다. 하나님과 함께 새로운 이야기를 써 나가는 일의 아름다움은 바로 이것이다. 우리 자신의 어떤 부분을 계속해서 길러 나갈지 그리고 우리의 어떤 부분을 너그럽게 용납해야 할지를 선택할 수 있다는 것 말이다. 나는 아무쪼록 당신이 자신의 이야기를 관대한 시각으로 바라보도록 격려하고 싶다. 당신이 발견할 선으로 이루어진 금덩이는 어디에 묻혀 있는가? 절대 이 보물을 잊지 말라.

자, 이제 책의 결말에 다다랐다. 우리는 한 바퀴를 돌아 시작점으로 온 것이다. 우리 이야기에 대해 다루고, 우리 삶의 모든 굴곡을 존중하면서 하나님이 모든 조각을 맞추어 가시는 것을 우리는 보았다.

만약 당신이 내 앞에 앉아 있다면, 앞으로의 여정을 지속해 나갈 당신에게 이런 말을 해 주고 싶다.

친애하는 당신은 역경을 이기고 살아남은, 회복력을 가진 빛나는 보석입니다. 그리고 이제 풍성한 삶으로 나아오라는 초대를 받고 있지요.

당신이 사랑을 주고받을 자격이 있는 존재임을 자신의 가장 진실된 부분에서 알게 되기를 바랍니다.

부디 스스로에게 너그러워지는 것이 당신이 가지고 태어난 권리임을 깨닫기 바랍니다.

부드럽게 해 보기

손을 활짝 펴고

당신은 시편의 다음 구절을 익히 알고 있을 것이다. "너희는 가만히 있어 내가 하나님 됨을 알지어다"(46:10, 개역개정). 최근에 나는 "가만히 있어"라는 이 구절이 '느슨하게 하다' 혹은 '주저앉거나 긴장을 풀다'라는 뜻의 히브리어 '라파'raphah에서 비롯된 것임을 알았다.[7] 나는 자기 것이 아니거나 너무 무거워서 들기 힘든 무언가를 내려놓는 느낌을 떠올리면서, 하나님 곁에서 자세를 느슨하게 풀어 보는 '라파'라는 단어가 가진 그림을 당신에게 제안하고 싶다. 이는 우리를 **사랑하는** 자라고 부르시는 분이 삶에서 우리에게 너무나 버거운 부분들을 감당해 주시도록 초대하는 행위다.

그분께 당신을 이런 방식으로 항복시키기가 너무 어렵다면, 필요에 맞게 천천히 진행하라고 권하고 싶다. 그리고 다음과 같은 생각을 품고 존중해 보라. **내가 아는 하나님은 영원히 나와 함께 하시며 나를 너그럽게 대하시기에, 바로 이 순간 나는 열린 자세**

로 살아갈 수 있다.

"하나님, 내게 평정심을 주소서"

라인홀드 니버Reinhold Niebuhr는 사람들에게 잘 알려져 있고 자주 암송되기도 하는 "평정심을 비는 기도"Serenity Prayer를 썼다.

> 하나님, 저에게 제가 변화시킬 수 없는 것을 받아들일 평정심과, 변화시킬 수 있는 것을 바꿀 용기와, 둘의 차이를 아는 지혜를 주소서.

나는 당신이 이를 악물고 버티거나 스스로 통제할 수 없는 것들을 책임지려는 유혹을 받기 쉬운 영역에서 이 기도를 이정표로 삼기를 권하고 싶다.

1. 당신이 통제할 수 없음에도 자신을 더 강하게 밀어붙이고 있는 삶의 영역이 무엇인지를 일기에 기록하라. 그리고 몸을 스캔하면서 어떤 감각이 느껴지는지 살펴보라. 그저 단순히 그 감각들을 알아차리도록 자신에게 허용하라.

2. 만약 당신이 통제할 수 있는 영역을 확인했다면, 이 질문을 해보라. **거기에 당신의 자원을 투여할 가치가 있는가?** 우리는 제한된 존재이기에, 나의 에너지를 어디에 가장 많이 쓰고 싶은지를 반드시 고려해야 한다.

3. 당신이 통제할 수 있고 노력하고 있는 영역에서 어떻게 부드럽게 해 보기에 친숙해질 수 있을지 그리고 이를 통해 인내의 창 안에 머물 수 있을지 생각해 보라. 만약 당신이 일에 과도하게 몰입해 있거나, 건강하거나 유익하지 않은 일정이나 일상을 고수하고 있다면 이 악물고 참기보다 점진적으로 부드럽게 해 보기를 도입하기 위해 어떤 방법을 사용할 수 있을지 적어 보라.

4. 이 연습을 마치면서 잠시 몸을 스캔하라. 무엇을 알아차렸는가? 좀 더 가벼워진 느낌이 드는가? 갈등이 일어나는가? 중립적인가? 이제 부드럽게 해 보기로 나아가면서 생기는 감각들을 단순히 알아차리도록 스스로를 허용하라.

마무리하며 돌아보기

얼마간의 시간을 들여, 이 책을 읽으며 작업한 내용들을 돌아보라. 다음 질문들을 따라가며 답을 일기에 기록하는 방법을 추천한다.

1. 당신이 이해한 가장 중요한 핵심은 무엇인가?

2. 부드럽게 해 보기의 요소 중 가장 어려운 것은 무엇인가?

3. 어떤 훈련이나 관점을 당신의 삶에 통합하고 싶은가?

4. 금을 캐기 위해 삶의 어떤 부분을 들여다보고 싶은가? 연결되는 느낌이 들었거나, 힘이 나는 느낌 혹은 사랑받는다는 느낌을 받았던 때가 언제인지 생각해 보라. 그 순간의 당신을 머릿속에 그려 보라. 몸에서 무엇이 느껴지는가? 무엇이 보이는가? 어떤 소리나 냄새가 지각되는가? 이 경험에서 편안함이 느껴진다면 거기에 잠시 머물러 보라.

우리는 자비로운 주의로 빚어졌으며,

자비로운 주의를 받기 위해 창조되었다.

축복의 글

책을 쓰는 작업은 처음부터 끝까지 사랑의 행위였다. 나는 당신이 그런 나의 진심을 느끼기를 소망한다. 나는 너무나 고통스럽고 가슴 아픈 삶을 살아온 탓에, 부드럽게 해 보기 과정에 있는 모든 이에게 연민을 아낄 도리가 없었다.

나는 이 책이 집으로 돌아가는 당신을 안내해 주기를, 적어도 길을 밝히는 불빛이 되기를 소망한다. 그리고 어떤 경우든 이 작업이 사랑받고 싶어 과장된 방식으로 비명을 지르고 있는 당신 영혼의 한 부분에 다가가기를 기도한다. 기억할 단순한 진실은 우리는 자비로운 주의로 빚어졌으며, 자비로운 주의를 받기 **위해** 창조되었다는 것이다. 나는 당신이 이 책을 읽으며 어떤 부르심, 사랑받는 자로 체화된 삶을 살고픈 갈망을 느끼기를 기도한다. 당신이 걷고, 먹고, 자고, 울고, 웃고, 일하고, 삶을 돌보면서 이런 일상의 일들을 수행하는 당신을 이미 그분이 알고 사랑하고 계심을 감각하기를 기도한다.

나는 당신이 이런 삶을 살아가는 어려운 작업을 수행하며 가장 먼저 온전함과 사랑받는 존재로서의 감각느낌을 지니기를 기도한다. 그리고 하나님이 자애롭게 선사하신 놀라운 자원인 몸이, 당신의 정신과 이야기와 여정의 모든 면에 영향을 미치도록 허용하기를 소망한다. 나는 당신이 하나님이 부르신 그 장소에 정확히 와 있음을 깨닫기를 기도한다. 당신에게 허락된 그 모든 선함을 진정으로 맛보고 확인하기 전까지는 절대 만족하지 않기를 소망한다. 그런 일이 순간적으로 일어나고 덧없이 지나가는 듯 느껴질지라도 말이다. 나는 당신이 그런 소망을 가슴에 간직하며, 이 소망을 하나님이 당신에게 가르치고 싶어 하시는 모든 것을 배울 수 있는 발판으로 삼기를 기도한다.

이 길 위에서 지치는 때가 오면(반드시 그런 시기가 올 것이다), 예수님과 당신 곁에 있는 사람들의 이름을 부를 수 있기를 기도한다. 당신이 취약성을 받아들이고 살아갈 용기와 함께, 어떤 관계가 유독하거나 해로울 때 경계를 설정할 수 있는 당당함 역시 갖추기를 소망한다.

비난은 도움이 되기보다 이 과정을 방해할 뿐임을 알기에, 성장하는 과정에서 당신이 언제나 자신에게 너그럽게 대해야 함을 기억하기를 기도한다. 당신만의 이야기를 써 나가며 부단히 용기 있게 전진하기를 바란다. 지치는 때가 오더라도 절대로, 결코 낙담하지 말기를, 당신을 부르신 이가 신실한 분임을 경험적이고 인격적이며 변혁적인 방식으로 깨닫기를 바란다.

2019년 1월
깊은 소망을 담아
아운디 콜버

감사의 글

가장 먼저 남편이자 가장 친한 친구인 브렌던 콜버에게 감사를 전합니다. 정말로 당신이 없었다면 이 책은 존재하지 못했을 거예요. 당신이 내 치유 과정에 그토록 큰 역할을 했다는 점이 가장 큰 이유겠지요. 브렌던, 나를 사랑해 주고, 나를 위해 공간을 만들어 주고, 이 위대한 모험을 하는 동안 나를 극진하게 보살펴 주어서 고마워요. 말로 형용하지 못할 만큼 당신을 사랑합니다.

마티아와 주드에게. 너희들의 엄마가 된다는 것은 내 평생에 누린 너무나 큰 영광이었음을 너희들이 알기를 바라. 엄마로 살며 책을 쓰는 일이 그리 쉽지는 않았지만, 너희들을 통해 가장 중요한 것이 무엇인지를 늘 기억할 수 있었어. 내 소망은 너희들이 언젠가 이 책을 읽고 너희들을 향한 내 사랑이 얼마나 깊은지를 아는 거야. 엄마 안에는 너희를 위한 안전한 공간이 언제든지 마련되어 있단다.

우리 엄마 마리아 쿠스트라에게. 온 마음을 다해 엄마를 사랑합니다. 이 책을 쓰는 동안 많은 것을 지원해 주고, 자신의 취약함을 우리 이야기로 기꺼이 나누어 주어서 고마워요. 그리고 당신의 부드러움과 강인함에 깊은 감사를 느낍니다.

언니 스테퍼니 포에게. 내 삶에서 가장 사랑하는 사람 가운데 한 사람으로 언니가 곁에 있어서 얼마나 감사한지 몰라요. 언니는 말로 표현할 수 없을 만큼 나에게 소중한 사람이고, 언니가 없었다면 결코 이 책을 끝낼 수 없었을 거예요. 나를 신뢰해 주었고, 독자적으로 자기만의 치유의 길을 걸어 나가 주어서 참 고맙습니다. 언니가 너무나 자랑스럽고 언니와 언니의 가족은 나에게 둘도 없이 소중한 사람들이에요.

내 형제들 앤서니, 마이클, 존 쿠스트라와 그들의 가족들에게. 여러분 모두를 사랑해요. 또 제게 보내 준 우정과 사랑과 지지에 감사를 전합니다. 그리고 바브와 크리스를 비롯한 시가 식구들이 보내 준 끊임없는 격려에도 감사합니다.

소중한 친구 로런 디베네데토와 세라 브룩스에게. 이 책을 쓰며 여러 계절을 보내는 동안 나를 여러 모습으로 사랑해 주어서 고마워요. 애슐리 에이브럼슨에게. 당신이 베푼 우정은 그것이 너무나 절실하게 필요했던 시절에 예기치 못한 선물로 내게 다가왔답니다. 이 책을 쓰는 동안 내게 연락해 주고 지지해 주었던 모든 친구에게, 제 사랑을 전합니다.

흔히 그렇듯 책 한 권을 쓰기 위해서는 팀의 협동이 필요합니다. 저를 신뢰해 준 에이전트 돈 게이츠에게 감사를 전하고 싶습니다. 내 편집자이자 사랑하는 친구 질리언 슐로스버그에게도 감사를 전합니다. 당신의 지원 덕분에 『나를 위한 처방, 너그러움』이 피어날 수 있었습니다. 친절하고 평온하게 나를 안내해 준 킴 밀러에게 감사드립니다. 비전을 가지고 나를 지지해 주었던 카라 레오니노, 에바 윈터스,

세라 앳킨슨, 캐시디 게이지, 아니사 베이커, 어맨다 우즈, 잰 롱 해리스 그리고 모든 틴들 출판사 팀원에게 감사를 전합니다.

내 동료, 멘토 그리고 선구자인 캐시 타우시그, 존 윌슨, 조아니 드브리토 박사, 메리 엘런 만, 바브 메이버거, 아리엘 슈워츠 박사님께. 치료 영역에서 여러분이 이루어 놓은 경이로운 작업과 그 영향력에 깊이 감사합니다.

마이클 큐식, 로버트 보어, 스티브 윈즈에게. 나를 끊임없이 신뢰해 준 여러분에게 감사합니다. '레드버드'Redbud의 작가들과 '포 더 러브'For the Love 출간 팀에게. 여러분의 소중한 도움에 감사를 전합니다. 함께했던 내담자들 그리고 제게 끊임없이 용기와 가르침을 주는 모든 분께 감사드립니다.

마지막으로 예수님께, 당신은 언제나 내 호흡보다 가까이 계셔서 나를 떠나지 않으시고, 나를 **사랑받는 자**라고 불러 주셨습니다. 우리 모두가 걸어갈 치유의 길을 만들어 주셔서 감사합니다.

주

들어가는 글

1 다음 웹사이트에서 당신이 사는 지역의 치료사들을 검색해 볼 수 있다. www.psychologytoday.com(미국 내 정보에 국한된다―편집자)

1장 "얼마나 오래 걸릴까요?"

1 어떤 정신적 문제나 스트레스는 비교적 빨리 해소되기도 하지만, 대부분의 경우 진정한 치유는 눈에 보이지 않을 만큼 작은 단위로 일어난다. 때로 이런 작업은 상담가와 해 나가게 되기도 하고 멘토나 친구, 가족과 함께하기도 한다.
2 Sarah Bessey, *Out of Sorts: Making Peace with an Evolving Faith* (New York: Howard, 2015), p. 131.
3 Brené Brown, *The Gifts of Imperfection: Let Go of Who You Think You're Supposed to Be and Embrace Who You Are* (Center City, MN: Hazelden, 2010), p. ix. 『나는 불완전한 나를 사랑한다』(가나출판사).
4 이 연구는 이야기의 응집성을 토대로 개인이 가진 애착의 안정성 정도를 측정한 성인 애착 인터뷰에서 시작되었다. 더 자세한 사항은 다음을 참고하라. Mary Main, Erik Hesse, and Nancy Kaplan, "Predictability of Attachment Behavior and Representational Processes at 1, 6, and 19 Years of Age: The Berkeley Longitudinal Study," ch. 10 in *Attachment from Infancy to Adulthood: The Major Longitudinal Studies*, ed. Klaus E. Grossmann, Karin Grossmann, and Everett Waters (New York: Guilford, 2005), pp. 245–304.

2장 뇌를 생각하다

1 생리학적으로 이 악물고 버티기는 해리에 선행하는 단계에 나타난다. 다미주신경 이론에 따르면, 싸움/도주 반응이 위협을 제거하지 못할 때 우리 몸은 해리를 통해 자신을 안전하게 보호한다. 이는 어린 시절 트라우마와 학대를 겪은 사람들 사이에서 공통적으로 나타나는 패턴이다.

2 치료하는 동안 나는 단순히 내담자들을 관찰하는 것이 아니다. 나는 그들을 추적하면서 내 뇌 속 거울 뉴런을 이용해 그들이 느끼는 바를 내 몸에서 경험한다. 하지만 나의 목표는 그들의 경험이 나를 삼켜 버리는 것(예를 들어, 내담자가 가슴에서 불안을 느낄 때 나도 가슴이 죄어드는 느낌이 드는 것)이 아니라, (소망하건대) 좀 더 현실에 기반하고 있는 신경계와의 연결을 유지하는 것이다. 추적이 중요한 이유는 양육자에게 '충분히 좋은 양육'을 받은 아이들은 이것을 경험하고 양육자의 눈을 통해 자신에 대해 알아 가기 때문이다. 이런 경험이 없다면, 아이들은 신경계를 포함해 자신의 몸과 단절된 성인으로 자라날 가능성이 크다.

3 이 책에서 나는 개념의 단순화를 위해 이 반응을 싸움/도주 반응 혹은 얼어붙기/해리 반응으로 축약했다. 하지만 연구자들은 싸움/도주/비위 맞추기처럼['피트 워커'(Pete Walker)], 교감 신경과 부교감 신경이 연관되는 더 미묘한 단계의 반응들을 이론화했다. 또한 샤워(Schauer)와 엘버트(Elbert)는 각성의 정도에 따라 얼어붙기(freeze), 도주(flight), 싸움(fight), 경악(fright), 쇠약(flag), 실신(faint)으로 단계를 나누었다. 처음 셋은 과잉 각성, 뒤의 셋은 해리다. M. Schauer and T. Elbert, "Dissociation Following Traumatic Stress: Etiology and Treatment," *Zeitschrift für Psychologie* 218 (2010), pp. 109-127.

4 피트 워커는 이 반응이 정서적 트라우마를 관리하고 상쇄시키기 위한 행동이라고 언급한다. Pete Walker, *Complex PTSD: From Surviving to Thriving* (n.p.: Azure Coyote, 2014), p. 13를 보라. 비위 맞추기 반응(혹은 워커가 **동반 의존**이라고도 부르는)과 관련된 과잉 각성 상태는 다음에서 논의되고 있다. Tian Dayton, *Emotional Sobriety: From Relationship Trauma to Resilience and Balance* (Deerfield Beach, FL: Health Communications, 2007). 『관계외상의 치유』(아카데미아).

5 Paul D. MacLean, *The Triune Brain in Evolution: Role in Paleocerebral Functions* (New York: Plenum, 1990), p. 9.

6 뇌간은 변연계 내의 섬엽과 연결되어 있는데, 이는 정보를 피질로 보내기 위한 것이다. 뇌의 꼭대기 부분이 뇌간과 통합되어 있으면 우리는 몸이 말하는 내용을 '들을' 수 있다. 그런데 당신이 몸을 억압하거나 무시하는 법을 익혀 왔다면, 이유도 모른 채 여전히 초록색 방은 무조건 거부하고 싶을 것이다.

7 변연계는 편도체, 해마, 뇌하수체, 시상, 시상 하부, 기저핵, 대상회 등으로 이루어진다.

8 Daniel J. Siegel, *Mindsight: The New Science of Personal Transformation* (New

York: Bantam Books, 2010), p. 19. 『마음을 여는 기술』(21세기북스).

9 Siegel, *Mindsight*, p. 22.
10 뇌의 통합과 관련해 또 하나의 중요한 지점은 좌뇌와 우뇌의 통합인데, 지면 관계상 여기서 다루지는 않겠다. 하지만 자세한 내용은 다음을 참조하라. Daniel J. Siegel, *Pocket Guide to Interpersonal Neurobiology: An Integrative Handbook of the Mind* (New York: W.W. Norton, 2012). 『쉽게 쓴 대인관계 신경생물학 지침서』(학지사).
11 Peter A. Levine with Ann Frederick, *Waking the Tiger: Healing Trauma* (Berkeley, CA: North Atlantic Books, 1997), p. 45. 『내 안의 트라우마 치유하기』(소울메이트).
12 어떤 사건을 외상적 사건으로 여기게 되는 원인에는 생리학적 요인, 과거 경험, 어려운 일을 통과하는 과정에서 부모가 보인 태도 등이 포함된다.
13 여기에는 대인관계 트라우마, 정서적 트라우마, 사건형 트라우마가 포함되지만 반드시 이것들에 국한되지는 않는다.
14 나는 **대사 작용**이라는 단어를 몸이 (강렬하거나 불안하게 하는 것들을 포함하는) 감정과 경험을 처리해서 반추 가능한 순간, 개념, 기억으로 만들고 그것들을 이미 알고 있는 내용 안으로 흡수시키는 과정이라 정의한다.
15 American Psychiatric Association, *Diagnostic and Statistical Manual of Mental Disorders*, 5th ed. (Washington, DC: American Psychiatric Association, 2013), p. 271. 『DSM-5 정신질환의 진단 및 통계 편람』(학지사).
16 Levine, *Waking the Tiger*, pp. 41-55.
17 Francine Shapiro, *Eye Movement Desensitization and Reprocessing (EMDR) Therapy: Basic Principles, Protocols, and Procedures*, 3rd ed. (New York: Guilford, 2018), pp. 38-51. 『안구운동 둔감화 재처리법』(시그마프레스).
18 Stephen Porges, "Stephen Porges: 'Survivors Are Blamed Because They Don't Fight,'" Andrew Anthony와의 인터뷰, *Guardian*, 2019년 6월 2일, https://www.theguardian.com/society/2019/jun/02/stephen-porges-interview-survivors-are-blamed-polyvagal-theory-fight-flight-psychiatry-ace.
19 내가 현장에서 확인한 사례를 들자면, 어린 시절 양육자에게 만성적으로 거절당하는 경험을 지닌 내담자들은 지나치게 비판적이거나 중독에 빠져 있거나 정신질환을 앓고 있었다. 다른 외상적 사건들로는 가난한 성장 환경, 신체적 혹은 정서적 방치, 언어적 혹은 영적 학대, 반려동물의 죽음, 이사, 이직, 신체적 괴롭힘

이나 사이버 폭력, 인종 혹은 성차별, 수술이나 건강상의 위기 등이 있다.
20 Vincent J. Felitti et al., "Relationship of Childhood Abuse and Household Dysfunction to Many of the Leading Causes of Death in Adults: The Adverse Childhood Experiences (ACE) Study," *American Journal of Preventive Medicine* 14, no. 4 (May 1998): pp. 245-258, https://www.ajpmonline.org/article/S0749-3797(98)00017-8/fulltext.
21 Shapiro, *Eye Movement Desentization and Reprocessing (EMDR) Therapy*, pp. 38-51.

3장 애착: 초기 관계가 중요한 이유

1 Curt Thompson, *Anatomy of the Soul: Surprising Connections between Neuroscience and Spiritual Practices That Can Transform Your Life and Relationships* (Carol Stream, IL: SaltRiver, 2010), p. 111. 『영혼의 해부학』(IVP).
2 John Bowlby, *A Secure Base: Parent-Child Attachment and Healthy Human Development* (New York: Basic Books, 1988), pp. 3-4를 보라. 『존 볼비의 안전기지』(학지사).
3 Daniel J. Siegel, *Mindsight: The New Science of Personal Transformation* (New York: Bantam Books, 2010), pp. 167-189.
4 Ed Tronick, *The Neurobehavioral and Social-Emotional Development of Infants and Children* (New York: W. W. Norton, 2007), pp. 203-204.
5 유튜브에서 앨런 쇼어 박사(Dr. Allan Schore)의 설명을 보라. "Dr. Allan Schore on Resilience and the Balance of Rupture and Repair," PsychAlive, 2014년 5월 13일, https://www.youtube.com/watch?v=cbfuBex-3jE&feature=youtu.be&t=1.
6 자세한 설명은 Saul McLeod, "Mary Ainsworth," Simply Psychology, 2018년 업데이트, https://www.simplypsychology.org/mary-ainsworth.html을 보라. 출처는 Mary D. Salter Ainsworth et al., *Patterns of Attachment: A Psychological Study of the Strange Situation* (Hillsdale, NJ: Lawrence Erlbaum Associates, 1978).
7 Daniel J. Siegel, *The Neurobiology of "We": How Relationships, the Mind, and the Brain Interact to Shape Who We Are*, 저자의 음성으로 녹음된 오디오북 (Boulder, CO: Sounds True, 2008).
8 Kendra Cherry, "The Different Types of Attachment Styles," Verywell mind

(2019년 6월 24일 업데이트), https://www.verywellmind.com/attachment-styles-2795344를 보라. 이 내용은 *Patterns of Attachment*에 나오는 메리 에인스워스(Mary Ainsworth)의 연구에 토대를 둔다.

9 양육자가 트라우마의 근원이 된 아이들은 취약한 상황에 놓이게 된다. 부모에게 의식주와 돌봄을 의존하면서도 신경계는 그들에게 압도되어 있기 때문이다. 이런 상황에서 혼란 애착을 형성한 아이들은 보통 해리 반응을 나타낸다.

10 Allan N. Schore, "The Effects of Secure Attachment Relationship on Right Brain Development, Affect Regulation, and Infant Mental Health," *Infant Mental Health Journal* 22 (2001): pp. 7–66; Allan N. Schore, "The Effects of Early Relationship Trauma on Right Brain Development, Affect Regulation, and Infant Mental Health," *Infant Mental Health Journal* 22 (2001): pp. 201–269.

11 Arielle Schwartz and Barb Maiberger, *EMDR Therapy and Somatic Psychology: Interventions to Enhance Embodiment in Trauma Treatment* (New York: W. W. Norton, 2018), pp. 146–147. 『EMDR 치료와 소매틱 심리학의 통합』(삶과지식).

12 Siegel, *Mindsight*, pp. 188–189.

13 애착과 관련한 상처는 일종의 트라우마이기 때문에, 특정 관계 역동이 오래된 상처의 기억을 '촉발'할 수 있다. 정서 조절 곤란은 오래된 상처로 인해 싸움/도주/비위 맞추기 혹은 얼어붙기 반응이 활성화될 때 종종 발생한다.

14 "충분히 좋은 엄마"는 도널드 위니콧(Donald Winnicott)이 처음 만들어 낸 용어로, 원래 이 개념은 조율을 가장 잘하는 엄마라 해도 아기의 신호를 늘 알아채는 것은 아니라는 사실을 설명하기 위한 것이었다. 하지만 나는 에드 트로닉(Ed Tronick)의 가장 최근 연구를 바탕으로, "충분히 좋은"이라는 어구를 약간 다르게 사용하려 한다. 사실 가장 세심한 부모일지라도 전체 시간의 3분의 1 정도만 아이에게 조율되는 경향이 있고, 다른 3분의 1가량의 시간을 '재양육'하거나 아이에게 다시 조율하는 일에 쓴다. 그리고 나머지 3분의 1은 아이에게 전혀 맞춰 주지 못한다. 따라서 "충분히 좋은"이라는 말은 최선을 다하는 경우에도 양육자들은 3분의 1 정도의 시간만 온전히 조율해 줄 수 있다는 뜻이다.

4장 딱 알맞은 상태: 인내의 창 발견하기

1 Deb Dana, *The Polyvagal Theory in Therapy: Engaging the Rhythm of Regulation* (New York: W. W. Norton, 2018), p. 104를 보라.

2 '인내의 창'은 '사회 참여 시스템'이라고도 할 수 있기에, 나는 이 장에서 두 용어

를 호환하여 사용할 것이다. 하지만 둘 사이에는 미세한 차이가 있다. 우선, '사회 참여 시스템'은 우리의 상태를 변화시키거나 거기에 영향을 미치기 위해 몸이 미주신경 브레이크를 이용해서 다른 시스템과 상호 작용하는 방식을 일컫는다. 반면 '인내의 창'은 우리가 경험하는 정서적·생리학적 상태를 설명하는 용어다.

3 Stephen W. Porges, "The Polyvagal Theory: New Insights into Adaptive Reactions of the Autonomic Nervous System," *Cleveland Clinic Journal of Medicine* 76, suppl. 2 (April 2009): pp. S86–S90, https://doi.org/10.3949/ccjm.76.s2.17.

4 Porges, "Polyvagal Theory."

5 다미주신경 이론에 대해 더 알고 싶다면 다음을 보라. Stephen W. Porges and Deb Dana, eds., *Clinical Applications of the Polyvagal Theory: The Emergence of Polyvagal-Informed Therapies* (New York: W. W. Norton, 2018); Dana, *The Polyvagal Theory in Therapy*; Justin Sunseri and Mercedes Corona, *Polyvagal Podcast*, https://radiopublic.com/polyvagal-podcast-WDJmEE.

6 Daniel J. Siegel, *Mindsight: The New Science of Personal Transformation* (New York: Bantam Books, 2010), p. 62.

7 캐런의 트위터에서 가져온 문장이다. 그녀는 *An Unhurried Life: Following Jesus' Rhythms of Work and Rest* (Downers Grove, IL: InterVarsity, 2013)에서 이 주제를 탐구하는 영성 지도자이자 작가 앨런 패들링(Alan Fadling)에게 공을 돌린다. 『느긋한 제자』(국제제자훈련원).

8 바브 메이버거(Barb Maiberger)가 발전시키고, 2014년 11월 그린우드 빌리지에서 열린 메이버거 연구소의 콘퍼런스 "Basic EMDR Training, part 1"에서 진행한 훈련을 변형한 것이다.

9 Roderik J. S. Gerritsen and Guido P. H. Band, "Breath of Life: The Respiratory Vagal Stimulation Model of Contemplative Activity," *Frontiers in Human Neuroscience* 12 (2018년 10월 9일에 업데이트): p. 397, https://doi.org/10.3389/fnhum.2018.00397.

10 Richard Rohr, *The Naked Now: Learning to See as the Mystics See* (New York: Crossroad, 2009), pp. 25–26. 『벌거벗은 지금』(바오로딸).

5장 우리를 살리는 경계

1 애니아가 발견했듯 우리가 배우는 많은 내용이 직접적인 언어적 소통에서 오지 않는다. 연구에 따르면 사실상 전체 의사소통의 7퍼센트만 언어로 이루어진

다. Albert Mehrabian, *Nonverbal Communication* (Chicago: Aldine-Atherton, 1972)을 보라. 많은 이가 부모에게서 '너는 거절할 수 없어'라는 메시지를 반드시 말로 듣는 것은 아니다. 애니아처럼 부모의 회피나 냉소, 묵살을 느끼면서 그 메시지를 습득할 뿐이다.

2 Henry Cloud and John Townsend, *Boundaries*, updated and expanded ed. (Grand Rapids, MI: Zondervan, 2017), pp. 32-33. 『NO라고 말할 줄 아는 그리스도인』(좋은씨앗).

3 Daniel J. Siegel, *Mindsight: The New Science of Personal Transformation* (New York: Bantam Books, 2010), p. 60. 대니얼 시겔(Daniel Siegel)은 어떤 행동의 결말이 예측 가능해 보일 때만 거울 뉴런이 성공적으로 개입한다고 설명한다(예를 들어, 누군가가 재채기할 때 우리 몸이 그를 반영해서 우리도 재채기의 필요성이 느껴질 수 있다).

4 Stephen W. Porges, *The Polyvagal Theory: Neurophysiological Foundations of Emotion, Attachment, Communication, Self-Regulation* (New York: W. W. Norton, 2011), p. 11을 보라. 『여러미주신경이론』(하나의학사).

5 Josh M. Cisler and Ernst H. W. Koster, "Mechanisms of Attentional Biases towards Threat in Anxiety Disorders: An Integrative Review," *Clinical Psychology Review* 30, no. 2 (2010년 3월): pp. 203-216, https://doi.org/10.1016/j.cpr.2009.11.003.

6 Bessel van der Kolk, *The Body Keeps the Score: Brain, Mind, and Body in the Healing of Trauma* (New York: Penguin, 2014). 『몸은 기억한다』(을유문화사).

7 Siegel, *Mindsight*, p. 28.

8 Joseph R. Bardeen et al., "Emotion Dysregulation and Threat-Related Attention Bias Variability," *Motivation and Emotion* 41, no. 3 (2017년 6월): pp. 402-409, https://doi.org/10.1007/s11031-017-9604-z.

9 이것을 '주의 반응 편향'(attentional response bias)이라고 한다. 더 자세한 정보는 Arielle Schwartz, "The Polyvagal Theory and Healing Complex PTSD," 2018년 8월 17일, https://drarielleschwartz.com/the-polyvagal-theory-and-healing-complex-ptsd-dr-arielle-schwartz/#.XRy7TNNKg6g를 참조하라.

10 2014년 11월 "Basic EMDR Training, part 1"(그린우드 빌리지에서 열린 메이버거 연구소 콘퍼런스)에서 바브 메이버거가 진행한 "나는 의식하고 있어요"(I Am Aware) 훈련을 변형한 것이다. 그녀는 나와의 대화에서 이 훈련이 매우 일반적

인 마음챙김 훈련일 뿐 자신이 개발한 것은 아니라고 말했다.
11 몸 스캔은 Francine Shapiro, *Eye Movement Desensitization and Reprocessing (EMDR) Therapy: Basic Principles, Protocols, and Procedures*, 3rd ed. (New York: Guilford, 2018), pp. 70, 154에서 가져와 적절하게 변형했다.

6장 주의를 기울이며 부드럽게 해 보기

1 은혜롭게도 몇 해 전 나는 트라우마 그리고 안구 운동 민감 소실 및 재처리 요법(EMDR)에 관한 꽤 많은 심화 훈련을 받았다. 그 덕에 내가 받을 수술이 트라우마가 될 수 있다는 사실을 감지할 수 있었다.
2 Kristin Neff, "The Three Elements of Self-Compassion," Self-Compassion, 2019년 7월 17일 접속, https://self-compassion.org/the-three-elements-of-self-compassion-2/#3elements.
3 Neff, "Three Elements of Self-Compassion."
4 Christopher K. Germer, Ronald D. Siegel, and Paul R. Fulton, eds., *Mindfulness and Psychotherapy*, 2nd ed. (New York: Guilford, 2013), p. 6. 『마음챙김과 심리치료』(학지사).
5 Daniel J. Siegel, *Mind: A Journey to the Heart of Being Human* (New York: W. W. Norton, 2017), pp. 177-179.
6 판단 없는 주의는 기독교 관상과 불교 사상에 모두 뿌리내리고 있다. 둘의 차이에 관한 논의는 다음을 참조하라. "Similarities and Differences between Secular Mindfulness and Christian Contemplative Practices," Christian Contemplation Curriculum, a joint project of the New Zealand Presbyterian and Anglican Schools' Offices, 2019년 7월 17일 접속, https://sites.google.com/site/contemplationcurriculum/home/rationale/similarities-differences-between-secular-mindfulness-and-christian-contemplative-practices(현재 유효하지 않은 주소다-편집자).
7 Richard Rohr, *The Naked Now: Learning to See as the Mystics See* (New York: Crossroad, 2009), p. 59.
8 Daniel J. Siegel, *Mindsight: The New Science of Personal Transformation* (New York: Bantam Books, 2010), p. 19.
9 "7 Life Lessons from Pema Chödrön," *GuidedMind*(블로그), 2019년 7월 17일 접속.

10 Daniel Goleman, *Emotional Intelligence* (New York: Bantam Books, 1995), pp. 13-14, 26, 61-62, 137-138, 144, 203, 211. 『EQ 감성지능』(웅진지식하우스).

11 Andrea Mechelli et al., "Neurolinguistics: Structural Plasticity in the Bilingual Brain," *Nature* 431 (2004년 10월 13일): p. 757, https://doi.org/10.1038/431757a.

12 연구에 따르면 또한 마음챙김은 해마, 후방대상피질, 측두두정 접합, 소뇌를 포함한 뇌의 다른 영역들의 회백질도 증가시킨다. 더 자세한 내용은 다음에서 확인하라. Britta K. Hölzel et al., "Mindfulness Practice Leads to Increases in Regional Brain Gray Matter Density," *Psychiatry Research* 191, no. 1 (2011년 1월 30일): pp. 36-43, https://doi.org/10.1016/j.pscychresns.2010.08.006.

13 아리엘 슈워츠(Arielle Schwartz)와 바브 메이버거는 자신을 돌보지 않음으로써 소진되고 탈진되기 쉬운 치료사들에 관한 더 많은 이야기를 들려준다. 이는 주변 사람들의 필요에 부응하느라 자기 돌봄을 게을리하는 모든 사람에게 해당하는 이야기다. *EMDR Therapy and Somatic Psychology: Interventions to Enhance Embodiment in Trauma Treatment* (New York: W. W. Norton, 2018), pp. 77-80를 보라.

14 John O'Donohue, "John O'Donohue: The Inner Landscape of Beauty," 크리스타 티펫(Krista Tippet)과의 인터뷰, *On Being* (팟캐스트), 2008년 2월 28일, https://onbeing.org/programs/john-odonohue-the-inner-landscape-of-beauty-aug2017/.

15 이 개념은 Peter A. Levine (with Ann Frederick), *Waking the Tiger: Healing Trauma* (Berkeley, CA: North Atlantic Books, 1997)에 나오는 작업을 변형한 것이다.

16 David G. Benner, *The Gift of Being Yourself: The Sacred Call to Self-Discovery*, exp. ed. (Downers Grove, IL: IVP, 2015), p. 22. 『나, 주님의 사랑에 안기다』(생명의말씀사).

17 Siegel, *Mindsight*, pp. 61-62.

18 이 훈련은 Peter A. Levine, *In an Unspoken Voice: How the Body Releases Trauma and Restores Goodness* (Berkeley, CA: North Atlantic Books, 2010)에 나오는 작업을 변형한 것이다. 『무언의 목소리』(박영스토리).

19 2018년 7월 볼더에서 진행된 메이버거 연구소 콘퍼런스의 바브 메이버거와 아리엘 슈워츠가 진행한 "Somatic EMDR Tools Training" 훈련을 변형한 것이다.

7장 몸에 대해 부드럽게 해 보기

1 이 생각은 다음에서 영감받은 것이다. Elisabeth Moltmann-Wendel, *I Am My Body: A Theology of Embodiment* (New York: Continuum, 1994), p. 1.
2 몸과 영의 교차에 대한 더 자세한 논의는 Tara M. Owens, *Embracing the Body: Finding God in Our Flesh and Bone* (Downers Grove, IL: IVP Books, 2015)을 보라.
3 Bessel van der Kolk, *The Body Keeps the Score: Brain, Mind, and Body in the Healing of Trauma* (New York: Penguin, 2014), pp. 154-170.
4 Daniel J. Siegel, *Mindsight: The New Science of Personal Transformation* (New York: Bantam Books, 2010), p. 43.
5 Siegel, *Mindsight*, p. 44.
6 Siegel, *Mindsight*, p. 43.
7 Arielle Schwartz and Barb Maiberger, *EMDR Therapy and Somatic Psychology: Interventions to Enhance Embodiment in Trauma Treatment* (New York: W. W. Norton, 2018), p. 19.
8 이 개념은 유진 젠들린(Eugene Gendlin)의 책 *Focusing* (New York: Bantam Books, 1981, 『힘들 때, 지칠 때』, 팬덤북스)에서 비롯된 것이다. 내 관점은 이 개념을 확장시킨 다음의 책에 상당 부분 근거한다. Peter A. Levine (with Ann Frederick), *Waking the Tiger: Healing Trauma* (Berkeley, CA: North Atlantic Books, 1997), pp. 67-73.
9 자신의 내적 경험과 타인의 경험에 대한 지도를 그리는 데 도움을 주는 뇌의 또 다른 주요 부위는 전방대상피질이다. 논의를 단순화하기 위해 이 구조를 생략했지만, 이에 대해 더 알고 싶다면 Siegel, *Mindsight*를 보라.
10 Siegel, *Mindsight*, p. 61.
11 Levine, *Waking the Tiger*, pp. 67-73.

8장 감정에 대해 부드럽게 해 보기

1 Peter Scazzero, *Emotionally Healthy Spirituality: Unleash a Revolution in Your Life in Christ* (Nashville: Thomas Nelson, 2006), p. 26. 『정서적으로 건강한 영성』(두란노).
2 이 주제에 관한 더 자세한 정보는 Lisa Feldman Barrett, *How Emotions Are Made: The Secret Life of the Brain* (New York: Mariner Books, 2018)을 보라. 『감정은 어

떻게 만들어지는가?』(생각연구소).
3 Antonio Damasio, *The Feeling of What Happens: Body and Emotion in the Making of Consciousness* (New York: Harvest Books, 1999), pp. 42, 68, 159. 『느낌의 발견』(아르테).
4 이는 정서 조절 곤란을 일으키는 우뇌와 좌뇌의 단절을 말한다.
5 Mitch Abblett, "How Labels Help: Tame Reactive Emotions by Naming Them," Mindful, 2017년 11월 16일, https://www.mindful.org/labels-help-tame-reactive-emotions-naming/; Matthew D. Lieberman et al., "Putting Feelings into Words: Affect Labeling Disrupts Amygdala Activity in Response to Affective Stimuli," *Psychological Science* 18, no. 5 (2007년 5월): pp. 421–428, https://doi.org/10.1111/j.1467-9280.2007.01916.x.
6 Daniel J. Siegel, *Mindsight: The New Science of Personal Transformation* (New York: Bantam Books, 2010), p. 116.
7 Siegel, *Mindsight*, p. 116.
8 Arielle Schwartz and Barb Maiberger, *EMDR Therapy and Somatic Psychology: Interventions to Enhance Embodiment in Trauma Treatment* (New York: W. W. Norton, 2018), p. 301.
9 당신이 심각한 트라우마를 경험한 적이 있다면, 감각을 느끼는 작업을 작은 규모로 시작해야 한다. 그러지 않으면 곧장 과잉/과소 각성 상태에 빠질 수 있다. 만약 당신에게 이런 일이 발생했다면, 치료사와 함께 그라운딩이나 담아두기 기법을 사용하며 자신의 속도를 찾아가는 것이 더더욱 중요하다.
10 'EMDR'은 eye movement desensitization reprocessing의 두문자어다. 이는 1987년 프랜신 샤피로(Francine Shapiro)가 개발한 심신 치료법으로, 본래 외상 후 스트레스 장애 환자들만을 대상으로 했다. 하지만 최근에는 이것이 불안감이나 외상적인 느낌을 지속적으로 주는 사건이나 경험에 맞닥뜨린 사람들에게도 유익한 치료법이 된다는 사실이 밝혀졌다. EMDR은 외상 후 스트레스 장애, 불안, 우울증, 만성 질병, 애착 문제, 급격한 변화, 비통함 등을 포함한(하지만 여기에 제한되지 않는다) 다양한 문제들을 일으키는 복잡한 원인들을 무력화하거나 재통합하기 위해 특정 치료 프로토콜을 사용한다.
11 Barrett, *How Emotions Are Made*, p. 3.
12 이것은 감정에 대한 '대사 작용'의 의미를 이해하는 또 하나의 방식이다.
13 내가 이 개념을 처음 소개받은 것은 2014년 11월 "Basic EMDR Training, part 1"

(그린우드 빌리지에서 열린 메이버거 연구소의 콘퍼런스)에서 바브 메이버거가 진행한 훈련을 통해서다.

14 감정과 단절될 때 우리는 인내의 창 안으로 들어가기 위해 각성 수준을 높여 조절하거나 고조시키기를 원한다.

9장 내면의 비평가에 대해 부드럽게 해 보기

1 Brené Brown, *Daring Greatly: How the Courage to Be Vulnerable Transforms the Way We Live, Love, Parent, and Lead* (New York: Avery, 2012), p. 71. 『대담하게 맞서기』(명진출판사).

2 대니얼 시겔 박사는 이를 "연결 후 전용하기"(connect, then redirect)로, 양육을 주제로 글을 쓰는 작가 제인 넬슨(Jane Nelsen)은 "연결 후 교정하기"(connect, then correct)로 표현한다.

3 Arielle Schwartz and Barb Maiberger, *EMDR Therapy and Somatic Psychology* (New York: W. W. Norton, 2018), p. 159.

4 Kristin Neff, *Self-Compassion: The Proven Power of Being Kind to Yourself* (New York: William Morrow, 2011)를 보라. 『러브 유어셀프』(이너북스).

5 Kristin Neff, "Three Elements of Self-Compassion," Self-Compassion, 2019년 7월 25일에 접속, https://self-compassion.org/the-three-elements-of-self-compassion-2/.

6 Neff, "Self-Compassion," pp. 47-48.

7 *Strong's Exhaustive Concordance of the Bible*, s.v. "H2617—checed," 2019년 7월 25일 접속, https://www.blueletterbible.org/lang/lexicon/lexicon.cfm?t=kjv&strongs=h2617.

8 *Strong's Concordance*, s.v. "H2617—checed."

9 W. E. Vine, Merrill F. Unger, and William White Jr., *Vine's Complete Expository Dictionary of Old and New Testament Words* (Nashville: Thomas Nelson, 1996).

10 베드로전서 5:6; 마태복음 20:16; 고린도후서 12:10; 마태복음 5:44을 보라.

11 Neff, *Self-Compassion*.

10장 회복 탄력성을 가지고 부드럽게 해 보기

1 Mary Oliver, "When Death Comes," in *New and Selected Poems*, vol. 1 (Boston: Beacon Press, 1992), pp. 10-11. 『기러기』(마음산책).

2   Dr. Arielle Schwartz, "Vagus Nerve Yoga," 2017년 12월 21일, https://drarielleschwartz.com/vagus-nerve-yoga-dr-arielle-schwartz/#.XTOGmdNKg6g.

3   Bethany E. Kok et al., "How Positive Emotions Build Physical Health: Perceived Positive Social Connections Account for the Upward Spiral between Positive Emotions and Vagal Tone," *Psychological Science* 24, no. 7:(2013), https://doi.org/10.1177/0956797612470827를 보라.

4   Dr. Arielle Schwartz, "Natural Vagus Nerve Stimulation," July 19, 2015, https://drarielleschwartz.com/natural-vagus-nerve-stimulation-dr-arielle-schwartz/#.XTjGUNNKg6g.

5   만약 트라우마 때문에 무력감을 쉽게 느낀다면, 움직일 때보다 가만히 있을 때 더 위험한 느낌이 들 것이다. 이런 상황에서는 안전한 느낌을 주는 방식으로 가만히 있는 법을 배우는 것 역시 인내의 창을 확장하는 하나의 방법이 된다. 더 자세한 내용은 다음을 보라. Arielle Schwartz, *The Complex PTSD Workbook: A Mind-Body Approach to Regaining Emotional Control and Becoming Whole* (Berkeley, CA: Althea), 2016. 『복합-PTSD 워크북』(학지사).

6   움직이는 것을 안전이 위협받는 상황과 동일시했다면, 극도로 강렬한 상황은 격렬한 반응을 촉발시키는 요인으로 느껴질 수 있다. 여기 제시된 내용은 '안전한 동화'(safe mobilization)를 훈련하는 한 가지 방법이다. 또한 Marlysa B. Sullivan et al., "Yoga Therapy and Polyvagal Theory: The Convergence of Traditional Wisdom and Contemporary Neuroscience for Self-Regulation and Resilience," *Frontiers in Human Neuroscience* 12, no. 67 (2018년 2월 27일), https://doi.org/10.3389/fnhum.2018.00067도 보라.

7   *Strong's Exhaustive Concordance of the Bible*, s.v. "7503. raphah," 2019년 8월 1일 접속, https://biblehub.com/hebrew/7503.htm.

옮긴이 정효진은 부산대학교에서 영문학을 공부하고 IVP에서 편집자로 일했다. 프리랜서로 출판 편집과 번역을 하고 있다. 번역한 책으로는 『신성한 제인 에어 북클럽』(옐로브릭)과 어린이를 위한 『아기 새야, 높이 날아올라』(IVP), 『이야기는 힘이 세다』, 『바이블 인포그래픽 3』, 『바이블 인포그래픽 활동북』(이상 성서유니온선교회)이 있다.

나를 위한 처방, 너그러움

초판 발행_ 2024년 5월 10일
초판 2쇄_ 2024년 7월 1일

지은이_ 아운디 콜버
옮긴이_ 정효진
펴낸이_ 정모세

펴낸곳_ 한국기독학생회출판부
등록번호_ 제2001-000198호(1978.6.1)
주소_ 04031 서울시 마포구 동교로 156-10
대표 전화_ (02) 337-2257 팩스_ (02) 337-2258
영업 전화_ (02) 338-2282 팩스_ 080-915-1515
홈페이지_ http://www.ivp.co.kr 이메일_ ivp@ivp.co.kr
ISBN 978-89-328-2257-0

ⓒ 한국기독학생회출판부 2024

책값은 뒤표지에 있습니다.
무단 전재와 복제를 금합니다.